스마트 스페이스와
디지털 트랜스포메이션 전략 :
공간 혁신의 출발 스마트 오피스

스마트 스페이스와 디지털 트랜스포메이션 전략

Smart Office

공간 혁신의 출발
스마트 오피스

이봉규, 주다영,
이원상, 조지연, 박수경

연세대학교 대학출판문화원

스마트 스페이스와 디지털 트랜스포메이션 전략 :
공간 혁신의 출발 스마트 오피스

지 은 이 이봉규, 주다영, 이원상, 조지연, 박수경
펴 낸 곳 연세대학교 대학출판문화원
주 소 서울시 서대문구 연세로 50
전 화 02) 2123-3380~2
팩 스 02) 2123-8673
이 메 일 ysup@yonsei.ac.kr
홈페이지 http://press.yonsei.ac.kr
등 록 1955년 10월 13일 제9-60호
인 쇄 동호커뮤니케이션

2019년 10월 30일 1판 1쇄
ISBN 978-89-6850-369-6(93560)

정 가 27,000원

이 도서의 국립중앙도서관 출판예정도서목록(CIP)은 서지정보유통지원시스템 홈페이지(http://seoji.nl.go.kr)와 국가자료종합목록 구축시스템(http://kolis-net.nl.go.kr)에서 이용하실 수 있습니다. (CIP제어번호 : CIP2019040352)

머리말

예부터 먹고 자고 일하는 방식과 공간은 날씨와 토양 혹은 종교와 문화에 따라 나라마다 제각기 다르지만, 기술과 경제 발전에 따라 많은 공통분모를 가지고 끊임없이 진화하고 있다. 자연에 전적으로 의존하던 원시나 농경 사회에서는 추위와 더위 혹은 가뭄과 홍수 그리고 외부의 침입을 막아 주는 지형을 선호했고, 이를 위한 프레임워크로 풍수지리설 등이 사용되기도 했다.

이 책은 카페나 집 그리고 자동차가 공부하거나 일하는 공간으로 바뀌고 있는 상황에서 우리의 일하는 방식이나 공간은 무엇이 어떻게 바뀌고 있는지, 혹은 어떤 기술이 진화를 선도하고 있는지와 같은 이슈들을 논의하다가 만들어졌다.

물론 이 책에서 설명하고 있는 스마트 스페이스나 스마트 오피스 개념이 나오기 전에도 u-City나 u-Campus와 같은 많은 유사한 플랫폼과 비즈니스 모델들이 있었다. 그러나 기술적인 어려움이나 관리 비용의 문제 혹은 규제나 제도로 인한 실행의 한계들로 인해 정착된 성공 사례는 많지 않았다. 최근 디지털 트랜스포메이션(Digital Transformation) 혹은 DNA(Data-Network-AI) 기술이 기존 레거시(legacy) 시스템과 결합하여 지금까지 사용하거나 경험했던 것과는 다른 많은 제품과 서비스들이 출현하고 있다. 이에 따라 서비스 분야에서도 제조 분야와 같이 규모의 경제와 네트워크 효과를 볼 수 있게 되었고, 생산함수 수확체증을 가능하게 만들기 때문에 우월한 디지털 트랜스포메이션 기술들에 기반한 기업이 생산과 글로벌 시장에서 자연 독점할 수 있는 토대가 마련되고 있다.

이에 따라 기업들은 프로젝트 중심의 다기능 팀(cross-functional team)을 운영하고, 조직도 새롭게 급변하는 시장 변화에 유연하고 민첩하게 대응하기 위한 애자일(agile) 경영이 가능하게 재편하고 있다. 또한, 탄력 근무제 도입과 라이프 스타일 변화에 따른 워라벨(Work-life balance) 등의 등장은 기존의 업무 방식이나 사무 공간으로는 일과 생활의 조화로운 균형을 유지하기 어려운 한계에 봉착하게 되었다. 이러한 문제들을 극복하기 위해 디지털 트랜스포메이션 기술을 접목한 스마트 시티나 스마트 오피스 같은 스마트 스페이스 개념과 플랫폼이 떠오르게 되었고, 가트너 그룹도 올해부터 스마트 스페이스를 10대 전략 기술로 선정하고 있다.

역사적으로 살펴보면 혁신적인 기술의 출현은 새로운 산업을 태동시키고, 일하는 방식이나 공간의 변화를 선도하여 삶의 진화를 주도했다. 몇 가지 주요한 사례들을 간략히 살펴보면 다음과 같다. 18세기 후반 제임스 와트(James Watt)에 의한 증기기관 기술과 개량은 영국의 섬유산업이 거대 산업화할 수 있는 토양이 되어 기계화 혁명과 물류 혁명을 가져왔다. 산업혁명에 의한 공업화는 폭발적인 인구의 도시 진입으로 인해 매연과 오염이 가득한 과밀도시를 잉태하여 다양한 사회문제들을 야기하게 되었다. 당면한 문제들을 해결하기 위해 1902년 하워드(Ebenezer Howard)가 자신의 저서 <미래의 전원도시(Garden Cities of To-Morrow)>에서 제창한 도시와 전원의 조화 개념 가운데 그린벨트는 아직도 많은 나라에서 적용하고 있다.

19세에서 20세기 초반에 에디슨(Thomas Edison)에 의한 전기 기술과 테일러(Frederick Taylor)에 의해 촉발된 과학적 관리법 등은 공장에 전력이 보급되어 벨트 컨베이어를 사용한 전기에너지 기반의 대량생산 혁명을 가져왔다. 소비재를 대량 생산함에 따라 많은 공장노동자들의 실업과 저임금 노동력이 일상화되었고, 한편으로는 사무실에서 근무하는 화이트칼라 노동자들이 폭발적으로 증가하기 시작하여 사무 공간에 대한 수요도 폭증하게 되었다.

20세기 후반 미국을 중심으로 한 컴퓨터와 인터넷 기반의 지식 정보 혁명은 육체노동뿐만 아니라 많은 지적인 부분도 시스템이 사람을 대체하게 하였다. 아울러 전 세계 기업의 판도가 바뀔 정도로 미국 주도의 글로벌 IT 기업들이 부상하였다. 최근에는 디지털 트랜스포메이션 기술들이 레거시 시스템에 접목되고 확산되면서 많은 분야에서 지금까지 경험하지 못했던 변화들이 나타나고 있다. 먼저 산업구조의 변화를 보면 데이터와 지식이 산업의 새로운 경쟁 원천이 되어 산업구조가 근본적으로 변화하기 시작하였다. 소비자 맞춤형 제품과 서비스가 중요해지면서 제조 기반이 선진국으로 이동하는 리쇼어링(re-shoring) 현상이 발생하고, 제조업 혁신, 다품종소량생산과 맞춤형 니즈로 구조가 전환되고 있다. 고용구조는 자동화로 대체되는 업무가 늘어남에 따라 일자리가 줄어들고, 전통적인 평생직장 개념이 변화하여 단기적이고 탄력적인 고용이 늘고, 거래 계약 및 프로젝트 기반의 지식 노동이 증가하고 있다. 특히, 플랫폼 기반의 대중 노동(crowd work) 등 비정형적인 노동이 늘어나는 추세이다.

한편 다양한 역기능들도 나타나고 있다. 즉, 기업들이 효율성과 생산성을 극대화하다 보니 회사는 지속적으로 성장하는데 비해 일자리는 오히려 계속해서 감소하는 디커플링(decoupling), 혹은 고용 없는 성장(Jobless Growth) 현상이나 승자 독식 구도로 양극화 현상이 더욱 심해지고 있다. 또한, 수집되는 정보의 양이 많아지면서 사생활 침해와 해킹 같은 문제들이 나타나고 있다.

라이프 스타일 등 삶의 모습도 많이 변모하고 있다. 예컨대 각종 서비스 비용이 감소하고, 그 품질은 향상되어 편의성이 증대되었다. 아울러 교육 및 복지를 포함하여 생활 전반에 맞춤형 서비스가 확대 제공되고, 에어비앤비나 우버와 같은 공유 경제 서비스가 늘어나고 있다.

이 책은 5장으로 구성되어 있는데, 1장에서는 스마트 스페이스의 개념과 특성 그리고 디지털 트랜스포메이션을 어디에, 왜 도입해야 하는지 설명하고 있다. 즉, 우리는 하루의 많은 시간을 오피스에서 보내고 있는데 얼마나 우리의 업무 공간에 대해 잘 알고 있을까, 그리고 이 공간을 효율적이고 효과적으로 사용하고 있는가 등에 대해 전반적으로 정리하고 있다.

책의 2장에서는 스마트 오피스의 주요 구성 요소인 인공지능(Artificial Intelligence, 이하 AI), 5G, 사물인터넷(Internet of Things, 이하 IoT) 그리고 데이터를 사용하여 이 질문들에 대한 답을 찾아보고자 한다. 이 구성 요소들 각각은 4차 산업혁명에서 중요한 역할을 하고 있으며, '데이터'를 통해 밀접하게 연결되어 있다. 5G 플랫폼 위에서 IoT는 사내 업무와 그동안 간과했던 사무 공간의 다양한 정보를 측정하고 수집하며, 업무와 공간에서 수집된 데이터로부터 AI를 통해 인사이트를 도출하게 된다. 이 과정에서 우리는 업무 프로세스 마이닝에 RPA(Robotic Process Automation) 적용을 통해 스마트 오피스가 어떻게 업무의 생산성과 창의성(Trade off 관계일 수 있는)의 향상에 기여할 수 있는지에 대해서 살펴보고자 한다. 이처럼 최신 ICT를 기반으로 데이터를 경영하여 문제를 해결하는 리빙랩(Living Lab)적인 접근은 스마트 오피스에 디지털 트랜스포메이션을 접목하는 데 기여할 수 있다.

3장은 '스마트 스페이스 도입을 위하여 고려해야 하는 요소들'을 다루었다. 스마트 스페이스로의 진화는 단순히 공간의 진화가 아니다. 그 공간 안에 존재하고 의사소통하는 사람들을 중심으로 하는, 일하는 방식의 변화이자 상호작용 방식의 근본적인 진화를 의미한다. 따라서 스마트 스페이스가 제공하는 가치에 동조한다고 하여, 천편일률적으로 스마트 스페이스를 도입할 수는 없다. 이 장에서는 우리가 스마트 스페이스를 도입하기 위하여 점검해야 하는 세 가지 사항들을 제시한다. 첫째는 '업무의 관점'이다. 스마트 스페이스로의 진화는 결국, 그 공간에 존재하는 사람들이 어떻게 상호 작용하고 성과를 창출할 것인가이기에, 과연 우리 조직의 업무가 스마트 스페이스 도입에 적합한가를 생각해 보아야 한다. 둘째, '경제성의 관점'이다. 스마트 스페이스로의 진화가 준비되었다면, 과연 그 비용은 얼마나 들까? 그리고 그 비용 대비 성과는 어떻게 예측할 수 있을까를 ROI의 관점에서 면밀히 검토해 보아야 한다. 세 번째는 '조직 문화의 관점'이다. 스마트 스페이스로의 전이는 조직의 효율성과 생산성을 향상시켜 줄 것이라 기대되지만, 동시에 조직의 인력과 관리 측면에서 여러 가지 숙제가 존재한다.

따라서 조직 문화의 근본적 변화를 고려해야 한다. 본 장에서는 세 가지 질문을 제시하고, 사례를 통해 그 답을 생각해 볼 수 있도록 구성하였다.

4장은 스마트 스페이스와 UX/UI 및 디자인과의 관계를 조명하고 있다. 사용자 경험과 사용자 환경을 의미하는 UX/UI는 사용자와 기기 간 상호작용에 관계된 수단 및 사용자의 직간접적인 총체적 경험을 통해 유용하면서 유희적인 목표를 효과적으로 달성하기 위한 핵심 기술을 의미한다. 공간 계획 측면에서의 사용자 경험 디자인은 SUXD(Spatial User eXperience Design)라고 정의되는데, 이는 사용자로 하여금 공간과 상호 작용하여 감성을 자극하고 경험하게 하는 것으로 공간 사용자의 니즈에 부합하는 총체적 경험 디자인이라 할 수 있다.

스마트 스페이스는 본래 공간을 다루는 건축학 및 실내디자인학 분야에서 주로 다루어져 왔는데, 공간 디자인의 관점에서는 미래 기술로 진화되는 공간 환경에서 기존의 공간 디자인에서 추구해 온 다양한 가치를 유지하거나 확대 및 발전시킨 공간이라 할 수 있다. ICT 관점에서는 기존의 유비쿼터스 컴퓨팅이 적극적으로 구현된 물리적 공간으로 인식되고 있다.

스마트 공간 환경이 인간 생활에 유용한 공간으로 조성되기 위해서는 연결(Connected), 지능화(Intelligent), 자율화(Autonomous)를 고려해야 하는 등, 보다 많은 노력이 필요하다. 즉 환경에 맞는 콘텐츠 제작 구축 및 서비스 기술 적용이 필요하고, 전자장치뿐만 아니라 사용자의 가치관, 취향, 상황 목적에 따른 행위에 따라 반응하는 공간으로서 스마트 스페이스에는 인간적인 요소도 포함되어야 한다. 또한, 최근에는 빅데이터를 기반으로 스마트 스페이스 이용자를 분석하고, 이를 인공지능기술로 제어 및 예측함으로써 보다 더 직관적이고 실시간적인 경험을 심리스(seamless)하게 제공하려는 목표를 세우고 있다. 이를 통해 궁극적으로 사용자의 삶의 질을 향상시키고, 공간을 보다 효율적으로 운영하는 가치를 제공한다는 것이 스마트 스페이스 디자인 및 UX/UI의 목표이자 해야 할 일이라 하겠다.

5장에서는 성공적인 스마트 스페이스 정착을 위한 제도와 문화는 무엇인가, 다양한 기술, 사람, 공간이 연결된 스마트 스페이스 시대를 과연 어떻게 준비해야 할까에 답하기 위한 내용으로 구성되어 있다. 혁신적인 기술과 서비스가 시장에 도입되어 확산되는 과정에는 기술뿐 아니라, 서비스를 받아들이기 위한 사회 문화와 제도가 조성되어 있어야 한다. 본 장에서는 세대 변화에 따른 일하는 문화의 변화, 일과 삶의 균형을 추구하는 사회 구현을 위한 주 52시간 근로 제도, 유연 근무제 등 스마트 오피스의 성공적 정착을 위하여 알아야 할 사회 문화 제도들을 소개한다. 또한, 디지털 트랜스포메이션 기술의 확산으로 오피스 공간을 넘어서 스마트 스페이스로 확대됨에 따라 등장한 스마트 팩토리와 스마트 시티 등의 사례를 통해 규제 혁신과 데이터 관리 제도 등의 제도와 스마트 스페이스로의 도약을 위해 모두가 함께 준비해야 할 사항에 대하여 살펴본다.

이 책이 나오게 된 직접적인 계기는 스마트 시티 국가 시범 도시인 부산 에코델타시티(EDC)의 총괄 계획가(MP)인 황종성 박사님을 중심으로, 정기적 혹은 비정기적으로 각 분야의 여러 전문가들을 모시고 스마트 스페이스와 디지털 트랜스포메이션에 대해 공부하면서 시작되었다. 특히 이 책이 나오기까지 물심양면으로 전폭적인 성원과 모든 지원을 아끼지 않은 ㈜넵스와 ㈜넵스 홈의 박용욱 회장님과 이상의 부회장님 그리고 김범수 대표님께 저자들을 대표하여 감사의 마음을 전한다.

이 책에서 저자들은 비록 당장은 스마트 스페이스가 직접적으로 삶의 행복을 배가하거나 일자리 창출을 포함한 저출산, 고령화 시대의 저성장 국면에 대한 대안이 되지 못한다 해도, 동양의 무릉도원이나 서양의 유토피아 혹은 노바 아틀란티스를 꿈꾸며 디지털 트랜스포메이션 기술을 접목한 스마트 오피스 중심으로 현재 진행되는 상황들을 살펴보았다. 앞으로도 내용을 충실하게 계속 보완하고 개정해 나갈 예정이고, 기회가 되면 스마트 팩토리와 스마트 빌딩 그리고 스마트 시티 등으로 확대하여 시리즈로도 만들 계획이다. 독자 여러분들의 많은 관심과 성원을 기대하는 바이다.

2019년 여름 신촌에서
저자 대표 이봉규 배상

추천사

공간이 변화하면 일하는 방식이 변화되고, 그 안에서 생활하는 구성원들의 삶 또한 변화됩니다. 공간은 이러한 힘을 가지고 있기에, 최근 빠르게 변화하는 사회나 시장 상황에 맞서 다양한 기업들이 스마트오피스로의 전환을 고민하고, 도입해 나가고 있는 추세입니다.

'공간의 변화는 넵스로부터'를 모토로 한 ㈜넵스는 설립 이후 지난 33년간 공간의 변화에 몰두하고, 연구해 왔습니다. 공간에 대한 오랜 고민을 토대로 최근 넵스도 스마트오피스 시장에 진출하였고, 공간의 효율성과 직원의 생산성을 높이는 창의적인 사무공간을 제공하며 대한민국 스마트오피스 시대를 선도해가고자 노력하고 있습니다.

그간 스마트오피스를 도입한 기업들은 공간과 물품을 공유하고, 빈 회의실과 공용 공간의 활용 등을 통해 비용을 절감하였습니다. 뿐만 아니라 부서 간 또는 직급 간 커뮤니케이션의 증가로, 구성원들의 업무 집중도 향상과 보고 체계 및 연락의 최소화로 인한 업무 효율성 향상을 경험하였습니다. 이처럼 잘 구성된 공간은 직원들의 업무 능력을 최대한 이끌어 내고, 그들을 빛나게 하는 힘을 지니고 있습니다.

넵스는 다양한 기업들에게 스마트오피스를 소개하고, 관련 문화 확산 및 시장 확대를 위해 끊임없이 노력해왔습니다. 그러나 스마트오피스에 대한 개념과 도입을 위한 고려 요소, 그리고 그 성과 등을 종합적으로 논의한 책이 없어 항상 아쉬움을 느껴왔습니다. 그러던 중 연세대학교 이봉규 교수님을 중심으로 이 책이 나온 것을 매우 반갑게 생각합니다. 이 책이 향후 스마트오피스를 알고자 하는 모든 사람들에게 입문서가 되어, 스마트오피스에 대한 이해를 돕고 관련 논의를 더욱 공고히 할 수 있는 기반이 되기를 바랍니다.

㈜넵스
박용욱 회장

추천사

최근 스마트시티는 전세계적으로 큰 화두가 되고 있습니다. 선진국이든 개도국이든 스마트시티가 미래 성장동력이 될 것으로 믿고 있습니다. 우리도 예외가 아닙니다. 기존 도시에 스마트시티를 건설하는 것을 넘어 이제는 부산과 세종시를 국가시범도시로 선정하고 백지상태에서 미래 도시를 만들고 있습니다.

스마트시티의 본질은 단순히 기술을 통해 도시가 가진 문제를 해결할 뿐만 아니라, 우리의 상상 속에 존재하던 많은 서비스들을 현실에 구현할 수 있게 해주는 공간입니다. 현실이 스마트하게 변하는 스마트 스페이스의 대표적인 공간으로 국민들의 새로운 생활 양식, 새로운 정신 문화를 만들어내는 터전입니다. 공간의 스마트화는 국민들의 건강, 경제활동, 생활 편의를 지속적으로 개선하는데서 그치지 않고, 국민 한사람 한사람이 더 나은 삶을 영위할 수 있도록 해준다고 생각합니다.

이 책은 스마트시티 구현을 위해 사람들의 많은 관심과 능동적 협력이 필요한 현시점에 꼭 필요한 내용을 담고 있습니다. 무엇보다 진정한 의미의 스마트 스페이스가 실현되기 위해 우리 모두가 알고 있어야할 개념들을 쉽게 설명해주고 있습니다. 독자들에게 우리가 앞으로 일하고 살아갈 공간이 어떻게 바뀌어 나갈지, 스마트시티가 현실화되어 가는 상황에서 어떠한 기술과 이슈가 중요하게 논의될지에 대하여 잘 소개하고 있습니다. 이 책을 통해서 불가능한 것들이 가능해지는 스마트한 공간에 대한 이해를 얻고, 또 새로운 가치와 혁신을 창출하기 위한 아이디어를 얻을 수 있는 계기가 되리라 기대합니다.

스마트시티 국가시범도시 부산 마스터플래너
황종성

목차

목차

표 목차

그림 목차

그림 목차

그림 목차

I

스마트 스페이스, 공간의 디지털 트랜스포메이션

1. 스마트 스페이스란
2. 5G, AI, 데이터 그리고 스마트 스페이스
3. 디지털 트랜스포메이션 기반의 스마트 스페이스

Ⅰ. 스마트 스페이스, 공간의 디지털 트랜스포메이션

빅데이터와 인공지능이 이끄는 4차 산업혁명이 산업 환경의 일대 변화를 가져오고 있다. 이러한 변화 속에서 도시와 사무실 같은 공간이 인공지능과 접목되어 새로운 형태의 공간인 '스마트 스페이스'가 부상하게 되었다. 이번 장에서는 스마트 스페이스가 무엇인지 생각해 본다.

1. 스마트 스페이스란

'스마트 스페이스'는 사람과 기술이 활성화된 시스템이 지능적인 생태계에서 상호 작용하는 물리적 환경 혹은 디지털 환경을 의미한다(강민성, 2018). 즉, 스마트 스페이스에서는 사용자, 기술, 서비스, 환경 등 다양한 요소들이 공간에 모여 상호 작용하면서 공간 기능의 효율을 극대화해 주는 경험을 만들어 낸다. IT 리서치 기관인 가트너는 매년 10대 전략 기술 동향을 선정하여 발표하는데, 2019년에는 탐구해야 할 전략 기술 동향 중 하나로 스마트 스페이스를 선정했다.

핵심 전략 기술로 주목받고 있는 스마트 스페이스는 그동안 스마트 시티, 디지털 작업 공간, 스마트 홈, 커넥티드 공장과 같은 요소들을 중심으로 융합되어 왔으며, IT 기술의 발전으로 기술이 시민, 소비자, 사회 구성원 등 다양한 사용자의 일상생활에 필수적인 부분이 됨에 따라 시장은 스마트 스페이스를 점점 더 빠르게 제공하고 있다(Gartner, 2018).

스마트 스페이스의 개념과 관련한 논의는 주로 공간을 다루는 건축학이나 실내디자인학 분야에서 이루어졌다(김성희 외 3, 2014). 여기에서의 스마트 스페이스는 기술을 활용하여 각 공간이 가진 기능에 맞게 디자인을 최적화한 공간을 말한다. 공간 디자인 관점에서 보면 스마트 스페이스는 '공간 디자인에서 추구해 온 다양한 가치를 유지하거나 확대 및 발전시켜야 하는 공간' 또는 '공간 자체의 유용성에 대한 고민이 필요한 공간'이다(김성희 외 3, 2014). 하지만 공간 관점 외에도, 스마트 스페이스는 사용자의 편리와 효율을 위해 기술 관점에서도 고민해야 하며, 전체적으로는 공간 디자인과 기술 관점에서 융합적으로 고려하는 것이 필요하다. 정리해 보면, 스마트 스페이스는 물리적 공간 내

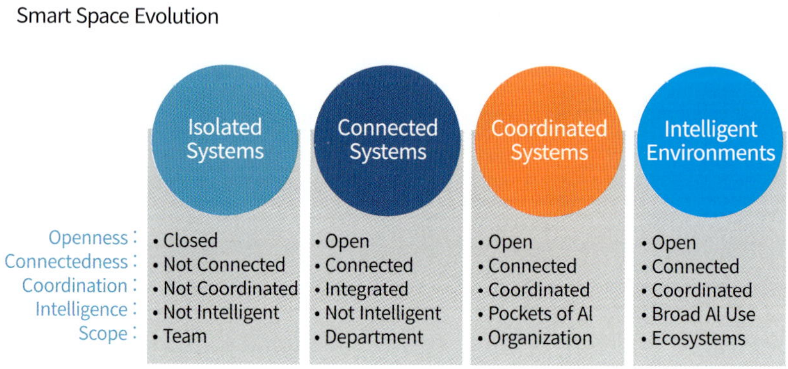

출처: Gartner, 2018

그림 Ⅰ-1 스마트 스페이스로의 진화

사용자의 상황과 목적을 이해하고, 이를 바탕으로 사용자와 상호 작용하며 사용자에게 긍정적 경험을 제공하는 공간이라고 할 수 있다.

2. 5G, AI, 데이터 그리고 스마트 스페이스

1) 4차 산업혁명

2015년 클라우스 슈밥(Klaus Schwab)이 처음 사용한 이후, '4차 산업혁명'이라는 말은 모든 영역에서 뜨거운 감자로 떠올랐다. 특히 2016년 스위스 다보스에서 열린 세계경제포럼에서 부상한 뒤, 이제 사회의 모든 분야에서 중요하게 다루어지고 있다. 4차 산업혁명은 분야마다 정의는 조금씩 다르겠지만, 대체로 빅데이터와 ICT의 발전, 그리고 인공지능에 의해 가속화되는 산업 환경의 변화로 이해되고 있다. 또한 사회 · 산업 · 학계에서 큰 이슈가 되는데 그 배경에는 빅데이터와 AI의 발전이 자리하고 있다. 최근 모바일 기기의 폭발적인 확산과 M2M(Machine to Machine) 기반 사물인터넷의 확산, IoT(Internet of Things)의 출현, 웹상의 다양한 대용량 콘텐츠 및 로그, 그리고 소셜 미디어의 확산 때문에 AI와 빅데이터의 활용과 발전이 더 가속화되며, 사회 전 영역에서 4차 산업혁명이 활발하게 진행 되고 있다. 그 과정에서 데이터 큐레이션이 중요해졌고, 나아가 데이터의 인공지능과 최신 ICT와의 접목이 중요한 의미를 갖게 되었다. 4차 산업혁명은 분명 다양한 분야에 영향을 줄 것이다. 우리는 그중에서도 공간이라는 관점에서의 4차 산업혁명에 대해 많은 고민을 하고 있다.

공간은 사람들이 24시간 동안 업무를 하며 생활을 영위하고, 또 여가를 즐기는 복합적인 성격을 갖는다. 4차 산업혁명의 부상에 따라 당연하게도 공간 역시 변화했고, 지금은 빅데이터와 AI가 촉발한 4차 산업혁명의 주요 목적지 중 하나로 여겨지고 있다. 이처럼 인공지능이 융합되는 공간은 '스마트 스페이스'로서 이해되며, 보다 구체적으로는 스마트 홈, 스마트 오피스, 스마트 시티, 스마트 팩토리 등의 형태로 구현되어 다양한 혁신적인 서비스를 제공하고 새로운 산업 환경의 모습을 제시할 것으로 기대된다.

최신 ICT로 촉발된 급변하는 현 상황에서 스마트 스페이스는 공간에서의 시민들의 다양한 활동을 관통하는 주요 키워드이다. 따라서 스마트 스페이스는 4차 산업혁명을 대표할 수 있는 일상과 업무, 여가의 플랫폼으로 진화될 것이고, 그렇기 때문에 연구 커뮤니티와 다양한 산업 분야의 큰 관심을 끌고 있다. 그러나 아직 초창기이고 산업 환경의 변화가 수반되다 보니, 변화와 상호 작용하는 스마트 스페이스의 개념과 구축 방법론, 활용 그리고 비즈니스 모델에 이르기까지 다양한 접근법이 혼재하고 있다. 기존의 연구에서는 주로 스마트 스페이스의 개념 정의와 아키텍쳐에 대한 논의가 이루어져 왔는데(Bhardwaj et al. 2018), 그중에서도 특히 스마트 스페이스의 특징과 효과적인 구축 전략에 논의가 집중되어 온 편이다.

스마트 스페이스에서는 다양한 데이터와 시스템을 통합하는 체계가 중요하다. 아울러 인사이트를 위한 비즈니스 모델과 분석 기법의 중요성도 계속 커지고 있다(Leotta et al., 2015). 앞서 언급한 바와 같이, 스마트 스페이스에 대한 관심은 스마트 시티, 스마트 오피스, 스마트 팩토리 등으로 구체화되고 있으며,

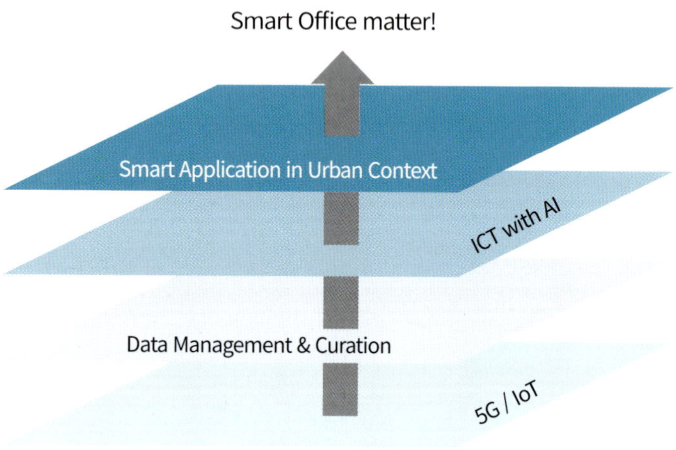

그림 Ⅰ-2 공간과 인공지능

ICT가 주도하는 디지털 트랜스포메이션을 통한 업무와 생활공간의 변화가 야기되고 있다(March, 2018). 흥미로운 점은 스마트 스페이스의 주요 개념들이 IT와 데이터를 통한 의사 결정과 밀접하게 연관되어 있는 점이다.

4차 산업혁명을 보다 구체적으로 이해하고, 그러한 이해 위에서 공간에의 활용과 진화 방향을 고민하는 것은 필수적인 과정이다. 결과적으로는, 스마트 스페이스에 대한 이해 역시 4차 산업혁명에 대한 이해에 기반을 두어야 한다. 이에 4차 산업혁명의 구현이 촉진되는 스마트 스페이스 플랫폼의 관점에서 앞에서 언급한 4차 산업혁명의 주요 기술들을 공간과 연결지어 다음 절에서 구체적으로 살펴보고자 한다.

2) 스마트 스페이스 최신 트렌드

최신 ICT와 AI가 발달함에 따라 사람들은 더 이상 물리적 거리를 크게 중요하다고 생각하지 않는다. 이러한 생각은 일면 타당하게 보이기도 한다. 다음의 경우를 생각해 보자. 지금까지는 회의라도 하려면 서로를 반드시 만나야만 했다. 그러나 이제는 ICT의 발달로 인해 5G 화상회의 등의 방식으로 물리적 거리에 구애받지 않고 이야기할 수 있게 되었다. 하지만 이러한 사례 하나로 물리적 공간의 중요성이 무시되기는 어렵다. 5G 화상회의가 널리 상용화되고 있는 이 시기에도 우리는 여전히 직장으로 출퇴근하며, 업무 회의를 다닌다. 그래서 교통이 좋은 아파트를 선호하고, 러시아워를 극복하기 위해 더 나은 교통 시스템을 고민한다. 이처럼 물리적 거리 혹은 물리적 공간은 여전히 사람들의 생활에 큰 영향을 미치고 있다. 따라서 우리는 다시금 이러한 질문에 마주하게 된다. "과연 사람은 물리적인 공간으로부터 완벽하게 자유로울 수 있을까?"

ICT가 발달한 21세기에 왜 또다시 공간, 특히 도시에 대한 스마트한 접근이 중시되고 있을까? 현대의 공간은 주로 도시를 대상으로 이야기되고 있다. 도시란 기술혁신을 이해는 중요한 관점으로(Binz et al., 2014), 그 자체가 혁신의 공간이 되기도 한다(Bettencourt et al., 2007; Glaeser et al., 1992). 이러한 공간은 혁신적인 기술과 서비스를 가능하게 하며, 다양한 실험의 장이자 그 자체가 새로운 비즈니스의 기회를 나타내고 있다. 이처럼 4차 산업혁명의 실현의 장이기에 스마트 시티를 위시한 스마트 스페이스에 대한 관심의 증가는 필연적인 것으로 보인다. 여기서 우리는 스마트 스페이스가 첨단 ICT를 활용하는 공간이라는 점에 주목할 필요가 있다. 스마트 스페이스는 그 자체로서 스마트 스페이스가 속한 영역의, 예를 들면 도시문제를 해결하고 지속적인 발전을 추구할 수 있는 플랫폼으로의 진화를 겪고 있다. 그러므로 스마트 스페이스가 어떻게 발전해 왔고, 앞으로 어떻게 진화할지 가늠해 보는 것은 중요한 의의가 있다. 다시 말해 다양한 분야의 혼재와 ICT를 통한 융합이 가속화되는 스마트 스페이스에서의 유망 영역을 파악하는 것은 4차 산업혁명을 주도할 더 많은 기회를 의미한다.

스마트 스페이스 중에서도 최근에는 스마트 시티와 스마트 오피스에 대한 관심이 고조되고 있다. 4차 산업혁명이 인공지능과 빅데이터를 지렛대로 산업 환경에 많은 변화를 가져오는 개념으로 이해한다면, 스마트 스페이스에서도 가장 큰 이슈가 되는 대상은 바로 산업 환경이자 시장이 되는 도시와 사무실일 것이기 때문이다. 이 두 공간은 시민들의 생활과 업무가 이루어지는 가장 중요한 두 공간으로 이해할 수 있다. 사실, 기존의 많은 혁신 연구에서도 도시는 중요하게 다루어져 왔다. 도시는 혁신이 발생하고 진화하는 공간이며, 시민들은 일상생활에서 문제를 도출하고 해결하며 아이디어를 실현한다. 이러한 문제 해결의 과정이 고도화되어 비즈니스 모델로 발전하면, 우리는 사무실이라는 비즈니스를 위한 공간에서 이 작업을 더 고도화한다(Joss et al., 2019). 생산자와 공급자의 구분이 모호해지는 현시점에서, 이제 소비자 혹은 사용자도 직접 생산과 서비스를 제공하는 유저 앙트러프러너십의 시대가 되면서, 사무실의 범위도 계속 확장되고 있다. 기존의 인식처럼 사무실이 고층 빌딩의 한 공간으로만 제한되지 않고 동네의 한 공유 공간이 사무실일 수도 있고, 카페의 한 좌석이 사무실일 수도 있게 된다. 그리고 그 '사무실' 어느 한 곳에서 혁신적인 비즈니스가 만들어진다. 그렇기에 더더욱 도시, 특히 사무실에 대한 고민과 스마트 스페이스 관점에서의 앞으로의 변화를 모색하는 일은 시사하는 바가 클 것이다.

스마트 스페이스 관점에서 도시와 사무실은 ICT와 접목해 나가며 시민들의 일상에서부터 산업에 이르는 비즈니스 문제 해결의 과정과 의사 결정을 촉진하고 발전시키는 주요한 플랫폼으로 진화해 가고 있다. 스마트 스페이스로부터 창출되는 혁신은 궁극적으로 지속적인 성장에 기여하기에 많은 정부와 기관, 기업들이 각각의 영역에서 스마트 스페이스를 만들어 가고 있다. 그 대표적인 예가 스마트 시티와 스마트 오피스인 셈이다. 그중에서도 혁신이 창출되는 주요 공간인 스마트 오피스를 좀 더 구체적으로 살펴보자. 스마트 오피스는 원래 1990년대부터 등장했던 개념으로, 처음에는 공간에 대한 자동화된 관리가 주를 이루었다(Curry et al., 2019). 하지만 점차 사무실에서의 다양한 활동들 '재무, ERP, 예산, IT 지원 등'으로 범위가 확장되고 있으며, 궁극적으로는 사무실에서의 생산성과 아이디어 발현을 극대화하는 데 기여해 나가고 있다.

요즘 우리는 많은 매체를 통해 스마트 시티와 스마트 오피스의 등장을 접하고 있다. 그렇다면 스마트 스페이스에 대한 우리의 이해는 어떤 모습일까? 다시 말해, 우리는 스마트 스페이스에 대해 얼마나 잘 알고 있을까? 스마트 스페이스는 아직 개념이 정립되어 가는 중으로, 지금은 다학제적이기도 하고 다양한 변화를 겪고 있다. 그렇기에 지금은 스마트 스페이스에 대한 체계적인 이해가 중요한 시점이다. 이에 스마트 스페이스에 관여된 다양한 분야로부터 유망한 융합의 기회를 도출하기 위해서, 지금까지의 흐름을 분석해 보고자 한다. [그림 I-3]은 2018년까지의 스마트 스페이스에 대한 13,629건의 연구(출처: Scopus)를 통해서 지금까지의 동향을 나타내고 있다. 무엇보다 스마트 스페이스에 대한 관심이 2009년을 기점을 급증하는 것을 볼 수 있다.

이러한 흐름에 대한 이해를 스마트하게 구체화하기 위해, 텍스트 마이닝과 토픽 모델링 기법을 사용해서 스마트 스페이스에 대한 현재까지의 논의에서 중요하게 다루어지는 토픽을 찾아보았다. 텍스트 마이닝은 다량의 문헌을 기계적으로 분석하는 기법을 의미하며, 토픽 모델링은 문헌에서 주제를 찾아내기 위해 사용하는 기법이다. 다양한 토픽 모델링 기법 중에서도 최근에는 Latent Dirichlet Allocation(LDA)이 많이 사용되고 있다(Blei, 2003). 이처럼 텍스트 마이닝과 토픽 모델링을 통한 유망 이슈 파악은 다양한 영역에서 많이 시도되어 왔다. 이 기법들을 스마트 스페이스에 대해 적용한 결과 [표 I-1]과 같은 20개의 주요 토픽을 알아낼 수 있었다.

분석 결과들은 스마트 스페이스에서의 기술, 비즈니스, 응용 분야 등 다양한 영역을 망라하고 있다. 스마트 스페이스와 디지털 트윈될 수 있는 가상의 환경, 센서가 발생시키는 빅데이터, 산업구조의 발전, 스마트 대중교통, 일상 문제 분석, 오픈 데이터, 교육에서의 응용, ICT 프레임워크와 최적화 알고리즘, 암호화, 장비 등 공간에서 고려할 수 있는 다양한 분야들이 '스마트 스페이스'라는 키워드하에서 논의가 이루어지고 있다. 이러한 유망 토픽들은 시기별로 관심의

표 I-1 주요 토픽 및 설명

Topic	Labelling
Topic 1	Virtual environment with intelligent context
Topic 2	Framework of analyzing sensor generated big data
Topic 3	Urban plan and policy for regional growth
Topic 4	Development of industrial strudture for smart city/space research
Topic 5	Smart transportation
Topic 6	Analysis effect of smart city/space on daily life
Topic 7	Social/Public governance of innovation with smart community and open data in smart city/space
Topic 8	Sensor networking
Topic 9	Framework for knowledge base model and semantic process in education
Topic 10	Optimization algorithm for allocating resource and scheduling it
Topic 11	ICT framework for smart city techology in open innovation environment
Topic 12	Encryption, security and privacy issue
Topic 13	Smart grid
Topic 14	IoT device architecture on cloud platform for healthcare, eHealth
Topic 15	Intelligent system management and operation, and its application to smart public lighting
Topic 16	Machine learing on video recognition & detection for predictive analytics
Topic 17	Performing evaluation by scenario based simulation on sensor network
Topic 18	Monitoring environment, such as water, waste, ground water, air pollution, and health related issues
Topic 19	Automatic mobility: outdoor and indoor navigation
Topic 20	R&D on emerging issue of smart city/space: Future internet application, data networking

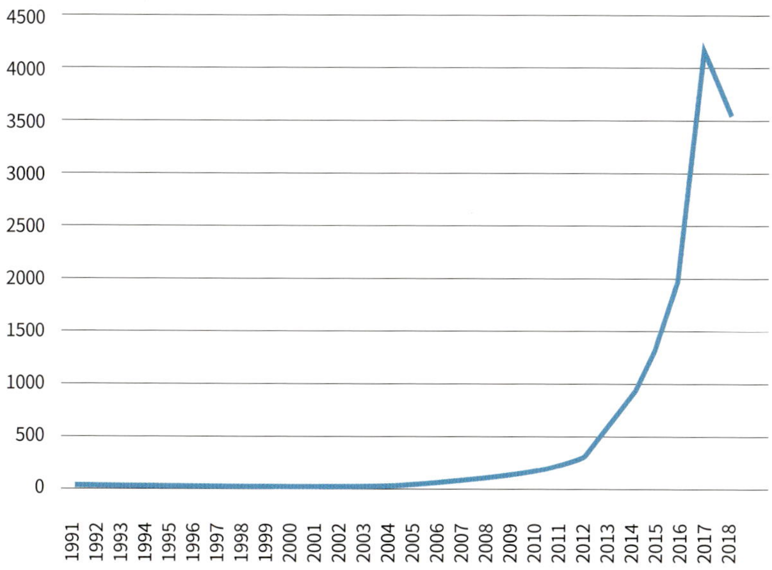

그림 Ⅰ-3 스마트 스페이스 연구 동향: 연도별 연구 건수

정도가 달랐을 것이다. 이에 스마트 스페이스에 대한 이해의 정도를 깊이 하기 위해서 시간에 따른 유망 토픽의 부침을 살펴보고자 한다. 즉, 앞의 토픽들이 연도별로 얼마나 발생 확률이 다르게 나타나는지를 [그림 I-4]로 나타내었다.

발견된 각각의 토픽들은 스마트 스페이스를 구성하는 하위 개념들로 이해할 수 있다. 그리고 이러한 각각의 유망 토픽들은 시기에 따라 그 발생 확률이 다르다. 즉, 연도별로 유망 토픽이라고 불리는 스마트 스페이스의 하위 요소들의 발생 확률의 부침이 존재한다. 스마트 스페이스는 계속 성장하는 분야이다 보니 소수의 토픽들을 제외하고는 대체적으로 우상향의 트렌드를 보여 주고 있다. 이중에서도 스마트 스페이스와 관련된 ICT 분야들이 지속적으로 약진하는 것을 볼 수 있다. 다음 절에서는 이러한 스마트 스페이스와 관련된 주요 ICT에 대해 보다 구체적으로 살펴보고자 한다.

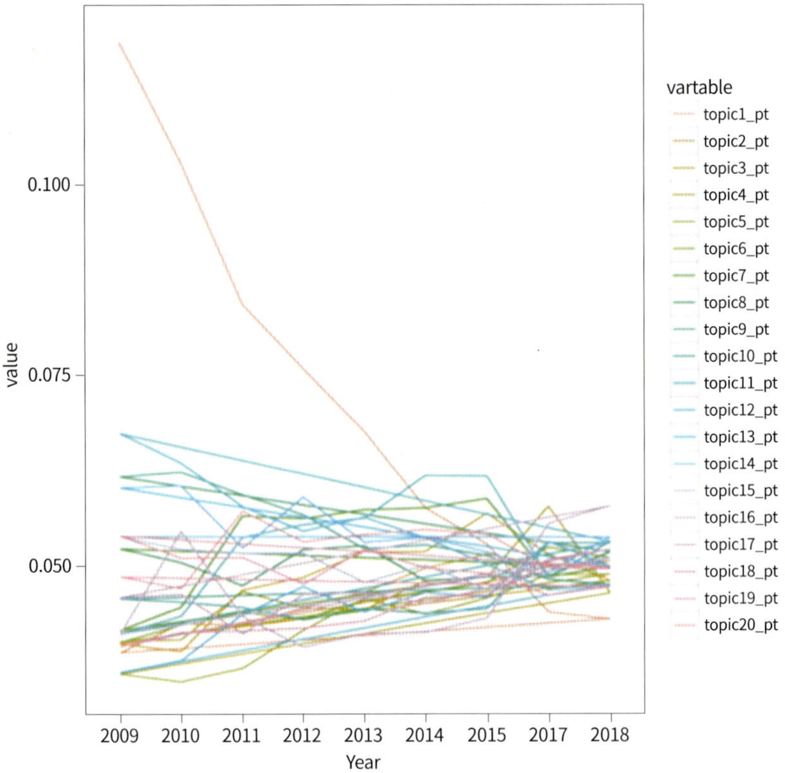

그림 Ⅰ-4 연도별 토픽 발생 현황

3) 스마트 스페이스 주요 기술

(1) 5G 통신

현대사회의 특징 중 하나는 바로 연결성이다. 과거와는 다르게 현대사회는 다양한 ICT의 출현에 힘입어 고도의 연결성을 갖고 있다. 초연결화된 현대사회가 부각되는 이유는 ICT 발전의 결과 기기들이 네트워킹을 통해 연결되고 있기 때문이다. 다양한 모바일 장비들과 컴퓨팅 장비들, 그리고 이를 이용하는 혁신적인 모바일 서비스들의 초연결성은 이동통신 네트워킹이 없다면 존재하기 어렵다. 현대사회의 대동맥과 같은 역할을 하는 이동통신은 지금 이순간도 진화하고 있다.

2G에 이어 3G, 4G 등으로 발전을 거듭하며, 최근 5G 이동통신이 선을 보였다. 5G는 최대 속도가 20Gbps에 달하는데, 기존의 LTE로 알려진 4세대 이동

그림 Ⅰ-5 연세대학교 학술정보원 5G 오픈 2018 행사 포스터

통신보다도 속도가 20배 빠르고, 처리 용량은 100배 많은 통신 네트워크로 이해할 수 있다. 사실, 5G는 5G 'IMT-2020'이라는 정식 명칭을 갖고 있는 국제전기통신연합(ITU)에서 정의한 5세대 통신 프로토콜이다. 5G는 4세대 대비 20배 빠른 속도와 10분의 1 수준의 지연시간을 가지며, 전송 가능한 트래픽도 100배 정도 높아졌다. 이로 인하여 5G 이동통신에서 단위면적(1km²)당 접속 가능 기기가 100만 개에 달한다. 5G의 이러한 초고속, 초저지연, 초연결성 특징들은 모든 생활 분야에 획기적인 변화를 가져올 것으로 기대되고 있으며, 이미 일상의 많은 부분이 영향을 받고 있다.

5G 이동통신의 등장은 통신에서의 초저지연성과 초연결성을 가능하게 했다. 이러한 5G의 등장은 무엇보다도 4차 산업혁명에 중요한 역할을 한다. 즉, 4차 산업혁명의 주요 분야로 대변되는 AI 서비스, IoT, 자율 주행, VR, 그 외 다양한 스마트 서비스 등이 5G의 초저지연성과 초연결성을 기반으로 구현되고 서비스가 될 수 있게 된 것이다.

5G 이동통신은 다양한 혁신적인 서비스를 발현하게 하는데, 궁극적으로는 5G 이동통신으로 말미암은 4차 산업혁명에서의 주도권 선점을 위한 선제적 기반을 마련할 수 있는 함의를 제공한다. 국내외 주요 사업자들의 5G 이동통신에 대한 비즈니스 모형의 실험이 지속적으로 이루어지고 있으며, 혁신적인 비즈니스 모델들이 계속 나타나며 진화를 겪고 있다. 5G 이동통신을 중심으로 하는 창의적이고 혁신적인 아이디어의 구현, 검증 및 프로토타이핑과 함께 5G 이동통신 기반 융합 서비스가 산업의 진화에 중요한 역할을 할 것이다.

5G 이동통신은 여전히 발전 중이며, 다양한 분야에서의 검증과 최적화가 필요하다. 이를 위해서 대학 캠퍼스에서의 테스트베드 구축과 지역 사회 네트워크를 활용하는 방안들이 큰 관심을 받고 있다. 이와 관련하여, 국내 대학 중 연세대는 세계 최초로 5G 상용망을 신촌캠퍼스와 국제캠퍼스에 출범하고, 혁신적인 교육 서비스들을 시연하기도 하였다. 또한, 2G부터 5G까지 실제 상용망을 지원하는 이동 통신망을 바탕으로 하는 스마트 스페이스의 테스트베드 구축을 진행하고 있다.

5G 이동통신은 스마트 스페이스를 위시하여, 스마트 오피스, 스마트 팩토리, 스마트 홈의 다양한 ICT 서비스의 근간으로 발전하고 있다. 다양한 장비와 분야에서 발생하는 빅데이터를 안정적으로 전송할 수 있는 점이야말로 5G 이동통신의 필요성을 잘 나타내 준다. 예를 들어, 자율 주행 차량에서 발생하는 막대한 데이터의 전송에는 5G 이동통신의 초저지연성과 대용량, 초연결성이 필수불가결하다. 여기서 파생되는 다양한 혁신적인 서비스들과 도로 및 날씨 상태 모니터링, 스마트 트랜스포테이션 등도 가능하게 되고, 나아가 교통사고 감소도 기대할 수 있다.

(2) IoT

IoT(Internet of Things)는 사물에 다양한 종류의 센서를 부착하고 네트워크로 연결하여, 실시간으로 측정된 데이터를 송수신하는 기술이나 환경을 의미

출처: 시스코, 2019

그림 Ⅰ-6 IoT와 스마트 스페이스

한다. 물론 지금도 인터넷을 통한 데이터 송수신은 가능하지만, 사물인터넷의 핵심 개념은 이보다 훨씬 넓은 범위를 대상으로 한다. 즉, IoT는 사람의 관여 없이도 네트워킹으로 연결된 기기끼리 데이터를 송수신하는 것을 의미하며, 많이 알려진 블루투스나 근거리무선통신(NFC), 센서데이터, 네트워크 등을 통해 기기 간 통신이 이루어지는 것을 의미한다. 5G 네트워크에서는 더 많은 기기가 네트워크로 연결되어 데이터를 송수신할 수 있게 되며, 이러한 데이터는 축적되고 큐레이션되고, AI와 머신러닝을 통해 분석되고 인사이트를 발견할 수 있게 된다. 시스코에 따르면 2020년에 인터넷에 연결된 기기 수는 370억 개를 상회할 것으로 전망된다.

스마트 스페이스에서의 IoT는 공간 및 가구에 대한 IoT 기술의 적용과 활용을 의미하게 된다. 예컨대 IoT를 기반으로 공간에서의 Hot & Cool Zone 도출, 또는 사용 패턴 및 위치에 따른 운영 서비스 제시 등을 고려해 볼 수 있다. 스마트 시티에서는 이러한 ICT의 발전, 특히 IoT가 중요한 역할을 하는데 Bresciani 등(2018)은 IoT가 혁신과 일상의 비즈니스에 밀접하게 연관되어 있으며, 더 많은 비즈니스 기회를 창출하는 기업 활동과 시민들을 위한 서비스를 지원할 수 있다고 한다. 그렇기에 스마트 스페이스에서의 다양한 문제 해결을 위해서도 IoT는 반드시 포함되어야 할 핵심 기술로 고려될 수 있다(March, 2018).

(3) Data Management & Curation

빅데이터 시대에 들어서며, 요즘은 데이터 수집과 관리 고도화의 중요성이 부각되고 있으며, 데이터의 생성부터 관리, 유통, 분석, 활용에 이르는 데이터 큐레이션에 관한 관심도 커지고 있다. 이러한 상황에서 데이터 기반 접근의 근원적 경쟁력 확보를 위해서는 데이터가 가장 중요한 이슈가 되며, 데이터에 대한 체계적인 수집과 관리의 중요성이 커지고 있다. 또한, 다양한 데이터의 융합을 통해 그 활용도가 확장될 수 있으므로, 다른 데이터와의 연결을 위한 데이터 모델링이 중요하다. 즉, 데이터는 그 형태에 따라 필요한 전처리 과정을 거친 후에, 적절한 분석 기법이 적용되어 활용할 수 있다. 형태별로는 비정형데이

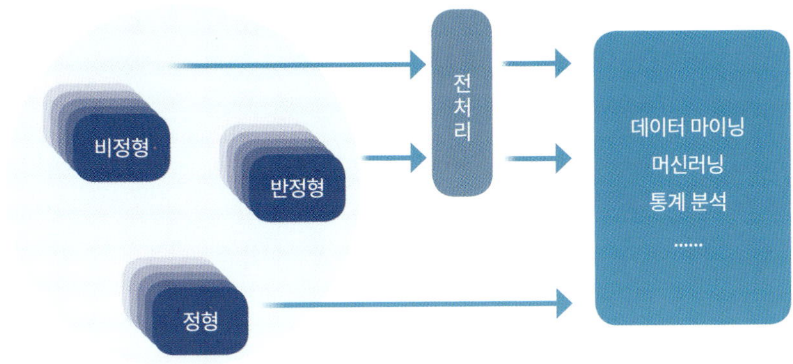

그림 Ⅰ-7 데이터의 분석

터, 반정형데이터, 정형데이터 등의 이름으로 불리는데, 공간에서는 다양한 형태의 데이터가 모두 발생할 수 있다. 이후, 이들 데이터는 여러 이름의 기법들 '통계 분석, 머신러닝, AI 등'에 의해 분석되고, 인사이트를 제공하게 된다. 특히, Curry 등(2019)에 의하면, 스마트 스페이스는 앞서 살펴본 IoT 등 최신 ICT의 발전에 힘입어 연구 영역에서 실생활 영역으로 확장되고 융합되어 가고 있다.

이 과정에서 우리는 전례가 없던 빅데이터가 발생하는 상황에 직면하게 된다. 빅데이터는 그 자체만으로도 중요하지만, 빅데이터의 체계적인 관리와 경영은 향후 큰 이슈로 받아들여질 것이다. 5G 이동통신 기반에서 새로운 디지털 인프라스트럭쳐와 정보시스템, 다양한 모바일 장비 간의 데이터 전송 인터페이스는 어떻게 이루어질 것이며, 각 이해 관계자들 사이의 데이터를 공유하는 방법은 무엇인지 등, 스마트 스페이스에서의 데이터와 관련된 다양한 현안이 존재할 수 있다. 그러므로 데이터 매니지먼트(Data management) 접근법을 통해 비용을 최소화하며, 유연하면서도 변화에 대응할 수 있는 방안을 도출하는 것이 중요하다.

다양한 분야의 스마트 스페이스는 잠재적으로 수백여 가지의 데이터 소스들, 예를 들면 '센서나 정보시스템, 모바일 장비들'을 갖고 있으며, 이러한 데이터들은 다양한 형식과 메타데이터를 갖는다. 이를 잘 관리하고 가공하는 것은 그야말로 스마트 스페이스의 성패에 중요한 영향을 미친다. 데이터는 검색 가능해야 하고, 메타데이터가 체계적이어야 하며, 재사용과 공유가 장려되어야 한다. 이와 관련하여 Curry 등(2019)은 다음과 같은 기술적인 요구 사항을 제시하고 있다.

- 표준 데이터 문법과 연결(Standard Data Syntax, Semantics, and Linkage): 데이터의 통합과 공유를 지원하는 오픈 스탠다드 접근
- 단일 지점 검색 및 접근 가능성(Single-Point Data Discoverability and Accessibility): 데이터의 조직화와 접근 그리고 메타데이터가 단일 경로를 통해 제공되어야 함.
- 점진적 데이터 관리(Incremental Data Management): 데이터 접근에 대한 장벽을 낮추며, 비용을 최소화하는 방향.

또한, 실시간 데이터 처리 및 기존 데이터에 대한 쿼리도 효과적으로 지원할 수 있어야 각 스마트 스페이스에서의 데이터 기반 활동이 원활하게 이루어질 수 있다.

데이터 매니지먼트와 관련하여 데이터 스페이스(Data Space)라는 접근법도 참고해 볼 수 있다(Franklin 외, 2005). 데이터 스페이스는 데이터 매니지먼트를 위한 아키텍쳐이며, 수많은 데이터 소스로부터의 데이터 통합 시나리오를 지원한다. 그리고 데이터 매니지먼트의 가장 큰 난제인 "다양한 소스로부터의 메타데이터를 관리하고 유지"하는 일의 해결에 도움을 준다. 데이터 스페이스는 단순한 데이터 통합이 아니며, 이형의 데이터에 대한 체계적 관리까지 지원하는 접근법으로, 최소의 비용으로 효과를 극대화한다. 이러한 데이터 매니지먼트의 접근법은 스마트 스페이스에서도 그 활용을 고려할 필요가 있다.

데이터가 중심이 되는 4차 산업혁명에서는 데이터 매니지먼트에 대한 접

근과 함께 데이터 큐레이션에 대한 이슈가 있다. 데이터는 혁신의 중요한 구성 요소이며, 그중 공간에 대한 데이터는 4차 산업혁명의 여러 분야에서의 활발한 활용이 기대된다. 데이터 큐레이션이란 어떤 소스의 데이터를 어떻게 관리하고 반입하여 시스템에 적재하고, 적절한 분석 기법을 통해 인사이트를 도출하며, 인사이트의 활용까지도 고려하는 일련의 과정이다. 데이터 매니지먼트가 좀 더 데이터에 대한 체계적 관리와 기술적인 측면에 집중한다고 한다면, 데이터 큐레이션은 데이터의 활용에 방점을 두고 있다.

이러한 데이터 매니지먼트와 큐레이션에 관련해서 Cheng 등(2015)이 제시한 스마트 산탄데르 프로젝트(SmartSantander project)를 살펴보자. 이 프로젝트에서는 도시 데이터에 대한 관리와 분석을 위한 플랫폼(City Data and Analytics Platform (CiDAP))을 통해 앞서 살펴본 데이터 매니지먼트와 큐레이션을 수행한다. 플랫폼을 통해서 도시의 수많은 이형의 센서로부터 발생하는 데이터에 접근할 수 있다. 플랫폼에서는 과거의 데이터와 함께 준실시간 정보들을 다룰 수 있다. 또한, CiDAP에서 중앙에서의 공통 데이터 매니지먼트 기능들을 제시하고 있으며, 오픈 데이터 접근, 보안, 실시간 스트림 처리 등을 통해 더 증대된 유연성과 가공성을 제공한다. 앞서 살펴본 프로젝트는 현재 진행 중인 수많은 프로젝트의 한 예일 뿐이다. 계속해서 데이터를 다루는 노력은 고도화되고 지능적으로 변하고 있다. 향후 스마트 스페이스에서의 더 발전된 데이터 매니지먼트와 큐레이션의 다양한 사례들이 기대된다.

(4) AI

인공지능(Artificial Intelligence)은 주어진 정보를 바탕으로 컴퓨터가 스스로 학습하고 새 정보에 적응하는 알고리즘을 의미한다. 그동안 AI에 대해 다양한 영역으로부터의 학제적인 접근이 활성화되고 있으며, 최근에는 머신러닝의 부상과 딥러닝의 등장으로 인해 데이터 분석 관점에서의 AI가 많은 관심을 받고, 활발하게 응용되고 있다.

공간 관점에서 이러한 AI가 가장 잘 적용된 사례 중 하나는 바로 자율 주행이다. 자율 주행이란 AI를 기반으로 목적지까지 운전자의 개입 없이 자동차로 이동하는 것을 의미한다. 자율 주행을 위해서는 실시간에 가까운 네트워킹이 가능해야 하는데 여기서 앞서 살펴본 5G 이동통신이 중요한 역할을 한다. 또한, 차량 1대에서 발생하는 대량의 데이터를 지연 없이 처리할 수 있어야 하므로 대용량 송수신과 함께 빅데이터에 대한 분석이 가능해야 함을 알 수 있다.

자율 주행은 기존부터 계속 개발되어 온 분야지만, 5G 이동통신 네트워크의 특성인 초저지연성과 대용량 송수신에 힘입어 최근 급속도로 발전하고 있다.

대표적인 AI 기법의 하나로 최근 많은 관심을 받고 있고, 심지어 만병통치약으로 여겨지는 '머신러닝'을 살펴보도록 하자. 머신러닝(Machine Learning)이란 기계적인 알고리즘을 바탕으로 데이터를 분석하는 기법을 총칭한다. 사실 데이터를 분석하는 방법은 다양하지만, 그중에서도 최근 괄목할 정도로 발전하는 컴퓨팅 성능을 십분 활용하는 머신러닝은 굉장히 많은 주목을 받고 있다. 머신러닝이 데이터 분석을 대표하는 용어로 많이 사용되지만, 이 용어는 원래 데이터를 분석하는 기법을 나타낼 뿐이다.

출처: 자율 주행, SKT 보도 자료

그림 Ⅰ-8 SKT의 자율 주행

머신러닝이란 용어에서 머신은 컴퓨터를 의미하고, 러닝이란 주어진 데이터를 분석하는 과정을 의미한다. 컴퓨터가 스스로 러닝을 할 수도 있겠지만, 현재로서는 사람이 정해 준 방법으로 러닝한다는 점에 주목해야 한다. 즉, 사람이 데이터를 분석하는 알고리즘을 고안하고, 그 알고리즘에 대해 다방면에 걸쳐 검토가 이루어진다. 그러고 나서 알고리즘이 데이터에 적용되는 셈이다. 흥미롭게도 같은 데이터라 하더라도 어떤 목적으로 어떤 알고리즘을 고안하느냐에 따라 새로운 결과를 얻을 수도 있다.

머신러닝은 1950~60년대에 용어가 사용되기 시작하였으며, 그 이후의 시기를 거쳐 발전했다. 머신러닝 이전, 그리고 머신러닝이 아직 성숙하지 못한 시기에는 데이터 분석을 어떻게 했을까? 그동안에는 우리가 '통계적 방법론'이라고 부르는, 통계학의 잘 정립된 모형들을 활용해서 데이터를 분석해 왔다. 사실 머신러닝도 이러한 통계적인 방법을 활용하여 발전할 수 있었다.

머신러닝의 도입과 함께 데이터를 분석하는 방법이 기존보다 선택지가 많아졌으며, 이로 인해 우리는 데이터로부터 다른 관점의 의미를 잘 찾아낼 수 있게 되었다. 현재 컴퓨팅 기술의 비약적인 발전으로 인해 대용량 데이터를 분석하는 다양한 머신러닝 알고리즘이 고안되고 있으며, 그중에서도 딥러닝이 많은 관심을 얻고 있다.

딥러닝에서는 주어진 데이터를 분석하는 일련의 절차, 즉 알고리즘을 바탕

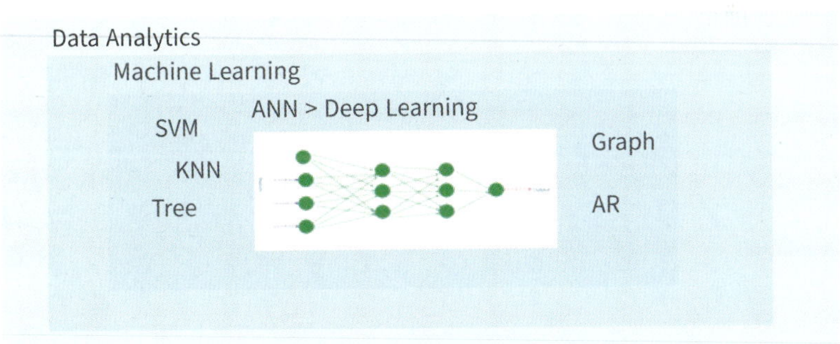

그림 Ⅰ-9 분석 기법의 구성도

으로 결과를 도출하는데, 왜 그런 결과가 나왔는지 이해하기 어려운 경우가 종종 발생한다. 최근에 딥러닝 기법이 각광 받고는 있지만 이 기법에서 왜 어떤 데이터에서 어떤 숫자가 분류되는지를 설명하기는 쉽지 않으며, 일면 불가능해 보이기도 한다. 그렇지만 딥러닝 기법은 숫자 사진을 보고 어떤 숫자인지는 기가 막히게 분류한다. 이 딥러닝 기법을 테스트해 보면 1,000개의 숫자 이미지 중에 985개 이상을 어떤 숫자인지 잘 분류해 낸다. 우리가 왜 이런 결과가 나왔는지에 관심이 없다면, 즉 오로지 그 결과만 중요하다면, 딥러닝은 꽤 고무적인 기법일 것이다.

딥러닝은 은닉층을 계산에 활용하는 방식에 따라 CNN(Convolutional Neural Network), DBN(Deep Belief Network), RNN(Recurrent Neural Network) 등으로 나뉠 수 있다. 충분한 성능을 얻으려면 대용량 계산처리가 가능해야 해서, GPU 또는 클라우드컴퓨팅 환경의 사용이 필요하다. 관련하여, 이미지 인식을 주제로 하는 ILSVRS(ImageNet Large Scale Visual Recognition Challenge) 대회에서 2012년 이후 딥러닝 기반의 모형이 항상 선두를 달리고 있는데, 이 대회에서는

출처: MNIST

그림 Ⅰ-10 딥러닝에 활용되는 예제 데이터(손글씨로 숫자 쓰기)

각 모형들이 100만 장 이상의 이미지를 분류해야 한다. 2012년 AlexNet이 오류율 16.4%를 기록하였고, 2014년 VGG가 19층 딥뉴럴네트워크로 오류율 7.4%를 기록하였다. 같은 해에 GoogleNet은 오류율 6.7%를 기록하였다.

2015년에는 ResNet이 150층 심층신경망을 통해 오류율 3.5%를 기록하였으며 오류율은 계속해서 낮아지고 있다. 관련하여, AI 같은 스마트 스페이스의 기술적 진보와 함께, 많은 연구에서 스마트 스페이스의 다양한 발현 형태 '스마트 시티, 스마트 팩토리, 스마트 홈'에서의 딥러닝 응용 연구를 진행하고 있다. 이에 대해 Cardullo & Kitchin(2019)은 이러한 일련의 활동이 과도하게 기술 중심일 수 있음을 지적하였고, '인간 중심'의 접근이 필요함을 언급하기도 하였다.

Yigitcanlar & Kamruzzaman(2018)은 스마트 스페이스의 도시에서의 발현 형태인 스마트 시티를 지속 가능한 도시의 플랫폼으로 접근하였으며, 도시에서의 다양한 문제 해결을 강조했다. 또한, 스마트 스페이스의 트렌드를 통해서 과연 AI는 무엇이 '스마트'하고 어떻게 '스마트'할 수 있는지 고민하였다. Lytras & Visvizi(2018)는 스마트에 대해 공간과 도시 환경에서 AI가 접근되고 정의될 수 있으며, 효과적인 스마트 서비스들이 유틸리티, 안전, 접근 가능성, 효율성의 관점에서 제공되어야 함을 역설했다. 이러한 관점으로 볼 때, AI는 도시나 사무실 등의 공간에서 우리가 접하게 되는 이슈나 문제를 스마트하게 해결하게 하는 효과적인 도구로 이해할 수 있을 것이다.

3. 디지털 트랜스포메이션 기반의 스마트 스페이스

1) 디지털 트랜스포메이션과 비즈니스

급변하는 4차 산업혁명의 환경에서 기업들은 변화에 대응하는 생존과 성장을 위해 ICT를 활용하는 디지털 혁신을 추진하고 있다. 이러한 혁신의 시도들이 디지털 트랜스포메이션(Digital Transformation)이라고 지칭되고 있다. 디지털 트랜스포메이션에서는 기업의 경영 전략, 조직 체계와 관리, 그리고 ICT를 활용하는 비즈니스 모델 등 기존과는 다른 새로운 접근법이 등장한다. 이처럼 경영 환경에 최신 ICT '인공지능(AI), 빅데이터(Big data)' 등 기반 기술이 경영과 융합하여 차별화된 기업 경영 환경을 제공한다면, 생산성과 수익성 증대로 이어지는 효과를 발생시키게 된다. 디지털 트랜스포메이션은 ICT 기술을 기반으로 다양한 분야, 즉 '제조, 유통, 금융, IT 등'에서의 경영 환경과 비즈니스 모델을 근본적으로 바꿔 나가고 있다.

디지털 트랜스포메이션에 따라 각 산업에서의 비즈니스 모델 변화와 함께 고객 관점에 대한 변화도 일어나고 있다. 이러한 디지털 트랜스포메이션으로 인한 변화는 많은 분야에서 새로운 기회를 발생시키지만, 한편으로는 경쟁의 심화를 가져오고 있다. 새로운 경험과 플랫폼이 이끄는 디지털 기반 경제에서 디지털 트랜스포메이션이라는 커다란 흐름에 역행하는 기업들은 큰 어려움을 겪기도 한다. 그 대표적인 예가 카메라로 유명한 코닥이다. 시대 변화에 따르는 게임체인저 기술에 집중해서 디지털 트랜스포메이션의 흐름에 기민하게 대응

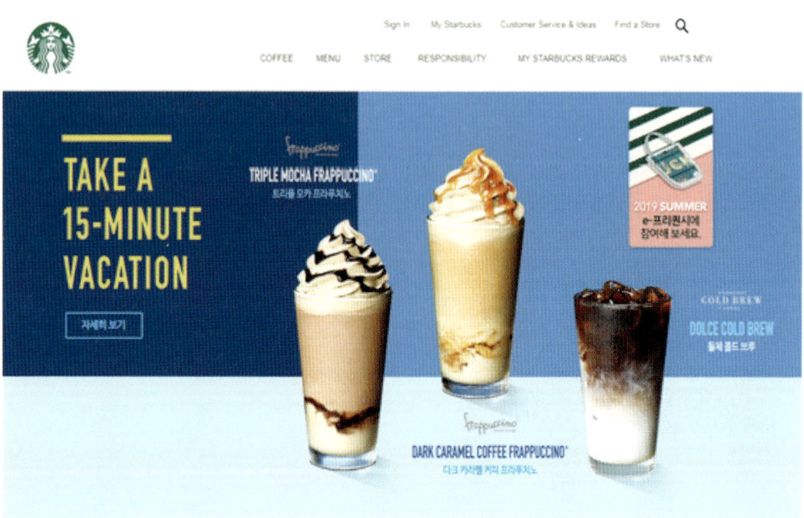

출처: 스타벅스 홈페이지

그림 Ⅰ-11 서비스산업의 디지털 트랜스포메이션

해야 했음에도, 코닥과 같은 큰 조직이 얼마나 이에 취약한지가 드러났다(Zaki, 2019).

디지털 트랜스포메이션에서는 혁신적인 아이디어를 통한 근원적 경쟁력 확보와 함께, 생산성 향상을 통한 경쟁력의 체질 개선도 필요하다. 이에 따라 기업과 소비자의 인터랙션 공간, 특히 서비스를 창출하고 제공하는 공간에서의 디지털 트랜스포메이션에 대한 관심이 증가하고 있다. Zaki(2019)에 따르면, 디지털 트랜스포메이션에는 디지털 기술, 디지털 전략, 고객 경험 그리고 데이터 기반 비즈니스 모델이라는 측면이 있다. 각 요소들이 유기적으로 연계되어 종합적으로 디지털 트랜스포메이션을 추구해야 보다 큰 효과를 기대할 수 있다. 예를 들어, 스타벅스는 매장에 방문한 고객 경험에 대한 디지털 트랜스포메이션을 추진하였다. 매장 방문 고객의 주문, 결제, 보상과 개인화 경험의 디지털 트랜스포메이션을 한 결과, 스타벅스의 사이렌 오더(Siren Order) 서비스를 통해서 모바일로 편리한 주문과 대기시간 없는 음료의 픽업, 결제까지 진행할 수 있다. 이처럼 여러 분야의, 많은 기업들이 디지털 트랜스포메이션을 통해 고객 경험을 강화하여 혁신적인 서비스를 제공하고 있다.

출처: Nefs

그림 Ⅰ-12 스마트 스페이스: 오피스의 디지털 트랜스포메이션

2) 디지털 트랜스포메이션과 스마트 스페이스

최신 ICT의 발전과 함께 디지털 트랜스포메이션은 다양한 산업에서 큰 관심을 얻고 있다. 특히, 세계 경제가 4차 산업혁명을 경험함에 따라, AI와 같은 기술은 우리의 삶과 일하는 방식에 영향을 주게 된다. 4차 산업혁명이 전례 없이 속도감 있게 진행되면서 시장에 적절하면서도 신속하게 대응하는 경영이 중요해지는데, 디지털 트랜스포메이션이 필요한 지점이기도 하다.

많은 기업이 디지털 트랜스포메이션을 최우선 전략으로 선정하고 있는데, 이는 디지털 혁신을 기반으로 산업의 패러다임이 변화하고 있기 때문이다. 디지털 시대에 접어들면서 산업 패러다임 변화 중 하나로 기업의 생존 연한이 짧아지고 있다. 따라서 기업들에게는 운영 효율성의 재고와 새로운 시장 창출을 위해 ICT를 활용한 근원적인 경쟁력 강화가 필요한 상황이다. 그리고 이를 구현하는 공간의 스마트한 접근이 중요해졌다.

결과적으로, 기업이 디지털 트랜스포메이션을 통해 ICT 역량을 경영 환경에 적극적으로 접목한다는 것은 비즈니스 모델을 디지털화하고, 고객과의 채널을 디지털화하는 것과 함께 기업 경영 환경을 혁신하는 것으로 이해될 수 있다. 이러한 맥락에서, 이 책의 주제인 스마트 스페이스 역시 디지털 트랜스포메이션의 중요한 주제임을 알 수 있다. 기업이 혁신적인 서비스를 개발하고 효율적인 경영을 하며 디지털 기술로 인한 변화에 대응함에 있어, 고객과 기업이 인터랙션하는 공간에 대한 새로운 접근이 중요해지고 있다. 그 공간은 PC에서 접속한 인터넷일 수도 있고, 오프라인일 수도 있으며, 또는 우리의 모바일 기기일 수도 있다. 즉, 공간에 대한 새로운 접근 '스마트 스페이스'는 기업의 입장에서는 구성원의 혁신적인 아이디어 발현과 스마트한 업무 그리고 협업을 통한 가치 창출의 전 과정에서 ICT 기반의 디지털 혁신을 추구하는 장이 된다. 고객의 입장에서 스마트 스페이스는 새롭게 판이 만들어져 가며 고객과 기업의 인터랙션을 경험하고 소비하며 문화를 향유하는 채널이 된다. 그렇다면 과연 스마트 스페이스는 어떠한 디지털 트랜스포메이션 과정을 거치게 되는지, 그 내용들을 다음 장에서 구체적으로 살펴보고자 한다.

Ⅱ

스마트 스페이스를 위한 데이터 기반 접근

1. 스마트 오피스 구성 기술
2. 데이터 기반 오피스를 통한 생산성 증대
3. AI와 오피스의 만남
4. 스마트 오피스를 통한 창의성 증대

II. 스마트 스페이스를 위한 데이터 기반 접근

이번 장에서는 스마트 스페이스, 그중에서도 스마트 오피스의 부상 배경에 대해 살펴보고, 그 함의가 무엇인지 알아보도록 한다. 특히 스마트 오피스의 구성 기술과 데이터 기반 접근 방식에 대해서 생각해 본다.

1. 스마트 오피스 구성 기술

1) 스마트 오피스를 통해 살펴본 스마트 스페이스

앞서 살펴본 바와 같이 스마트 스페이스는 혁신적인 주요 공간에 대한 디지털 트랜스포메이션 결과물이다. 특히 기업의 관점에서 혁신적인 서비스와 제품을 도출하기 위해서는 사무 공간에 대한 새로운 접근이 무척 중요할 것이다. 스마트 스페이스로서의 스마트 오피스는 5G 이동통신 네트워크 등 최신 ICT가 가능한 환경에서 스마트 디바이스, AI · 머신&딥러닝, IoT를 적용하여 조성되고 운영 · 개선되는 공간으로 구성원의 업무, 창의적 활동, 휴식의 전 과정을 지원하게 된다. 아울러 공간에서 발생하는 다양한 데이터에 대한 체계적인 경영을 통해 문제 해결을 시도하며, 창의적 · 혁신적 아이디어의 발현과 구성원 간의 스마트 협업을 촉진하는 공간이기도 하다. 궁극적으로는 기업의 생산성과 수익성 증대를 촉진하는 동시에, 구성원의 스마트 리터러시-스마트 기술을 이해하고 활용할 수 있는 능력를 높이는 공간으로 이해할 수 있다.

이제 스마트 스페이스가 기업에 구현된 공간인 스마트 오피스를 중심으로 그 구성 요소들을 구체적으로 살펴보도록 하자. 스마트 오피스에서 중요한 점은 사무 공간의 디지털화와 함께 업무의 디지털 트랜스포메이션을 적용하는 것이다. 다시 말해 구성원의 사무 공간에서의 업무와 휴식, 아이디어 발현 등의 과정을 디지털화하여 공간과 구성원 행위의 특성을 파악하고, 그 효과를 극대화하는 것이 중요하다. 그런 관점에서 스마트 오피스에서는 스마트한 업무 수행과 협업을 위한 시스템과 프로그램의 제공을 중요한 요소로 고려할 수 있다. 그 과정에서 바로 데이터가 된다. 구성원과 공간, 그리고 구성원의 업무는 데이터를 통해 접점을 찾게 되며, 데이터를 기반으로 하는 비즈니스 문제 해결을 통해서 스마트 오피스 생산성 증대와 수익성 증대를 촉진하는 데이터 기반의 개방형 혁신 생태계로서의 핵심 인프라 역할을 수행할 수 있다.

기업 내 개방형 혁신 생태계로서 스마트 오피스는 향후에는 공간과 데이터, 업무 프로세스가 융합되는 플랫폼 역할이 기대된다. 또한 지식 베이스와 데이터 허브 구축, 오픈 데이터 공유 및 데이터 기반 문제 해결 플랫폼 제공, 스마트한 업무 수행의 미래지향적 청사진 제시, 새로운 경영 기법의 테스트베드로서의 역할 등도 기대할 수 있다. 스마트 오피스는 4차 산업혁명에서 기업의 근원적 경쟁력을 제고시켜 주는 전진 기지의 역할을 해 나갈 것이다.

2) 스마트 오피스의 구성: 기술, 공간, 프로세스, 데이터

스마트 오피스의 구성 기술로는 크게 스마트 협업, 리빙랩 서비스, 공간 예약, 스마트 라커, 영상 협업 환경, 클라우드 프린팅, 스마트 근태 관리, 스마트 CCTV, IoT 환경 관리 등이 있다.

스마트 협업: 회의, 프로젝트 등 협업 과정에서의 소모적인 작업(예: 회의

그림 Ⅱ-1 스마트 협업을 위한 소프트웨어

록, 일정 관리, 진도 점검 등)에 대해 클라우드 기반의 RPA(Robotic Process Automation)와 같은 서비스 제공을 통해 생산성을 증대시킬 수 있다. 또한 협업 과정을 보다 효율적이고 효과적으로 진행하기 위한 다양한 ICT 도구 '클라우드, 회의 자료 공유, 문서 작업' 등을 기반으로 하는 업무 방식의 변화를 의미하기도 한다.

리빙랩 서비스: 원래의 리빙랩은 시민들이 직접 도시의 문제를 발견하고, 정의하고, 해결 방안을 도출하는 데에서 비롯되었다. 스마트 오피스에서의 리빙랩이란 업무 과정에서 데이터 기반 문제 해결을 지원하며, LaaS(Learning as a Service) 등을 활용하여 업무에 필요한 지식과 기술을 적시에 제공해 주는 개념을 의미하게 된다.

좌석 및 회의실 예약: 스마트 오피스에서는 물리적 공간이 중요하지 않은 것이 아니라, '더 잘' 사용하게 되는 대상이 된다. 좌석 및 회의실은 효율적이면서도 효과적인 활용을 위해 시스템을 통해 예약하고 사용하며, 이러한 공

출처: Nefs

그림 Ⅱ-2 넵스의 스마트 오피스의 예

출처: KOKUYO, 2018

그림 Ⅱ-3 스마트 라커

간 및 기자재 자원에 대한 예약을 시스템을 통해 제공하는 것을 볼 수 있다.

스마트 라커: 스마트 오피스가 주로 공유 오피스의 형태를 띠다 보니, 구성원의 개인 소지품에 대한 보관의 수요가 발생한다. 스마트 오피스에서는 스마트 라커를 활용하여 개인의 물품을 보관할 수 있으며, 개인의 모바일 디바이스를 통해 라커를 자유롭게 활용할 수 있는 환경을 제공해 준다.

영상 협업 환경: 스마트한 협업 및 원거리 회의자와의 원활한 커뮤니케이션을 위해서 스마트 오피스에서 핵심적으로 제공하는 서비스 중 하나는 바로 영상 회의 시스템이다. 이러한 영상 협업 환경은 5G 이동통신 네트워크를 통해 더욱 편리하고 빠른 속도를 바탕으로 서비스될 수 있다.

클라우드 프린팅: 클라우드를 통해 문서를 출력하고 가장 근거리 프린터에서 인쇄물을 가져갈 수 있는 환경을 제공해 준다. 간편하면서도 사무실에서 가장 많이 활용되는 기능을 클라우드로 구현하였다.

스마트 근태 관리: 공유 오피스 형태의 스마트 오피스에서는 구성원들에게 좌석 및 회의실 예약 시스템을 통한 자리의 자유를 제공함과 동시에 시스템을 통한 근태 관리도 가능하게 한다. 이러한 '스마트 근태 관리'를 통해서, 스마트 오피스 출입을 관리하고, 출입 현황을 분석하여 최적화된 동선 및 업무 환경을 제공할 수 있다.

IoT 환경 관리: 공간을 효과적이고 효율적으로 활용하고 관리하는 스마트 오피스 내에서, 환경을 직접 실시간으로 측정하고 관리할 수 있도록 하는 것은 바로 다양한 IoT 센서들이다. 적재적소에 배치된 IoT 센서들을 통해 공간 상태를 파악한 후, 능동적으로 스마트한 서비스를 제공할 수 있다.

스마트 CCTV: 스마트 오피스에서는 기본적으로 스마트 CCTV를 통해 보안과 편의의 두 가지 효과를 누리게 된다. 스마트 CCTV는 기본적인 CCTV 기능과 함께 상황 인지 · 얼굴 인식 · 유동 인구 관리 등의 기능도 갖추고 있어 보안과 함께 공간 활용도에 대한 추적까지 제공한다. 스마트 CCTV가 계속 진화해 나가며, 지속적으로 혁신적인 서비스를 제공할 것으로 기대된다.

출처: 연세대 학술정보원, 2018

그림 Ⅱ-4 5G 화상 회의를 활용한 대학 수업

출처: 라즈베리파이 홈페이지

그림 Ⅱ-5 IoT의 핵심 디바이스: 라즈베리파이3

2. 데이터 기반 오피스를 통한 생산성 증대

1) 스마트 오피스: 공간, 업무, 데이터

스마트 오피스의 핵심 요소는 공간, 업무 프로세스, 데이터로 살펴볼 수 있다. 과연 공간의 관점에서 스마트하다는 것은 무엇을 의미할까? 스마트 오피스는 사용자 경험을 중요시하며, 생산성과 혁신을 발생시키는 일종의 플랫폼으로 간주할 수 있다. 그렇기 때문에 사무실의 책상과 의자 하나하나, 사무실에서의 동선들 '복사하기, 회의하기 등'에 대해 많은 고민을 하게 된다.

두 번째 중요 요소로는 업무 프로세스에 대한 관점이 있다. 결국 스마트 오피스는 업무를 위한 공간이며, 업무 프로세스를 담는 그릇이 된다. 과연 우리 업무 프로세스는 효율적인지, 혹은 새로운 아이디어를 수용할 수 있는지 등, 다양한 고민이 필요하다. 특히 RPA와 같은 자동화의 흐름에서그리고 프

출처: KT 홈페이지

그림 Ⅱ-6 KT의 스마트 CCTV

로세스 마이닝이라는 업무 혁신에 대한 접근에서, 스마트 오피스의 업무 프로세스는 어떻게 설계되어야 하는지에 대한 근본적인 고민이 필요하다.

마지막으로 스마트 오피스에서 중요한 요소는 데이터가 된다. 사무 공간 내의 프로세스를 개선하기 위해서, 또는 동선을 고려한 사무 공간의 설계와 가구의 배치를 위해서 필요한 것은 바로 데이터이다. 기존 업무 프로세스에 대한 기록, 동선과 관련된 데이터 등이 하나하나 모이게 되고, 이러한 데이터로부터 AI와 머신러닝 기법을 활용하여 유의한 지식과 인사이트를 도출할 수 있다. 이것은 스마트 오피스에 대한 데이터 기반 문제 해결의 과정인 셈이며, 그렇기에 우리는 데이터를 스마트 스페이스의 핵심 요소로 고려하게 된다. 스마트 오피스라는 플랫폼을 통해서 기업은 AI 및 데이터 기반의 프로세스 혁신을 추구하게 되고, 창의적인 아이디어와 혁신을 모색할 수 있으며, 궁극적으로는 기업의 생산성과 수익성을 증대해 나가는 레버리지 효과를 기대할 수 있다.

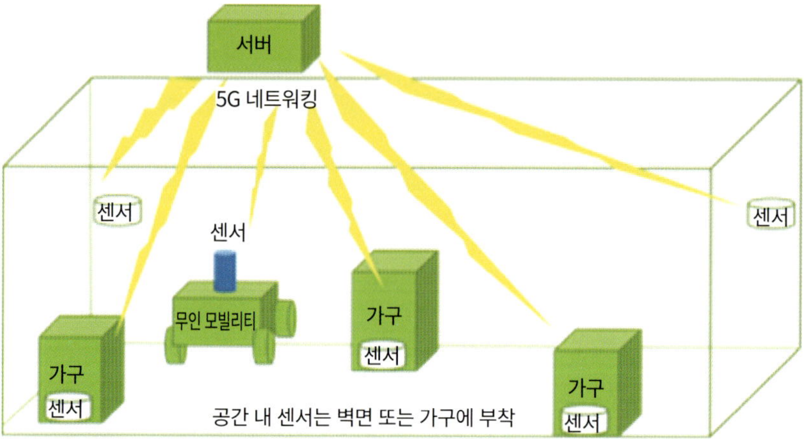

그림 II-7 공간에 설치되는 다양한 IoT 센서 예시

2) IoT 기반 공간 및 환경 개선

공간은 직접적으로 그리고 간접적으로 그 안의 사람들의 사고와 행위에 영향을 미친다. 공간은 생활과 업무의 기반이기도 하며, 또한 다양한 인터랙션의 장이기도 하다. 혁신적인 아이디어의 발생에 공간이 미치는 영향에 관한 연구들도 한 번씩은 접해 본 적이 있을 것이다. 흥미롭게도 정적으로 보이는 공간은 그 안의 사람들과의 인터랙션을 통해 계속해서 진화하고 있다. 그렇기에 공간에 대한 스마트한 관리는 창의적이고 혁신적인 아이디어의 발현과 효율적이고 효과적인 업무의 수행에 큰 영향을 주고 있다. 스마트 스페이스는 바로 이 '공간'에 대한 고민에서 시작했다 하여도 과언이 아닌 셈이다. 이 절에서는 스마트 스페이스에서의 공간, 혹은 환경에 대한 관리는 어떻게 이루어지며, 관련 사례는 무엇인지를 살펴보도록 한다.

효과적으로 공간 내 환경을 측정하고 관리하는 데 ICT의 역할이 더 중요해지고 있다. IoT와 5G 이동통신 네트워크 등 최신 ICT를 활용한 많은 노력이 스마트 스페이스와 접목되며 공간의 적재적소에 다양한 기기들을 운영하게 되는데, 이로 인해 각 환경에서 이형의 IoT 데이터들이 발생하게 된다.

예를 들어, 실내 공간의 5G 기반 IoT 디바이스 네트워크 구축은 앞의 [그림 Ⅱ-7]과 같이 실내 공간을 위한 센서는 5G 기반으로 연결하며, 센서의 용도에 따라 벽면에 부착하거나 공간 활용도를 위해 가구에 부착할 수도 있다. 그리고 5G 기반 IoT Device 네트워크를 통한 공간 내 대용량 센서 데이터가 효과적으로 수집되는데, 라즈베리파이와 같은 소형 PC를 탑재하여 자체 연산도 가능하게 하고 5G 네트워크를 통해 서버와의 저지연 통신도 가능하게 할 수 있다. 온도・습도・조도・인체 감지・미세먼지 등 다양한 센서의 Raw data는 센서 내 소형 CPU를 통해 1차적으로 전처리를 하며, 전처리된 데이터는 5G 네트워킹을 통해 서버로 실시간 전송하여 처리하게 된다. 또한, 서버에서 센서로의 관제도 고려할 수 있으며, 센서의 CPU를 활용하여 서버에서 센서로 관제 및 작동 신호를 송수신할 수 있다. 센서를 단 CPU와 서보 모터 등 동작이 가능한 디바이스가 연결된 것들은 서버의 신호를 수신하여 동작을 할 수 있다.

장비의 개수가 증가할수록 데이터의 양 역시 기하급수적으로 증가하게 된다. 이러한 데이터를 실시간 혹은 준실시간으로 처리하고 분석하면, 우리가 속한 공간의 환경에 대해 더욱 구체적이면서도 빠르게 파악할 수 있다. 모바일 엣지 컴퓨팅 등과 같은 컴퓨팅 기법으로 수집된 데이터를 효과적으로 처리하고 분석하는 경우, 시공간 대용량 데이터는 각 센서 디바이스에서 수집되면서 동시에 전처리가 되어 노이즈 등을 제거하고 스케일링이 이루어지며, 파티셔닝도 수행되어 서버에 각각 구분되어 전송될 수 있다. 또한, 머신러닝 알고리즘 중 병렬화가 가능한 알고리즘의 단위 계산을 나누어 각 디바이스에서 수행시키며, 분석 수행 중 중간 결과들이 서버로 전송되어 계산의 효율성을 개선하게 하는데, 분석 알고리즘에서 이루어지는 각각의 계산이 센서디바이스 및 서버에 적절히 분산되어 이루어지게 한다면 효과적으로 인사이트를 얻을 수 있게 된다.

표 Ⅱ-1 IoT 개요 및 공간에의 적용 기술-조도 · 습도 · 미세먼지 · 동선 등

1. 초음파 거리 센서 모듈	2. 적외선 장애물 감지 센서 모듈	3. 적외선 인체감지 센서 모듈	4. 가속도 센서 모듈	5. 온도 센서 모듈
6. 진동 센서 모듈	7. 자기 센서 모듈	8. RGB SMD LED 모듈	9. 포토 인터럽트 모듈	10. 디지털 온도 습도 센서 모듈
11. 기울기 센서 모듈	12. 조도 센서 모듈	13. 소형 리드 스위치	14. 적외선 리모트 컨트롤 모듈	15. 불꽃 감지 센서 모듈
16. 노크 센서 모듈	17. 사운드 센서 모듈	18. 심박 센서 모듈	19. 무게 센서 모듈	20. 기압계 모듈 센서
21. 가스 센서	22. 토양 습도 센서	23. 휨 센서	24. 물 센서, 수위 센서	25. 광학 먼지 센서
26. 압력 센서	27. 전도성 플라스틱	28. 음성인식 센서	29. GPS 수신기	30.터치 센서 모듈
31. 위치 감지 센서	32. 지문인식 센서	33. 로터리 인코더	34. 전류 측정 센서	

출처 : Sensor Insight, 2018

더 나아가, 이러한 공간에서의 환경에 대한 데이터 기반의 접근은 기존에 알지 못했던 인사이트를 새롭게 제시해 주어, 공간 환경에 대한 더 적극적인 관리를 가능하게 할 것이다. 이러한 IoT의 활용은 스마트한 공간 관리의 또 다른 중요 요소인 공간의 인식과 유동 인구의 분석에도 적용될 수 있다. [그림 Ⅱ-8]은 MS Azure 클라우드를 활용한 IoT 기반 공간 관리를 나타내고 있다.

구역별로 설치된 센서를 통해, 그리고 AI CCTV 등을 통해 공간 내에서 구성원이 어떤 이동 흐름을 보여 주며, 어느 구역이 인기가 있는지 등을 파악할 수 있다. 공간 구역별로 사용도를 실시간으로 확인할 수 있을 것이고, 동선에 대한 흐름을 이해할 수 있다면 개선된 환경을 제공할 수 있다.

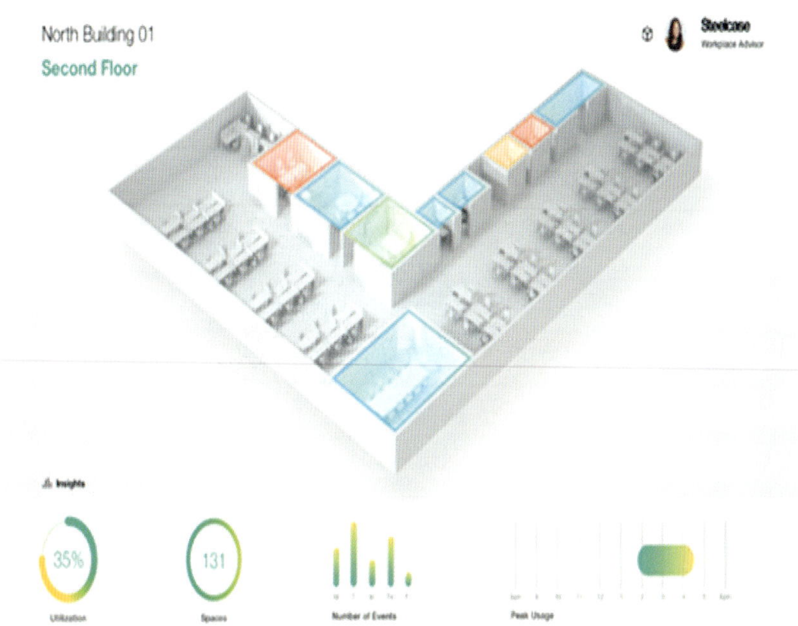

출처: MS Azure 홈페이지

그림 Ⅱ-8 MS Azure IoT 기반 공간 관리, SteelCase

[그림 Ⅱ-9]는 SteelCase의 사례인데, SteelCase는 100여 년 이상의 역사를 가진 사무 공간 디자인 전문 기업이다. 이 사례는 공간 디자인 전문 기업이 최신 ICT를 적극적으로 도입하여 공간에 녹여 냈다는 점에서 큰 의의가 있다. SteelCase는 MS Azure의 IoT 공간 기술을 도입하여, 사무 공간을 Advisor 역할을 하도록 구성을 했다. 그리고 공간에서 구성원을 돕거나 구성원과의 협업을 지원하는 다양한 역할을 수행하도록 공간의 기능을 디자인해 나가고 있다. 그 과정에서 MS Office 365와 같은 협업 시스템을 적극적으로 활용하였으며, 업무를 즉각적으로 지원하는 환경을 구축하였다.

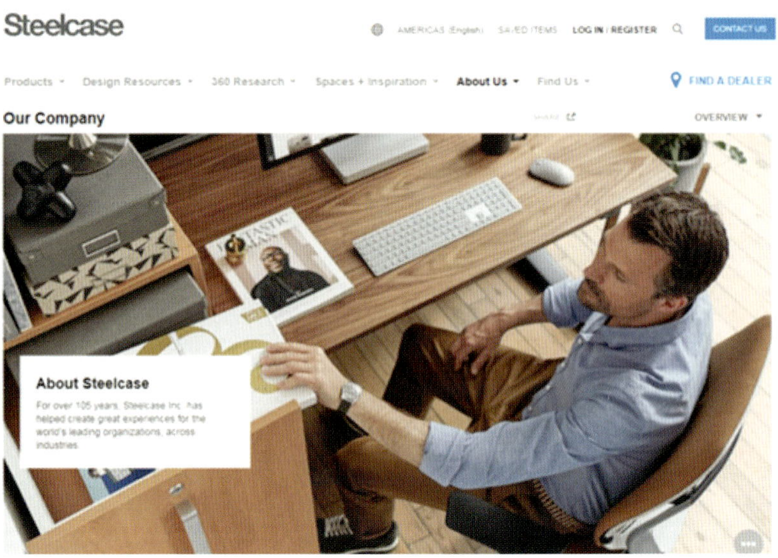

출처: SteelCase 홈페이지

그림 Ⅱ-9 SteelCase

3) 업무 개선을 위한 데이터의 활용: 프로세스 마이닝

(1) 비즈니스 프로세스

혁신적인 아이디어를 창출하고 효과적으로 아이디어의 구현을 추진하기 위해서는 비즈니스 프로세스에 대한 관리와 개선이 중요하다. 이는 스마트 스페이스에서도 여전히 유효한 사실이다. 비즈니스 프로세스를 잘 정립하고 개선하는 것은 어려운 과제이며, 특히 체계적인 비즈니스 프로세스 관리를 위한 리소스-비즈니스 프로세스의 디자인, 코딩, 경영 등이 부족할 수 있는 중소기업들에게는 매우 도전적인 과제가 될 수 있다. 결국 현재 적용되는 비즈니스 프로세스에 대한 지식과 시행착오를 통해 우리는 스마트 스페이스에서의 비즈니스 프로세스의 개선을 시도할 수 있을 것이다.

앞에서 살펴본 디지털 트랜스포메이션의 가속화로 인해 비즈니스 프로세스는 온라인 환경에서 많이 발생하게 되며, 다양한 환경에서 맞추어진 비즈니스 프로세스의 다형성은 비즈니스 프로세스 개선과 발전에 걸림돌이 될 수 있다. 특히, 스마트 스페이스에서는 업무 프로세스와 함께 업무에 영향을 줄 수 있는 공간의 다양한 출처로부터 데이터를 획득하며, 이를 통해 비즈니스 프로세스의 개선을 꾀하기 때문에 이에 대한 신중한 접근이 중요하다.

비즈니스 프로세스에 대한 관리는 주로 기존 프로세스의 디자인을 다시 정립하려는 관점이지만, 최근에 요구되는 비즈니스 프로세스에 대한 관리는 조직 내 프로세스에 대한 좀 더 거시적인 접근이다. 이 맥락에서 스마트 스페이스에서의 비즈니스 프로세스란 단순히 업무의 프로세스에 대한 관리를 넘어 이 업무가 발생하는 공간과 그 공간에서의 사람, 그리고 각 요소 간의 상호작용을 이해하는 것이 중요하다. 나아가 스마트 스페이스에서의 비즈니스 프로세스에 대한 이해가 충분하다면, 우리는 비즈니스 프로세스를 좀 더 '스마트'하게 접근하는 방식도 고려해 볼 수 있다. 단순한 '업무의 자동화'를 넘어서는 스마트 스페이스에서의 비즈니스 프로세스 관리는 단순 반복 업무를 줄여 주며, 지능적으로 상황에 대처하는 새로운 차원의 프로세스를 도입하는 것을 의미한다.

사실 비즈니스 프로세스에 대한 관리는 조직 디자인에서 시작되었다고 볼 수 있으며, 주로 제조업에서 운영적인 활동을 분석하는 것에 초점을 맞추어 왔다. 이후 서비스 분야로 확대되면서 ICT의 활용이 이루어졌는데, 현재는 비즈니스 프로세스 그 자체가 기관과 조직의 중요한 경쟁력으로 고려되고 있다. 향후 스마트 스페이스에서는 그 중요성이 더 커질 것으로 기대된다. 궁극적으로는, 스마트 스페이스에서의 다양한 활동을 ICT 기반으로 측정하고 데이터를 관리하여 인사이트를 도출함과 동시에, 비즈니스 프로세스에 대한 개선을 추구해 나가야 할 것이다.

(2) 스마트 오피스를 위한 프로세스 마이닝

앞에서 우리는 비즈니스 프로세스와 비즈니스 프로세스 개선의 레버리지 효과에 대해 살펴보았다. 결국 스마트 스페이스에서는 현재의 비즈니스 프로세스를 ICT를 통해 계량화 및 분석하여 인사이트를 찾게 된다. 이러한 인사이트가 비즈니스 프로세스에 다시 반영되는 선순환의 구조를 생각해 볼 수 있다. 이때 비즈니스 프로세스에서 인사이트를 찾아내는 방법론으로 프로세스 마이닝이 많이 거론되고 있다.

프로세스 마이닝은 비즈니스 프로세스에 초점을 맞춘 데이터 분석이다. 실제 프로세스 흐름을 시각화하여 프로세스의 전체적인 모습을 빠르고 객관적으로 파악하는 것이 주요 목적이다. 예를 들면, 병목이나 재작업과 같은 문제 영역을 발견할 수 있고, 직감을 분명히 하거나 직감이 틀렸음을 증명할 수 있게 된다. 궁극적으로는 RPA(Robotic Process Automation) 도입을 위한 프로세스 자동화 영역을 준비하는 것이 프로세스 마이닝이다.

프로세스 마이닝을 통해 프로세스 변화와 자동화가 이루어진 후에 이러한 변화와 자동화가 실제 효과적인가를 검증하고, 머신러닝이나 딥러닝을 활용한 최적화 모형의 개발에 도움이 되는 통찰력을 기대할 수 있다. 이러한 프로세스 마이닝은 현재 폭스바겐, 라보뱅크, 푸르덴셜, 카카오M 등의 국내외 선도 기업이 적극적으로 활용하고 있는 상황이다. 4차 산업혁명의 도래로 인하여, 프로세스 마이닝은 소수의 전문가에게만 해당하는 영역이 아니라, 이제 데이터 분석가, 비즈니스 분석가, IT 담당자, 현업 담당자, 감사인 등의 실무 전문가 등 다양한 계층의 사람들이 갖추어야 하는 필수적인 역량이 되고 있다.

프로세스 마이닝은 이벤트 데이터를 의미 있는 방식으로 활용할 수 있는 방안을 제공하는데 예를 들면, 주어진 이벤트 데이터를 분석하고 나서 발생했던 실제 프로세스의 흐름을 분석하고, 개선 방안을 위한 인사이트를 제공할 수 있다. 또한, 업무 추진 시의 다양한 병목을 발견하여, 문제를 정의할 수 있고, 이에 대한 대안을 제시하여 프로세스를 간결하게 하는 역할을 한다. 유수의 글로벌 기업들은 프로세스 마이닝을 통해 비용을 절감하고 가치를 제고하는 효과를 얻고 있는 상황이다. 프로세스 마이닝의 대상이 되는 프로세스는 비즈니스 프로세스, IT 프로세스 등을 의미하며, 공간 관점에서는 공간 내 모든 것의 움직임이 대상이 될 수 있다. 즉, 스마트 오피스 내의 주체와 시점과 행위가 기록된 데이터의 존재와 가용 여부가 프로세스 마이닝의 필수 조건이며, 프로세스 맵 작성을 통한 지속적인 최적화를 수행하며 계속 진화하는 스마트 오피스를 구성할 수 있게 된다.

4) 데이터로 추구하는 휴식과 창의성

(1) 데이터: 사무실 생산성 증대의 열쇠

데이터라는 것은 라틴어로 Datum의 복수형으로, 어떤 근거나 논거를 의미하게 된다. 데이터는 생성된 맥락에 따라 다른 의미를 갖게 되는데, 먼저 스마트 스페이스에서 발생할 수 있는 데이터를 생각해 보자. 공간에서의 데이터는 공간에서 발생하는 다양한 사건들의 여러 측면을 설명해 주는 역할을 한다. 어떤 분야에서는 비즈니스 프로세스로부터 발생하는 빅데이터가 전체 비즈니스 모델에 영향을 주게 된다. 그 대표적인 예로 출판업계를 생각해 볼 수 있다. 어떤 출판사가 온라인 플랫폼으로부터 책에 대한 데이터를 수집할 수 있게 되었다고 하자. 그중 많은 정보는 광고를 게재하는 입장에서는 매우 매력적인 항목들이다. 비즈니스 프로세스로부터 파생되는 이 데이터들은 업무 프로세스를 개선하며, 콘텐츠의 홍보에 큰 역할을 하게 된다. 결국 스마트 스페이스에서의 데이터는 다시 스마트 스페이스에 환원됨을 볼 수 있다.

최근에는 비즈니스 데이터의 크기가 급증하고 있으며, 개별 구성원의 차원에서 관리되는 수준을 넘어서고 있어 체계적인 데이터 관리가 요구되고 있다. 또한, 비즈니스의 결과물로서 데이터를 저장・관리하고자 한다. 기업 구성원들의 관점에서도 이렇게 비즈니스 데이터가 저장・관리되고 제공되기까지 한다면 축적된 데이터를 공유하고, 업무에서의 반복 작업을 최소화하며, 새로운 비즈니스 인사이트를 도출할 수도 있다. 혁신의 공간인 도시에서, 또는 창의적 업무의 공간인 사무실로부터 발생하는 데이터는 이처럼 인사이트 발견을 가능하게 하는 중요한 수단이 된다. AI 혹은 그 밖의 강력한 도구들을 활용한다면, 공간의 데이터가 다시 공간에 인사이트로 환원되는, 이러한 선순환 체계를 현실화할 수 있을 것이다. McKinsey Global Institute(2018)의 최신 보고서에 의하면, 2030년까지 전 기업의 70% 이상이 AI를 활용할 것으로 예측된다. 그 대상 영역 역시 사회와 기업의 전 분야를 망라할 것으로 예상된 AI 중에서도 주로 머신러닝 혹은 딥러닝이라 불리는 기법들은 이제 공간의 데이터를 요리하는 중요한 도구로 사용될 것이며, 이는 앞으로의 기업 활동과 도시에서의 생활에 긍정적인 지렛대로 작용할 것이다.

스마트 스페이스에서의 데이터에 대한 논의를 사무실 '스마트 오피스'로 한정시켜 생각해 보자. 무엇이 생산성을 증대시키는지에 대해서는 많은 연구와 논의가 있었다. 그중 적어도 스마트 스페이스에서의 생산성 증대를 위해서는 데이터와 데이터의 활용을 통한 인사이트 도출이 필요한 것은 자명한 사실이다.

비즈니스 데이터는 기업 제품의 유통에서 발생한 것일 수도 있고, 회의 과정에서 문서화된 데이터일 수도 있으며, 조직의 인사와 관련된 엑셀 형태의 데이터이거나, 보고서에 최종적으로 사용된 데이터일 수도 있다. 이러한 비즈니스 데이터는 적절한 관리가 중요한데, 예를 들어 데이터 내 변수에 대한 이름과 설명 등과 실제 파일과 폴더명이 일관되게 표현되어야 한다. 또한, 레코드마다 고유한 식별자를 통해 같은 개체의 다른 형식의 데이터도 연결될 수 있어야 하고, 이러한 일련의 과정은 연구 절차와 함께 잘 설명되어야 한다. 결국 스마트 오피스에서의 데이터 관리란 구성원들의 데이터 수집부터 활용을 이해할 수 있고 투명하게 하는 과정으로, 스마트 오피스 기반 생산성 증대의 열쇠가 된다.

데이터의 생애주기는 기업의 구성원들이 데이터 관리를 받아들이고 이해하는 데 도움을 준다. 즉, 데이터를 수집하거나 생성하고, 분석을 위한 형태로 처리하며, 분석하여 결과를 학술적인 형태로 배포하는 것이 데이터 생애주기로 볼 수 있다. 이 세 단계 모두 구성원들이 어떤 방법으로 데이터를 획득하고, 어떻게 분석 가능한 형태로 처리하였는지에 대한 기록을 남기는 것이 중요하다. 그리고 데이터 관리를 통해서 다른 구성원들에게 생산성 증대의 효과를 공유하고, 다른 관점에서 인사이트를 도출할 여지를 남기게 된다.

스마트 오피스에서의 데이터는 생산성 증대의 열쇠일 뿐만 아니라, 새로운 비즈니스 모델 창출의 단서가 될 수 있다. 다양한 업무 프로세스, 공간 그리고 고객 경험 프로세스로부터의 데이터를 통해 우리는 비즈니스의 근원적 경쟁력 확보를 위해 AI를 접목시키게 된다. 그리고 그 과정에서는 우리가 알지 못했던 새로운 인사이트를 얻게 될 것이며, 단순한 비즈니스 프로세스에 대한 것뿐만이 아닌, 비즈니스에 대한 근본적인 질문과 함께 새로운 비즈니스 모델의 가능성과 기회를 얻을 수 있다. 많은 기업은 이처럼 데이터에 기반을 둔 비즈니스 모델의 기회 포착에 노력을 기울이고 있으며(Hartmann 외, 2015), 스마트 오피스라면 이 과정을 더 촉진할 수 있을 것이다.

관건은 스마트 오피스로부터 어떻게 데이터를 추출하며, 어떻게 가공하고 그리고 어떻게 효과적으로 활용할 것인지에 대한 부분이다. 이제 스마트 오피스에서의 데이터를 지칭할 때에는, 데이터만 생각하기보다는 위의 3가지 요소 '추출, 가공, 활용'의 관점에서 접근하는 것이 필요하다. 스마트 오피스에서의 데이터를 더 이상 경쟁력 확보를 위한 선택으로 고려하기보다는, 기업 생존을 위한 필수 조건으로 이해해야 한다. 그 과정은 쉽지 않으며, 많은 문제가 존재하겠지만, 이제 스마트 오피스를 데이터 지향적인 비즈니스 추구를 위한 지렛대로 활용할 시점이다.

3. AI와 오피스의 만남

1) AI 개요 및 최근 동향

최근 AI 기술은 무서운 속도로 발전되고 있다. 사실 AI는 1956년 J. McCarthy에 의해 다트머스 회의에서 최초로 사용된 용어이다. 인공지능은 1950년대 새로운 과학 분야로 등장하였으나, 1차 암흑기(1970년대~1980년대 초반)와 2차 암흑기(1980년대 후반~1990년대 초반)를 거친 후 컴퓨터 성능과 알고리즘의 발전에 따라 다시 급성장하는 분야이다.

AI의 발전 양상을 살펴보면, 먼저 초기에는 인공지능 전문 시스템에 관한 연구가 활발히 진행되었다. 1967년 체스 프로그램 맥핵 vs. 아마추어 드레이퍼스와의 대결에서 AI가 승리한 놀라운 사건이 있었고, 이어서 1990년대에는 IBM의 딥블루가 체스 챔피언을 이기는 이변을 연출하기도 하였다. 2000년대 들어서 급속히 발전하게 된 AI는 2005년 인공지능 자동차가 사막에서 210Km 자율 주행에 성공하기도 하였고, 2011년에는 IBM 왓슨이 인간과의 퀴즈 대결에서 승리하기도 하였다. 그리고 모두가 아는 바와 같이, 2015년 구글 알파고가 이세돌 9단을 이기면서, 이제 AI는 사회의 전면에 부상하게 되었다.

AI의 활용과 관련해서, 대표적인 사례를 살펴보자. 글로벌 ICT 기업인 아마존은 인공지능 스피커 알렉사를 출시했다. 알렉사는 AI 기술 개발이 B2C 시장에서 어떻게 활약할 수 있는지를 보여 주는 좋은 사례이기도 하다. 알렉사는 딥러닝을 기반으로 하는 음성인식 기술을 활용하여 가상의 비서 기능을 제공하며, 사람들과 인터렉션한다. 우리는 어렵지 않게 알렉사가 우리의 공간에 들어와 있을 미래를 상상할 수 있다. 알렉사는 점차 그 적용 범위를 확대해 가고 있으며, 앞으로 어떻게 우리의 삶을 바꿔 놓을지가 기대된다. 또한, 알렉사를 필두로 하여 관련 기술 생태계의 조성에 노력을 기울이며 개방형 혁신 생태계로 변모시키고 있다(Zaki, 2019).

알렉사로 대변되는 AI 기술에는 여러 갈래가 있고, 그중에서 최근 각광을 받는 것은 바로 데이터 기반의 문제 해결 접근법인 머신러닝이다. 머신러닝은 주로 컴퓨터가 스스로 학습하고 새 정보에 적응하는 알고리즘을 의미한다. 머신러닝에 속하는 인공 신경망의 경우에는 1957년에 고안된 퍼셉트론 기원으로, 인간 두뇌의 뉴런을 모사한 모형인 인공 신경망(Artificial Neural Network)으로 확장되어 1980년대 이후 많이 사용되고 있다.

대표적인 분류 모형인 의사결정나무(Decision Tree)는 1980년대부터 1990년대에 걸쳐 큰 인기를 얻었다. 1990년대 중반에는 SVM 모형이 많이 사용되기도 하였으며, 통계학과 머신러닝의 경계가 불분명해지면서 통계학의 오래된 모형인 로지스틱회귀분석(Logistic Regression)도 2001년 이후로 많이 사용되고 있다.

AI에는 해찾기, 최적화, 로직, 통계적 학습 등 다양한 분야가 포함되어 있다.

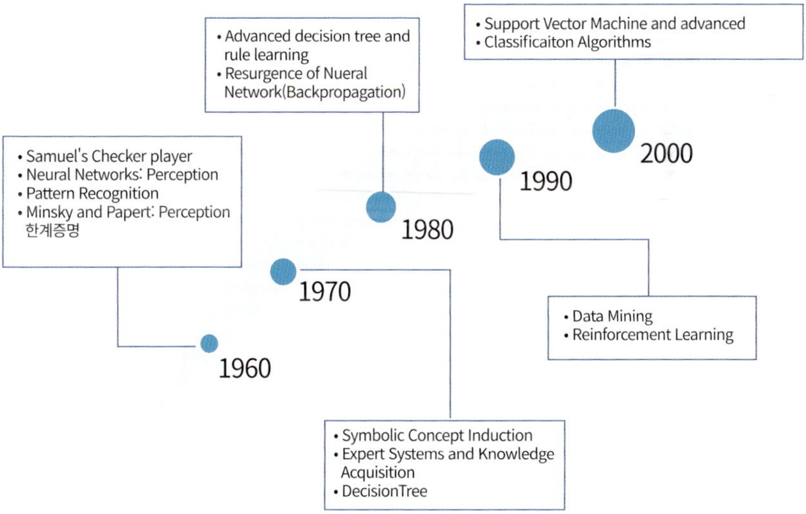

그림 Ⅱ-10 AI 기법의 발전 양상

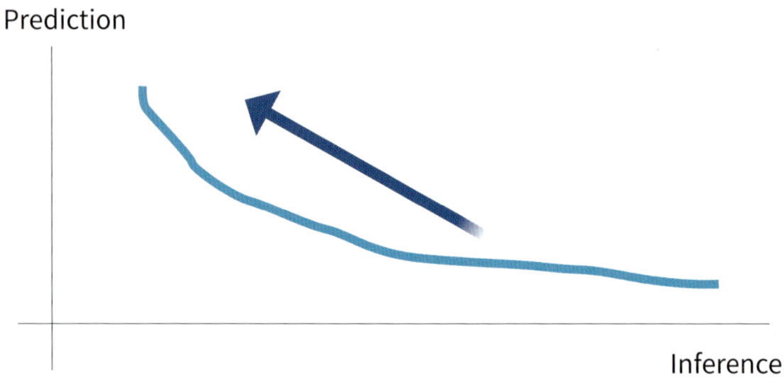

그림 Ⅱ-11 데이터 분석의 패러다임 변화

그중에서도 작금의 상황에서 가장 많이 접근되는 것은, 앞에서도 언급한 것처럼 바로 머신러닝(혹은 딥러닝)이다. 우리가 스마트 스페이스에서의 AI 적용을 생각한다면, 그 역시 머신러닝의 범주에서 이해하는 것이 적절할 것이다. 머신러닝은 데이터 기반 귀납적 접근이다. 이러한 머신러닝의 부상과 딥러닝의 등장으로 인해 데이터 분석의 패러다임이 변화하고 있다. 다시 데이터 사이언스의 두 가지 큰 목적인 예측과 추론을 생각해 보자. 기존에는 추론에 강점을 갖는 방법론들이 많이 활용되었다. 의사 결정 지원에 활용할 수 있으며, 통계학적인 근거가 있고, 결과를 설명할 수 있다는 점에서 추론을 잘하는 기법들은 많은 매력이 있었다. 우리가 살펴본 선형회귀분석이 그 대표적인 예이다.

하지만 머신러닝의 부상과 함께 예측력이 크게 개선되자, 예측 위주의 기법에 대한 선호가 높아지고 있다. 그러나 이런 모형들은 예측력은 좋지만 앞서 얘기한 추론 중심의 기법보다는 설명력이 떨어질 수 있다. 이에 이러한 예측 위주 모형을 Black Box 모형이라고 부르는데, 결과가 왜 그렇게 잘 나왔는지를 설명하기 어렵기 때문이다. 어쨌든 개선된 예측력으로 인해 예측 중심의 모형 비중은 점차 커지고 있다.

2) 데이터 기반 스마트 오피스와 AI의 접목

앞서 살펴본 바와 같이, 데이터 기반의 AI 접근은 이제 선택이 아닌 필수 영역이 되었다. 이러한 흐름은 스마트 스페이스에서도 마찬가지이다. 이 장에서는 기업 혁신과 생산성의 핵심 공간인 사무실을 중심으로 AI 접근에 대해 생각해 보고자 한다. 먼저 기업 활동을 고려해 보면, AI의 최우선 접근 대상 중 하나는 바로 사무실일 것이다. 스마트 오피스라는 용어도 그러한 맥락에서 이해될 수 있다.

스마트 오피스에 AI를 접목한다는 것은 크게 1) 플랫폼 역할을 하는 스마트 오피스에 대한 AI 적용, 2) 업무 프로세스 지원을 위한 AI 적용인 RPA, 3) 데이터 기반의 비즈니스 문제 해결을 위한 리빙랩 접근으로 나누어 볼 수 있다. 플랫폼으로서의 스마트 오피스에 대한 AI 적용은 기업 활동의 주요 플랫폼으로서 스마트 오피스의 역할을 조명하고, 기본적이며 필수적인 기업의 활동들에 AI가 접목되는 인터랙션을 의미하게 된다. 예를 들어, 우리는 사무실에서 회의하고, 업무를 보며, 의사소통하고 때로는 휴식을 취한다. 이러한 기본적이면서도 필수적인 활동들 각각에 AI가 접목되어 그 효과를 배가시킬 수 있고, 우리는 그런 관점에서 스마트 오피스를 바라볼 수 있다.

그 다음으로, 이러한 사무실에서의 필수 활동에 AI를 접목하려는 시도는 필연적으로 업무 프로세스에 대한 고민으로 귀결된다. 각 필수 영역의 업무 프로세스를 정의하고, 분석하고, 개선하려는 노력에 AI가 접목될 수 있고, 그 결과는 더욱 효율적인 업무 프로세스와 그로 인한 생산성 증가일 것이다. 마지막으로 사무실에서의 AI 접목은 데이터 기반의 문제 해결을 추구하게 된다. 사무실의 필수적인 활동을 규명하고, 그 안에서의 업무 프로세스를 파악해서 AI로 개선을 한다면, 그 다음 단계는 바로 스마트 오피스가 발생하는 수많은 데이터를 기반으로, 현재 직면한 과제에 대한 비즈니스 문제 해결을 시도하는 것이다. 데이터 기반 의사 결정 지원이라 볼 수도 있고, 혹은 최근 회자되는 리빙랩의 개념을 들 수도 있다. 그중에서도 데이터 기반의 비즈니스 문제 해결은 스마트 오피스가 가져다 줄 생산성과 수익성 증대에 중요한 레버리지 효과를 제공할 수 있다. 다음 절에서는 스마트 오피스에서의 업무 프로세스에 대한 AI 접목을 의미하는 로보틱 프로세스 자동화(Robotic Process Automation, RPA)에 대해 구체적으로 살펴보고자 한다.

3) 사무실의 Robot: RPA 개요 및 구성 요소

로보틱 프로세스 자동화(Robotic Process Automation, RPA)는 최근 많은 영역에서 큰 관심을 받는 개념이다. RPA는 사무실 내 구성원이 반복적이면서도 수동적으로 처리하는 업무를 분석하고 자동화하여, 기존에 반복적인 업무에 사용되는 시간을 보다 효율적으로 사용하게 한다. 더 나아가, 단순하게 업무의 효율성을 높이려는 목적뿐만 아니라, 단순 반복 업무의 부담을 경감시켜 사무실 구성원들이 더욱 혁신적이며 가치 있는 업무에 리소스를 투입하게 하는 발상의 전환을 의미한다.

사실, 사무실에서의 업무 개선을 통한 성과 개선에 대한 노력은 그동안 수없이 시도되었다. 하지만 이론뿐이거나, 실천이 어렵거나, 데이터에 기반하기 어려운 단점들이 있었다. 이에 스마트 오피스라는 기업의 업무 플랫폼은 데이터라는 실증적인 근거를 제시하며, 이를 기반으로 하는 업무 프로세스의 규명과 개선, 그리고 획득된 인사이트를 반영한 업무 자동화를 가능하게 하여, 더 이상 공허한 개념이 아닌 실질적인 방안을 제시해 주게 된다.

그러므로 RPA는 AI, 그중에서도 데이터 기반의 머신러닝적인 접근이 필수적이게 된다. 스마트 오피스의 복잡하면서도 빠르게 발생하는 데이터로부터 인사이트를 얻기 위해서는 머신러닝의 사용이 필요한 것이다. 그래서 [그림 Ⅱ-12] AI 관련 기술에 대한 트렌드를 분석한 Gartner(2018)의 보고서가 제시하는 AI Hype Cycle에서는, AI에 대한 유례없는 인기가 지속되는 상황에서 현실적인 접근을 고민하면서 머신러닝 다음으로 중요한 분야로 RPA를 꼽고 있다. 현재, 기업들은 주 52시간과 최저임금 상승 등, 경영 환경의 변화로 인해 인력의 효과적이고 효율적인 활용에 큰 관심을 기울이고 있다. 이러한 기업의 관심은 RPA에 대한 관심으로 이어지고 있다.

출처:Automation Anywhere 홈페이지

그림 Ⅱ-12 RPA 도입 기업

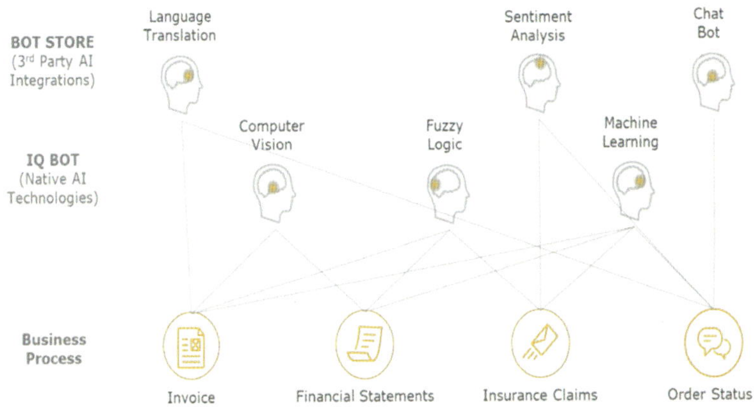

출처: Automation Anywhere 홈페이지

그림 Ⅱ-13 Automation Anywhere에서 정의한 RPA 구성 요소

다양한 산업군의 많은 기업이 현재 RPA에 대한 파일럿 프로젝트를 다수 진행하며 그 잠재성과 기회 창출에 대해 파악하고 있고, 전사 차원에서의 RPA의 확대 적용을 타진하고 있다.

RPA는 크게 비즈니스 프로세스, AI 엔진, 개방형 혁신 시스템 등으로 구성될 수 있다. AI 분야에서는 데이터 기반의 문제 해결을 위한 머신러닝을 필두로 하여, 스마트 오피스에 활용 가능한 혹은 비즈니스 프로세스에 적용 가능한 기술들을 모두 아우르고 있다. 마지막으로, RPA 시장을 활성화하고 빠른 진화를 촉진하기 위해 개방형 혁신 시스템을 채택하고 있다. 다시 말하면, RPA의 '애플 앱스토어' 같은 기능을 준비하는 것이다. 소수의 기업과 개발자가 특정 분야의 진화를 끌고 가는 것은 한계가 있다. 오히려 앱스토어의 예처럼 개방과 참여를 통한 지속적인 발전이 중요한 시점이다. 이에 RPA의 발전 방향은 2018년까지, 그리고 2018~2019까지, 마지막으로는 내년부터의 3단계로 구분해 볼 수 있다. 2018년까지는 단순한 업무의 자동화가 이루어졌다면, 2019년까지는 머신러닝이 본격적으로 활용되고 있으며, 2020년부터는 보다 지능적인 RPA가 이루어질 것으로 예상하고 있다.

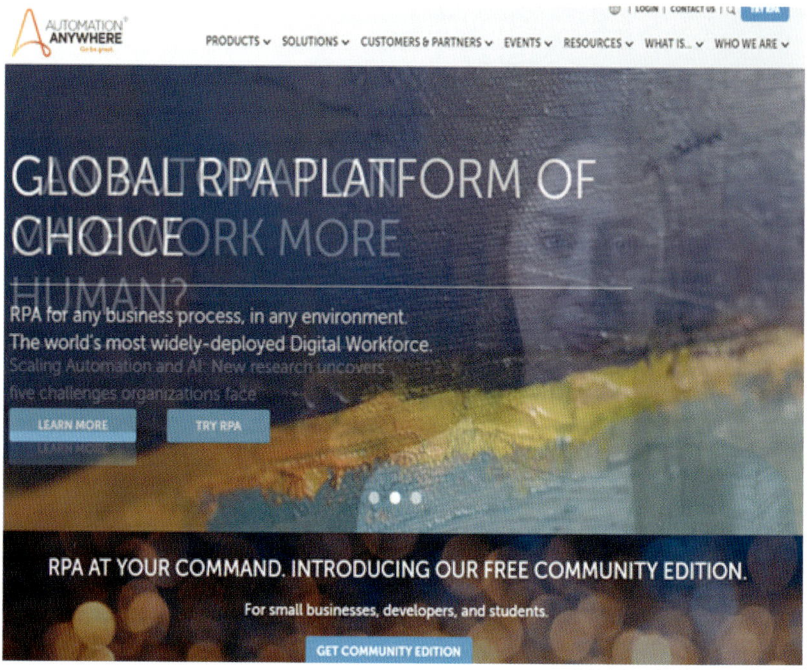

출처:Automation Anywhere 홈페이지

그림 Ⅱ-14 해외 RPA 기업: Automation Anywhere

RPA 분야에는 IBM과 같은 글로벌 ICT 기업들도 참여하고 있지만, 글로벌 시장 조사 기관인 Ovum 기준으로 다음 회사들 'Automation Anywhere, Ui path, Blue Prism, Pegasystems' 등이 시장을 이끌고 있으며, 시장의 잠재적인 성장 가능성은 급속히 커지고 있다. 앞으로 AI의 접목이 활발해질수록 RPA 시장에도 AI 분야의 강자들인 Microsoft, Google, IBM 등의 진출이 활발해질 것으로 예상되며, 활발한 M&A가 나타날 것으로 보인다.

우선, 그중에서 현재 RPA 시장의 강자인 Authomation Anywhere와 UiPath에 대해 간략하게 살펴보도록 하자. Automation Anywhere는 미국 캘리포니아에 본사를 둔 회사로 2003년 설립되었다. 이 회사는 현재 전 세계 1,000여 개 기업을 고객으로 두고 있으며, 글로벌 RPA 시장에서 선두를 달리고 있다. 그 잠재성을 인정받아 최근 2억 5천만 달러의 투자를 받았으며, 기업 가치는 최대 18억 달러에 이르는 것으로 평가되고 있다.

출처: UiPath 홈페이지

그림 II-15 해외 RPA 기업: UiPath

UiPath는 2005년 루마니아에서 DeskOver라는 이름으로 창립되었다. 이후 발전을 거듭하여, 현재는 20만여 명의 개발자 커뮤니티를 지원하고 있다. 포춘글로벌 500 기업 중 상위 50개 기업의 50%가 UiPath의 고객사이며 2,500여 개의 글로벌 기업을 고객으로 하고, 500만여 개의 로봇을 갖는 글로벌 소프트웨어 기업으로 성장했다.

국내에서는 2005년 설립된 그리드원에서 국내 최초로 RPA 솔루션을 개발하였으며, 현재 국내에 100개 이상의 기업 고객을 확보하고 있다. 이 외에도 다양한 국내 스타트업이 RPA에 진출하고 있다.

글로벌한 RPA 활용 사례로는 전사 차원에서의 RPA 도입, 또는 전 직원에게 '1인 1로봇'을 모토로 적용이 추진되고 있는 것을 들 수 있다. Automation Anywhere의 대표적인 RPA 사례로는 ING은행과 호주뉴질랜드은행의 업

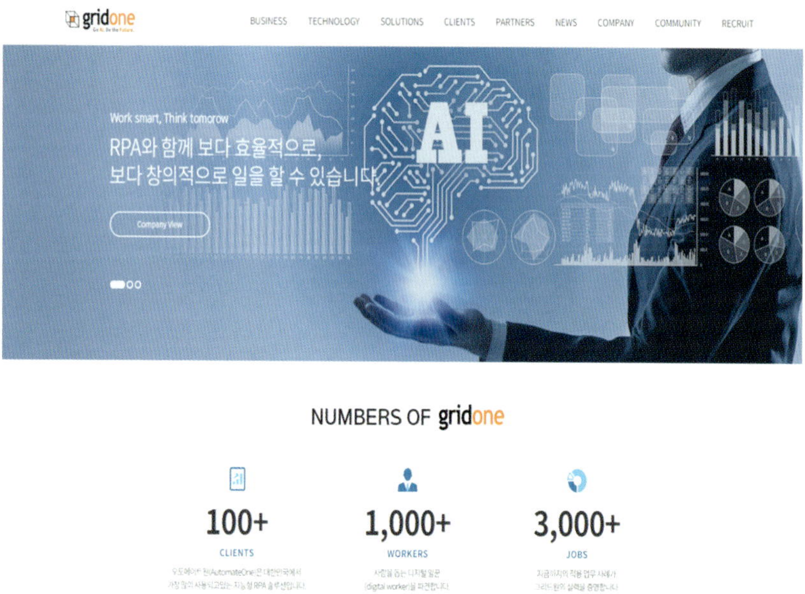

출처: GridOne 홈페이지

그림 Ⅱ-16 국내 RPA 기업: Grid One

무 프로세스 개선이 있다. ING은행은 2009년부터 Automation Anywhere의 RPA를 활용하였으며, 현재는 글로벌 영역에 적용하고 있다. 내부 데이터 이전부터, 고객 서비스 그리고 비정형 데이터의 디지털화 등에 이르는 분야에서 RPA가 활발히 사용 중이다. 호주뉴질랜드은행은 주로 감사와 인증에서 RPA를 통해 프로세스를 개선하고 있다. 예를 들어, 감사 업무에 필요한 계좌 조사, 펀드 추적 등의 업무에 RPA 도입되었으며, 그 결과 큰 비용과 시간을 줄일 수 있었다. 또한, 송장과 관련된 업무에서 RPA를 적용하여 수작업을 개선하고 오류를 줄일 수 있었다. 이제는 인력 관리 및 교육에까지 적용 범위를 확장하고 있다.

BMW는 UiPath를 활용해서 인사부터 생산, 제품 개발, 고객 관리 분야로

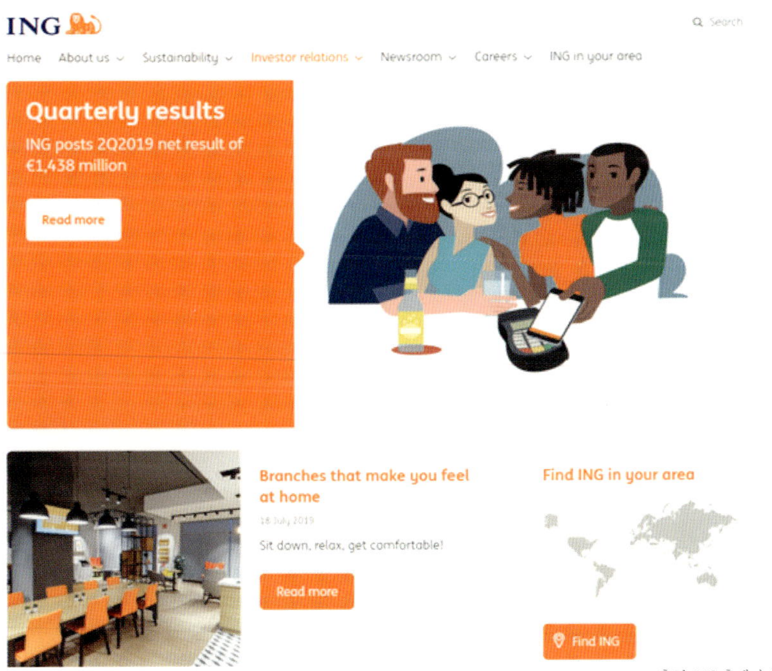

출처: ING 홈페이지

그림 Ⅱ-17 RPA 도입 기업: ING

적용 영역을 확대하고 있으며, 글로벌 조직으로 도입을 확산하고 있다. 도요타는 RPA 내재화를 염두에 두었고 사내에 RPA 전문 인력 양성을 꾀하고 있으며, 초기 단계에서 1,000개의 RPA 과제를 발굴해 생산성을 증대하고 있다.

싱가포르 통신사 싱텔도 RPA 도입을 추진하며, 통신 네트워크 관리와 통신판매, TV 운영과 고객 관리 등 핵심 업무에 200개 이상의 RPA를 900여 개 업무 프로세스에 적용하고 있다. 국내에서는 시중은행 및 금융사를 주축으로 다양한 산업 분야에서 RPA의 도입이 적극적으로 이루어지고 있다.

공공 분야에서는 아인트호벤 공과대학과 아헨공대의 사례도 있다(Aalst 외, 2018). 두 대학은 급여 및 연급, 인사, 교육, 연구, 재무 등 정보시스템을 운영하는데, 다양한 시스템이 복잡하게 연계되어 있는 상황이다. 예를 들어, 재무는 SAP을 사용하고, 학습 관리 시스템으로는 무들(Moodle)을 사용하는 식인데, 각각은 별개의 시스템이다. 대학 운영의 변화 발생 시, 같은 정보는 이렇게 이형적인 시스템 환경에 입력되어야 하는데, 이러한 단순한 업무는 시스템 연계 프로세스에 RPA를 도입한 후 많이 개선되었다.

RPA의 주요 타겟은 바로 인력의 혁신적 업무 집중을 원하는 기업들과 사무 공간의 혁신과 재디자인을 원하는 기업들이다. 그렇기에 스마트 오피스의 성장과 함께 RPA 시장은 향후 큰 진화를 겪을 것으로 보인다. 스마트 오피스가 갖추어질수록 RPA가 도입될 환경이 준비되는 셈이며, 더욱 지능적인 다음 단계의 RPA는 어쩌면 스마트 오피스 그리고 스마트 스페이스가 지향하는 모습과도 맞닿아 있을지 모른다. 그런데 이 대목에서 다시 근본적인 질문을 하게 된다. 스마트 오피스, 더 나아가 스마트 스페이스는 왜 필요한 것일까? 수많은 기술을 통해 공간의 디지털 트랜스포메이션을 이루어야 하는 이유는 무엇일까? 이는 단순히 디지털 트렌드에 맞추기 위해서도 아니고, 단순하게 비용을 절약하고 효율적인 기업 운영을 위해서도 아니다. 어렵사리 구축하는 스마트 스페이스는 공간 안의 사람들에게 새로운 기회를 제공해 준다. 그 기회는 앞으로의 창의적이고 혁신적인 '무엇'인가를 위한 준비 과정이 될 것이다. 다음 절에서는 스마트 스페이스로 추구하는 창의성 증대에 대해 살펴보고, "스마트 스페이스는 왜 필요한 것일까?"라는 우리의 질문에 답해 보고자 한다.

4. 스마트 오피스를 통한 창의성 증대

1) 스마트 스페이스가 주는 세 가지 이점

지금까지 스마트 스페이스, 특히 기업 경영 환경에서의 스마트 오피스라는 구체적 사례를 둘러싼 다양한 개념들을 살펴보았다. 스마트 스페이스는 앞서 살펴본 바와 같이 공간을 계량화할 수 있으며, 데이터를 통해 의사 결정을 지원하고, 나아가 문제 해결에 이를 수 있게 한다. 이처럼 스마트 스페이스는 창의와 혁신을 위한 플랫폼으로 이해될 수 있다. 분야마다 약간의 차이는 있겠지만, 스마트 스페이스를 통해서 크게 생산성 증대, 워크-레스트-밸런스의 증진, 그리고 창의적 아이디어 발현을 통한 혁신성 증가와 같은 세 가지 이점을 기대할 수 있을 것으로 보인다.

스마트 스페이스에서는 AI가 공간에 접목되어 지금까지와는 다른 시도를 할 수 있다. 우선, 스마트 스페이스가 디바이스를 통해 여러 가지 데이터를 측정하고, 측정된 데이터들을 활용하는 것이다. 5G 이동통신 네트워크와 IoT, RPA, AI 기반의 고급 분석(Advanced Analytics) 등을 활용하여 공간에서 발생하는 다양한 이벤트에 대해 더 잘 파악하고 분석하여 인사이트를 도출하고, 공간과 융합하려는 노력은 생산성 증대라는 중요한 과제 해결에 단서를 제공한다.

생산성 증대는 자연스럽게 워크-레스트 밸런스를 제고시키는 효과가 있다. 생산성과 휴식이라는, 양립하기 어려운 두 영역은 스마트 스페이스에서의 최신 ICT와 AI의 활용에 힘입어 이제는 공존할 수 있고, 더 나아가 밀접하게 긍정적인 효과를 주는 관계로 발전해 나가게 된다. 사무실에서의 업무 생산성과 휴식, 도시에서의 문제 해결의 생산성과 여가 활용 등, 우리 주변의 다양한 범위의 공간에서 앞으로 생산성과 휴식의 관계가 개선되어 나갈 것이 기대된다.

스마트 스페이스가 제시하는 메시지는 일관적이다. 즉, 공간에서의 단순한 일들은 스마트하게 처리하고, 그 안의 사람들이 더욱 본질적인 문제에 집중하게 돕는 것이다. 결국 스마트 스페이스는 우리에게 더욱 나은 도구와 환경을 제공하게 된다. 스마트 스페이스가 주는 세 가지 이점 '생산성의 증대, 워크-레스트-밸런스의 제고, 그리고 보다 본질적인 고민을 통한 창의와 혁신의 집중' 들은 사회의 여러 분야에서 다양한 모습으로 나타나서 사회에 기여할 수 있다. 대학에서의 스마트 스페이스는 학습과 연구 지원에 전념할 수 있게 하며, 기업에서의 스마트 오피스는 혁신적인 제품과 창의적인 비즈니스 모델의 발견에 집중한다. 스마트 시티에서는 생활에서 겪는 일상의 문제들을 창의적으로 해결하게 한다.

2) 공간의 스마트 리터러시: 창의성, 휴식, 생산성의 공존

4차 산업혁명에서 가장 필요로 하는 것은 바로 창의적인 문제 해결이며, 창의적인 문제 해결에는 공간이 큰 영향을 미치고 있다. 더 이상 일만 하고 생업에 종사하는 딱딱한 느낌의 공간이 아닌, 일과 휴게가 같이 추구되고, 창의적이고 혁신적인 아이디어가 흐를 수 있는, 살아 있는 공간으로의 변화가 진행 중이다. 흥미롭게도 창의와 혁신이 발생하면 주변으로 전파되는 특성이 있다. 공간에서 발현된 창의와 혁신은 구성원들에게로 공유되고 진화할 수 있다. 앞서 살펴본 개방형 혁신의 주요 전제 중 하나는 바로 같은 공간의 공유이다. 공간을 통해 창의성이 추구되고 스마트 스페이스라는 플랫폼이 그 몰입을 지원하는 것은 앞으로의 사회와 산업의 변화에 적극적으로 대응하는 노력일 것이다. 공간에 대한 이러한 접근은 스마트 리터러시로 읽어 내는 공간인 셈이다. 스마트 리터러시는 다양한 정의가 있을 수 있지만 무엇보다 스마트 기술을 잘 이해하고 활용할 수 있는 능력을 의미하며, 공간에서의 스마트 리터러시 추구는 스마트 스페이스에서의 세 가지 이점이라는 결과물로 표출된다.

스마트 스페이스에서의 창의와 혁신의 공유는 개방적인 혁신 시스템을 지향하게 하며, 이러한 관점은 개방형 혁신 시스템으로 이해할 수 있다. 흥미롭게도 혁신적인 기술의 개방형 생태계와 마찬가지로, 비즈니스에서의 개방형 생태계 시스템이 중요시되고 있으며, 그 결과의 전용(Appropriation)과 활용(Exploitation)을 통한 성과의 혁신이 나타날 수 있다. 즉, 어떤 개인의 업무성과는 개방형 시스템을 통해 다른 구성원의 업무에 기여할 수 있는 메커니즘을 갖는 것이 중요한 부분이고, 범위를 넓혀 나간다면 구성원이 아닌 팀 간의 개방형 메커니즘, 같은 산업군에서의 기업 간의 개방형 메커니즘, 더 나아가서는 이종 산업 간의 개방형 메커니즘도 이러한 혁신성을 위한 개방형 생태계의 범주에 포함될 수 있다. 그렇다면 이러한 개방형 생태계는 어떻게 추구할 수 있을까?

개방형 생태계를 가능하게 하는 요인은 여러 가지가 있지만, 개방성을 높이려는 비즈니스 과정에서의 다양한 노력, 예를 들면 '오픈 소스, 오픈 데이터, 오픈 액세스와 관련한 시도'를 중요하게 고려해 볼 수 있다. 기존 업무 추진 방식에서는 폐쇄적으로 접근되었던 데이터가 점차 공유되는 추세로 변하고 있고, 사무 공간의 데이터 허브를 통해 더 많이 이용되고 있다. 비즈니스 분석을 위한 소프트웨어와 지식 역시 오픈 소스를 통해 확산되고 있다. 분명 이러한 움직임은 기존과는 다른 면이 있으며, 기업의 연구 개발에까지 영향을 미치고 있는 상황이다. 그리고 과학, 기술, 혁신의 개방형 생태계는 기존과는 다른 기업의 운영 방식의 필요성을 제기하고 있다.

3) 창의성, 휴식, 생산성의 공존

경쟁의 심화와 시장의 포화로 인해 기술혁신이 경제성장의 주요한 명제가 되고 있다. 이 장에서는 기술혁신 추구를 위한 방법으로, 스마트 오피스를 통한 근원적 경쟁력의 강화를 살펴보았다. 이를 통해서, 비즈니스의 가장 중요한 구성 요소이며 공간인 스마트 오피스를 중심으로 지속적인 생산성 추구와 일상에서의 혁신을 가능하게 하는 방안을 살펴보았다.

스마트 스페이스에 관한 관심은 지속적으로 증대되고 있으며, 혁신적인 아이디어의 발현과 구체화에 대한 수요와 맞물려 있다. 이러한 스마트 스페이스는 앞서 살펴본 바와 같이 생산성, 창의성, 휴식의 균형을 추구하게 되며, 이 과정에서 데이터 기반의 인사이트를 도출한다. 흔히들 생산성은 효율적인 관점에서 접근하며, 최소의 자원으로 최대의 효과를 기대한다. 이 과정에서 구성원의 휴식과 창의성이 저하되는 경우가 발생하기도 하였다. 하지만 데이터 기반의 문제 해결을 지향하는, 그리고 AI와 접목되는 스마트 스페이스는 생산성과 휴식, 생산성과 창의성이 양립할 수 있는 토대를 제공한다. 더 이상 효율성으로 대변되는 생산성은 다른 가치와의 트레이드 오프 관계를 이루지 않으며, 그 빈자리는 스마트 스페이스라는 플랫폼으로 제공되는 다양한 모바일 기기, 거기서 파생하여 발생한 데이터 기반의 인사이트, 그리고 AI가 접목된 운영, 예를 들어 RPA가 메워 나가게 될 것이다. 이 모든 것은 '공간'에서 발생하며, 스마트 스페이스는 이제 단순히 물리적인 공간만을 의미한다기보다는 아이디어가 발생하는 물리적인 그리고 온라인상의 공간을 아우르게 된다. 계속 진화하는 ICT와 AI를 바탕으로, 우리 곁에 밀접하게 존재하는 스마트 스페이스를 통해 창의와 혁신을 추구하면서도 생산성과 휴식의 공존을 기대하는 것이 더 이상 요원하지만은 않을 것이다

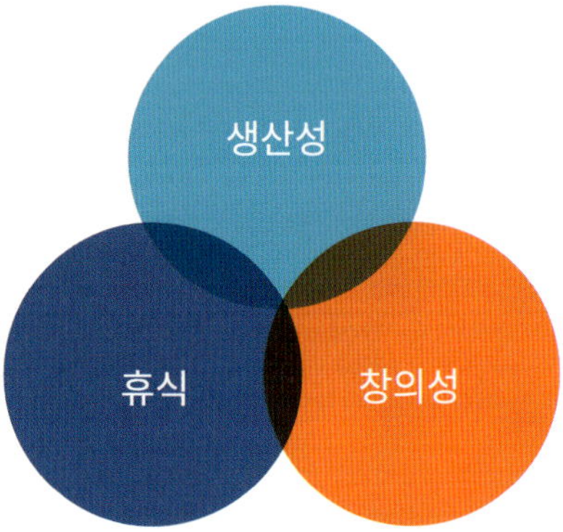

그림 Ⅱ-18 스마트 오피스의 생산성, 휴식 그리고 창의성

III

스마트 스페이스 도입을 위하여 고려해야 하는 요소들

III. 스마트 스페이스 도입을 위하여 고려해야 하는 요소들

스마트 스페이스를 도입하기 위해서는 무엇을 고려해야 할까? 스마트 스페이스의 가치에 동조한다고 해서 천편일률적으로 스마트 스페이스를 도입할 수는 없다. 먼저 나의 업무가 스마트 스페이스에서 수행하기에 적합한가에 대한 면밀한 검토가 필요하다. 그리고 과연 어떠한 형태의 스마트 스페이스가 적합할지를 비용과 편익의 관점에서 충분히 고민해 보아야 한다. 이러한 준비가 완료되었을 때, 궁극적으로 일하는 방식의 변화와 조직 문화의 변화가 뒷받침되어야 한다. 본 장에서 이러한 질문에 차례대로 답해 볼 것이다.

1. 나의 업무는 스마트 스페이스에 적합한가

인터넷이 처음 도입되던 1990년대에 영국의 유명한 경제학자 프랜시스 케언크로스(Frances Cairncross)는 지구의 모든 공간이 연결될 것이라며 "Distance will die."라고 주장하였다. 이와 유사하게, 미국의 멜빈 웨버(Melvin Webber) 교수는 기술이 점차 발전하면 "산의 꼭대기에 서서 다른 동료들과 실시간으로 친밀하게 접촉할 수 있을 것"이라고 예측하였다. 이러한 유명한 예측들이 실현될 수 있는 시기가 도래하였다. 기술의 발전으로 인하여 에베레스트산 정상에서조차 지구상의 다른 모든 사람과 즉각적인 의사소통이 가능해지고, 곧 전통적인 사무실이 쓸모없게 될 것이라는 것이다. 그간 기술의 발달은 글로벌하고 즉각적인 커뮤니케이션을 가능하게 했지만 흥미롭게도 우리 중 대부분은 여전히 사무실로 출근하고 있으며, 많은 기업이 도시 지역 중심부에 위치한 신규 또는 개조된 사무 공간에 상당한 투자를 하고 있다. 초기 디지털 논평자들이 놓친 것은 기술 발전으로 우리가 어디에서나 일할 수 있다고 하더라도 그것이 반드시 우리가 원하는 바를 의미하는 것은 아니라는 점이다. 사람들은 지식을 공유하고, 아이디어를 창출하며, 재능과 관점을 모을 수 있는 공간이 필요하다. 본연적으로 인간은 응집, 마찰 그리고 마음의 상호작용을 통하여 업무를 수행하기 때문이다. 이것은 단순히 기술의 발전을 넘어 사람들이 때로는 같이, 때로는 흩어져서 자신의 업무를 편안하고 효율적으로 수행할 수 있는 공간이 필요하다는 것을 의미한다.

그렇다면 그 공간은 어떤 특성이 있어야 할까? 전통적인 오피스와 새로운 오피스 환경은 다음과 같이 구분될 수 있으며, 그 기준은 업무 형태, 시간대에 따른 공간의 점유, 레이아웃과 가구의 형태, 공간의 이용, IT의 활용으로 분류할 수 있다.

먼저, 새로운 오피스와 더불어 스마트 스페이스의 근원이라 할 수 있는 코워킹 스페이스(co-working space)의 주요 기준을 살펴보면 다음과 같다.

- **열린 마음:** 다른 사람들을 위한 열린 마음가짐
- **공동 작업:** 함께 나누고 함께 일할 의지
- **커뮤니티:** 공동 작업의 동기를 부여하는 사회적 유대
- **지속 가능성:** 경제적이며(공유 공간과 편의 시설의 사용과 덜 비싸고, 덜 낭비적인 해결책 창출), 사회적인 생각(동등한 기회)
- **접근성:** 모든 사람에게 경제적인 측면(경제 및 사회적 지속 가능성과 유사)

표 Ⅲ-1 전통적인 오피스와 새로운 오피스 환경 비교

구분	전통적인 오피스 환경	새로운 오피스 환경
업무 형태	· 일상적인 절차 · 개별적인 업무 · 고립된 업무 수행	· 창의적 지식 개발 업무 · 그룹, 팀, 프로젝트 단위의 업무 수행 · 상호보완적인 업무 수행
시간대에 따른 공간의 점유	· 하루 중 대부분을 개인에게 할당된 업무를 중심으로 업무 수행 · 전체 공간의 30% 이하 수준만 사용	· 업무 장소의 분산 · 프로젝트팀에 소속되어 개인적으로 일하며 통신 네트워크로 상호 연결 · 매일의 근무 일정은 신축적, 불규칙 · 필요에 따라 다기능적 업무 배치 · 전체 공간을 100% 이용
레이아웃과 가구의 형태, 공간의 이용	· 공간과 가구는 신분에 따라 계층적으로 배치 · 개인에 대한 공간 할당이 상호 작용하는 공유 공간보다 우선함	· 복합적으로 공유하는 그룹 업무와 개인의 업무를 고려한 공간 배치 · 오피스 공간과 가구 배치는 업무 절차나 업무 유형에 따라 변화 가능
IT의 활용	· 일상적, 반복적인 데이터 처리에 사용 · 제한적인 범위에서 정보 통신 기술을 사용	· 개인 및 그룹의 창조적인 지식 업무에 사용 · 광범위하고 다양하게 사용되는 정보 기술 기기의 이동성 증가 · 다양한 정보 기기와 유연하게 연결되며 접근성 증가

출처: 정효채·이병하·박우성, 2016

다시 말하면 스마트 스페이스는 사람들이 특정한 공간에서 커뮤니티를 형성하고 열린 마음으로 공동 작업을 할 수 있어야 하며, 그 운영 방식이 사회적이고 경제적이어야 한다. 스마트 스페이스의 핵심적인 본질은 단순히 기술을 도입하거나, 사무 가구를 바꾸고 자리 배치나 공간을 조정하는 것에 있지 않고 사람의 행동을 바꾸고 습관을 변화시키며, 일하는 방식을 바꿈으로써 자유롭고 창의적이게 협업할 수 있도록 바꾸는 것이다. 따라서 스마트 스페이스의 가치에 동조한다고 해서 누구나 천편일률적으로 스마트 스페이스를 도입할 수 있는 것은 아니다. 스마트 스페이스는 공간의 근본 개념을 바꾸고, 그 안에서 상호 작용하는 사람들의 의사소통 방식과 일하는 방식의 전반을 변화시켜야 하기 때문이다. 그렇다면 어떠한 산업이나 일의 방식이 스마트 스페이스에 적합할까?

1) 산업에 따른 스마트 스페이스 적합도

엘리자베타(Elisabetta Raguseo)와 연구진의 2016년 연구 결과에서 어떠한 산업군에 속한 기업이 가장 먼저 스마트 스페이스를 도입할 수 있을지에 대한 힌트를 얻을 수 있을 것이다. 엘리자베타와 연구진은 이탈리아에서 기업을 대상으로 설문 조사 및 인터뷰를 통하여 그들이 가지고 있는 물리적 공간(레이아웃), ICT, HR을 기준으로 각 기업의 스마트 워크 도입 단계를 4가지 유형으로 분류한 바 있다. 해당 연구는 텔레워크(telework)와 같은 특정 스마트 워크의 도입과 관련된 논의이나, 어떠한 산업군에 속하는 기업들이 이러한 변화에 유연하게 대응할 수 있는지를 유추하는 데 힌트가 될 수 있을 것이다. 먼저, [표 Ⅲ-2]의 요소는 레이아웃, ICT, HR을 의미한다. 레이아웃이란 물리적 작업 공간의 재설계 이니셔티브의 채택을 의미하며, 협업에 보다 유연하게 중점을 둔 환경의 조성 여부를 뜻한다. ICT는 스마트 워크를 지원하는 기술을 의미하며, IT 개인 디바이스, IT 서비스 등이 이에 포함된다. HR은 개인이 자신의 근무 시간을 유연하게 관리할 수 있는지, 조직의 지원 여부를 의미한다. 대표 기업은 공공 행정 기관, 은행, 엔지니어, 식음료, 유통, ICT 기업으로 분류하였다. 각 기업이 보유하고 있는 3가지 요소에 대한 평가를 토대로, 연구자들은 4단계로 제시하였다.

첫 번째는 일관성 없는(inconsistent) 변화 그룹이다. 이들은 전환을 위하여 많은 투자를 하고 있는 그룹으로, 높은 수준의 인적 자본을 보유하지 못하고 자본 집약적인 그룹이었으며 인적 자본의 연령이 높고 생산성이 낮다는 특징이 존재하였다. 주로 공공 행정 및 소매업계에서 운영되는 조직들이 이에 해당하였다. 두 번째는 아날로그형(analogical) 변화 그룹이다. 이들은 HR 관행, 조직 모델의 혁신에 대한 투자와 사무실 재배치와 같은 작업 환경 재구성에 중점을 두었으나 ICT를 크게 활용하지 못하였다. 주로 많은 직원을 거느리고 있으며, 노동 집약적이고 생산성 수준이 낮은 조직에서 나타났다. 은행이 이에 해당한다. 세 번째는 디지털형(digital) 변화 그룹이다. 이들은 보통 수준의 인적 자원을 확보하고 있으며, 노동 집약적이다. 대다수는 다른 회사보다 젊고 높은 생산성을 보유하고 있으며, 주로 엔지니어링, 식품 산업 등이 여기에 해당한다. 마지막으로 완전한(complete) 변화 그룹이다. 이들은 3가지 자원에 모두 투자한 조직으로, 자격을 갖춘 직원(높은 인적 자본 수준)을 고용한 ICT 산업 조직이 이에 해당하는데, 노동 집약적이고 중간 규모의 특징을 지니며 생산성 수준이 높다. 연구 결과를 일반화하여 말하기는 어렵지만, 스마트 스페이스 활용에 다소 유리한 산업군은 ICT를 기반으로 하는 산업이다. 엔지니어링과 음식, 은행 관련 기업이 그다음을 차지하고, 가장 전환이 어려울 것으로 유추되는 기업은 공공 기관 및 소매라 할 수 있다.

표 III-2 스마트 스페이스 전환의 단계 및 산업군의 특성

구분		1단계	2단계	3단계	4단계	계
요소	레이아웃	낮음	높음	낮음	높음	39%
	ICT	낮음	낮음	높음	높음	59%
	HR	낮음	높음	높음	높음	67%
산업군	공공 기관	21.4%	15.4%	12.1%	7.7%	14%
	은행	3.6%	38.5%	15.1%	7.7%	13%
	엔지니어링	7.1%	0%	12.1%	7.7%	8%
	음식	3.6%	7%	9.1%	3.8%	6%
	소매	10.7%	7.7%	3.0%	3.8%	6%
	ICT	0%	7.7%	0%	19.2%	6%
기업의 비율		28%	13%	33%	26%	100%

출처: Elisabetta Raguseo, Luca Gastaldi, Paolo Neirotti, 2016

즉, 자본 집약이 강할수록 전환이 어렵고, 노동 집약이 강할수록 전환이 용이하다고 볼 수 있다. 따라서 속한 기업 혹은 산업이 자본 집약적 형태를 가지고 있다면 빠른 전환보다는 다른 산업군의 변화를 관측하고 움직이는 전략을 채택하는 것이 바람직할 것이다.

2) 일하는 방식에 따른 도입 방식

스마트 스페이스의 원 개념인 스마트 워크와 텔레워크에 대한 논의는 지식 노동자(knowledge workers)를 대상으로 1990년대부터 시작되었으며, 특히 IT 관련 프리랜서들을 중심으로 논의가 많이 진행되어 왔다. 그러나 최근 관련 개념과 공간이 더욱 발전되면서 스마트 스페이스에 대한 활용이 증가하고 있다. 최근의 조사에 따르면 프리랜서, 자영업자, 기업가뿐만 아니라 컨설턴트나 종속 계약자 즉, 일반 회사원들도 스마트 스페이스에 대한 수요가 존재한다(Gandini, 2015).

그러나 시행착오를 줄이기 위해서, 그리고 스마트 스페이스로의 전환을 위해서는 각 기업과 조직의 비전 및 핵심 가치, 인재상, 경영 철학 등과 직무 분석을 통한 점검이 요구된다. 이러한 관점에서 신효섭과 박희재(2018)는 [표 Ⅲ-3]의 체크 리스트를 제시한 바 있다. 이에 해당되는 사항이 많은 기업일수록 스마트 스페이스로의 전환을 긍정적으로 검토해 볼 수 있다는 것이다. 면대면 커뮤니케이션의 필요성이 상대적으로 낮고, 업무의 내용이 비교적 명확하여 독립적으로 일할 수 있으며, 특별한 장비가 필요 없는 직무에 우선적 도입이 가능하다. 특히, 이런 직무 수행자 중에 혼자서 일할 수 있을 정도로 직무에 대한 경험 및 지식 수준이 높고, 작업 공간이나 시간 구분에 대해 자신을 스스로 통제할 수 있는 경우라면 더할 나위 없이 적합한 대상이라 할 수 있다.

표 Ⅲ-3 스마트 스페이스 도입을 위한 체크 리스트

구분	내용	체크 리스트
업무 계획성	계획적으로 시행 가능한 업무인가?	
업무 독립성	독립적으로 분리 수행이 가능한가?	
ICT 적용 정도	정보 통신 기반으로 움직이는가?	
소통의 빈도 및 질	직장 내 소통이 빈번하지는 않은가?	
업무 집중도	높은 집중도가 요구되는 작업인가?	
물리적 작업	물건의 이동 또는 대면 응대는 없는가?	
업무 성과 평가	성과 평가가 가능한가?	

출처: 신효섭·박희재, 2018

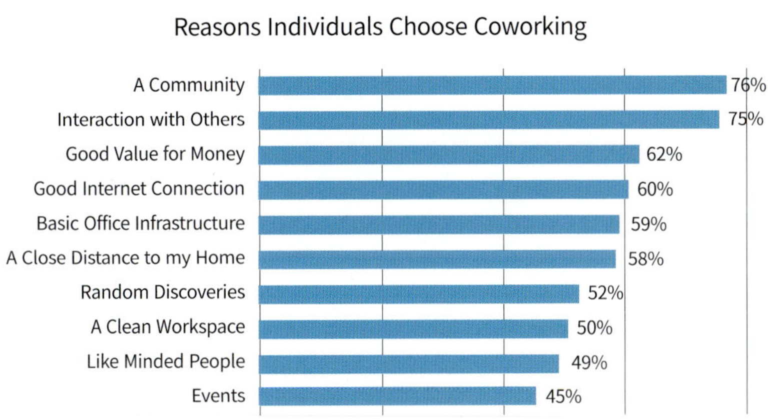

출처: Global Coworking Survey

그림 Ⅲ-1 코워킹 스페이스를 선택하는 이유

또한, 스마트 스페이스는 전통적인 오피스 모델처럼 한 회사에 의해 채워지는 것이 아니라, 해당 공간에 대한 수요가 있는 사람들이 참여하여 하나의 물리적인 공간을 형성할 수 있다. 코워킹 스페이스라 칭해지는 것이 그것으로, 여기에 참여하는 사람들은 스마트 스페이스를 통하여 별도의 물리적 공간을 확보하지 않고도 경제적으로 자신의 사무실을 마련할 수 있다는 경제적 이점을 누림과 동시에, 공동의 공간에 매력을 느낄 수 있다.

[그림 Ⅲ-2]와 같이 이들은 공간이 제공하는 커뮤니티와 사람들과의 관계 구축에 있어서 가장 큰 이점을 누리고 있다. [그림 Ⅲ-2]는 위워크(wework)가 제공하는 공동 공간에 대한 이미지로, 위워크는 제이 피 모건(J.P.Morgan)을 뛰어넘는 뉴욕 최대의 세입자라 불린다. 공간의 90%는 개인 사무실이다(Kessler, 2017). 초기에는 이러한 공간을 이용하는 사람들의 54%는 프리랜서, 20%는 기업의 직원, 20%는 종속 계약자임이 밝혀진 바 있으며, 미디어 산업 종사자, 건축가, 디자이너, 언론인과 같이 창조적인 업종에 속한 프리랜서, 소프트웨어 개발자, 디지털 컨설턴트, 소셜 미디어 대행사와 같은 디지털 전문직들이 다수 사용하고 있음이 밝혀진 바 있다(Gandini, 2015). 이들이 이러한 공간에 매력을 느끼는 것은 그들의 일하는 방식이 대부분 창조적이며 독립적이기 때문일 것이다. 이는 네트워크 및 공동의 공간 투자를 위하여 자신의 자원을 중복적으로 활용하기를 원치 않으며, 다른 사람들과의 사교 활동을 좋아하는 사람들이 다수이기 때문이다.

이러한 공간을 운영하는 기업들은 자신이 소유권 및 통제 구조를 보유한 상태에서 직원들이 자유롭게 해당 공간을 활용할 수 있도록 공간을 조성하고 있다. 이들은 멤버십(membership)의 형태를 활용하여, 외부인의 접근을 제한하고 직원 전용의 독창적인 공동 공간을 제공하는 식으로 전환하고 있다.

2. 스마트 스페이스 도입을 위한 경제성 분석

1) 스마트 스페이스 도입 전략 : 공간 재설계의 관점

(1) 기존 경제성 분석 방법 및 전략

건축가인 랭크 더피(Frank Duffy)는 “우리의 휴리스틱은 ‘되돌아보지 마라.

출처: Wework 홈페이지

그림 Ⅲ-2　위워크가 제공하는 공동의 공간

출처: Wework 홈페이지

그림 Ⅲ-3　위워크가 제공하는 공동의 카운터 및 음료 공간 우리는 우리가 설계한 것을 사용하는 데 있어 장기적인 결과를 예언할 수 없다.'는 것이다."라고 말한 바 있다. 또한 일생을 건축물 평가로 보낸 한 건축가는 "건축 또는 엔지니어링 설계 관행이 건물의 작동 여부에 대한 정보를 일관되게 수집하지 못하고 있는 것은 슬픈 사실이다."라고 진술한 바 있다. 사실, 과거에는 건물을 지을 때 그 효용성 또는 잘 예측하지 못하였다. 그나마 실시했던 건물의 효용성 또는 효율성 평가는 설문 조사, 인더뷰, 현장 방문 등 사용자를 관측하여 실시하는 것이었다. 이러한 평가 방법은 1960년대부터 지속되었으며, 최근까지도 몇 가지 잘 정립된 기술에 의존하는, 이와 같은 기법이 활용되고 있다. 이러한 측정 방식으로 검토했던 사항들을 정리하면 다음과 같다.

- 주로 일광, 음향 및 열 환경에 대한 측정
- 밀도, 활용도, 효율성 및 계획과 직업 간의 차이에 대한 관측
- 에너지 및 용수 사용에 관한 시설 관리자로부터 데이터 수집
- 행복, 에너지 수준, 공간에 대한 개인적인 인식과 관련된 설문 조사

이를 바탕으로 [그림 Ⅲ-4]와 같이 준공 시점 대비 건물의 상태를 진단하고, 유지 보수 혹은 리모델링을 결정하였다. 한편, 건물의 노후는 다음의 3가지로 정의될 수 있다(오승원, 2002; 김평기, 2005).

- **물리적 노후:** 장비 · 기기 · 배관 부식, 콘크리트 강도 저하, 단면 결손, 균열 · 누수, 철근 부식, 각종 마감재 노후
- **기능적 노후:** 이용자 쾌적성 및 건물 운영 효율 저하, 실내 환경 악화, 장비와 시스템 에너지 효율 저하
- **사회적 노후:** 정보화 사회 진전, 쾌적성에 대한 욕구 증대, 건물 이용자의 개성화 및 다양화, 사회적 제도 및 규범

과거에는 건물의 효용성을 잘 예측하지 못하였고, 또한 건물을 정적인 것

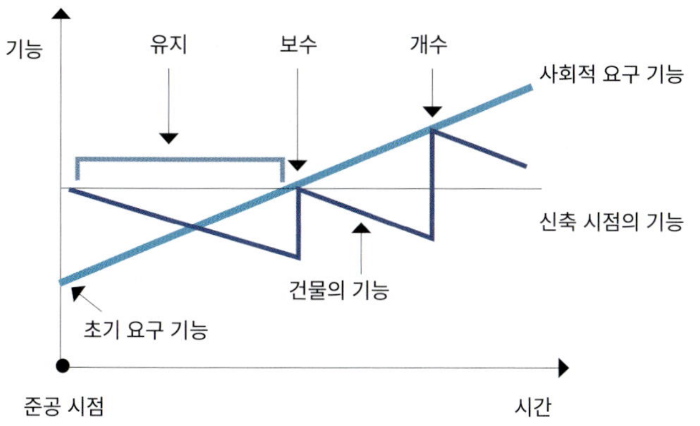

출처: 허광재, 2001

그림 Ⅲ-4 유지 보수의 개념도

으로 파악하였다. 그래서 몇몇 주관적 인식에 따라 건물의 노후화를 평가하고, 사회적 요구 기능을 고려한 유지 보수와 리모델링을 수행하였다. 이 경우 리모델링의 사활은 가치 상승, 수익성 향상, 경쟁력 확보라는 세 가지 요구 조건의 충족에 달려 있다.

- **수익 상승:** 임대료 상승, 임대 보증금 상승, 주차장 수입, 광고 수입 등 기타 수익 상승
- **경비 절감:** 에너지 비용 절감, 수선 및 유지비 절감, 관리 용역비 절감
- **가치 상승:** 순수익 증가에 따른 보유 기간 내 가치 상승

이러한 요구 조건의 충족은 사전의 명확한 경제성 분석과 직결된다. 경제성 분석 방법에는 여러 가지가 있으나, 리모델링의 장기적인 경제성 분석에는 라이프 싸이클 비용 분석법(Life Cycle Costing, Life Cycle Cost Analysis), 순이익 분석법(Net Benefit Analysis), 수익·비용 비율 분석법(Saving to

Investment Ratio Analysis), 내부 수익률 분석법(Internal Rata of Return Analysis), 투자 회수 기간법(Discounted Payback Analysis) 등이 있다. 건축물 리모델링의 경제성 분석에 있어서 어느 방법을 선택하느냐는 것은 상황에 따라 다르다(김종표, 2003).

- **라이프 사이클 비용 분석법(Life Cycle Costing, Life Cycle Cost Analysis):** LCC는 리모델링을 위한 초기 투자비와 건물의 유지 관리비, 에너지 비용, 교체 비용뿐만 아니라 각종 시스템 및 건물 자체의 수명 이후 잔존 가격까지 모두 합산한 비용 의미. 건물의 수명 기간 동안 발생하는 모든 경제적 비용을 포함시켜 복수의 대안에 대한 상대적인 비교 평가를 통하여 최적의 대안을 선정하는 경제성 평가 기법으로서 장기적인 투자 효과의 분석에 적합한 경제성 분석 기법
- **순이익 분석법(Net Benefit Analysis):** 리모델링으로 건물의 수명 기간 연장과 유지 관리 비용의 지출 감소로 얻을 수 있는 총액과 성능 개선을 위해 투자된 비용의 차이를 구하는 방법. 리모델링으로 얻는 경제적 이익이라는 실질적으로 수익으로 발생하는 것이 아닌, 비용의 절감을 금전적 이익으로 해석하는 방법
- **수익·비용 비율 분석법(Saving to Investment Ratio Analysis):** 수익·비용 비율 분석이란 건축물의 리모델링을 통하여 얻을 수 있는 경제적 이익을 성능 개선을 위한 투자 비용의 비율을 표시한 것. 비율이 1보다 커야만 리모델링에 대한 경제적 타당성을 가질 수 있으며, 수익·비용 비율 분석법은 여러 가지 대안을 놓고 경제성에 대한 순위를 결정할 때 유용하게 사용될 수 있는 방법
- **내부 수익률 분석법(Internal Rata of Return Analysis):** 투자에 대한 지표로 널리 사용되고 있는 내부 수익률이란 투자자가 경제적 손해를 입지 않도록 일련의 수익과 투자를 하게 만드는 이자율을 의미. 계산된 IRR이 건물주가 기대할 수 있는 최소의 수익률보다 높을 때 경제적인

투자라 판단할 수 있는 경제성 판단 기법

· **투자 회수 기간법(Discounted Payback Analysis):** 리모델링을 위한 투자 비용을 리모델링에 의해 창출되는 이익에 의해 경제적으로 회수되는 기간을 산정하는 경제성 분석의 방법. 신속한 자금의 회전을 중요시하는 개발업자나 투자자들에게 널리 사용하나, 회수 기간 이후에 나타나는 비용이나 이익을 고려하지 않기 때문에 투자의 총체적 경제성이나 효율을 파악하기 힘들다는 단점 존재

· **코스트 평가법:** 리모델링의 적정 투자 한도를 검토하는 방법으로, 임대료, 임대 면적, 입주율 세 가지 요소가 어느 정도 변화하는가 혹은 어느 정도 차이를 둘 수 있을 것인가에 의하여 리모델링의 투자 한도 설정

이와 같은 방법들을 다음 [표 Ⅲ-4]와 같은 기준을 중심으로 평가하여, 가장 적합한 경제성 분석 방법을 채택할 수 있다.

표 Ⅲ-4 리모델링의 경제성 분석 기법 평가

	LCC	순이익	순이익 비용비율	내부 수익률	투자회수 기간	코스트 평가
2가지 대안에 대한 경제성 비교 및 평가에 적합한가?	●	●	●	◐	◐	◐
건물 운영에 소요되는 모든 비용을 고려하고 있는가?	●	◐	◐	◐	◐	●
경제적 효과를 절감 금액으로 표현하기에 적합한가?	◐	○	○	○	○	◐
건물의 사용 기간을 고려한 경제성 평가에 적합한가?	●	◐	◐	◐	◐	●
비용의 시간적 가치를 고려할 수 있는가?	●	◐	◐	◐	◐	◐
평가 방법이 간결하고 계산이 쉬운가?	◐	●	◐	◐	◐	◐
평가 결과	●	◐	○	○	○	◐

*범례: ● 적합하다, ◐ 보통이다, ○ 적합하지 않다.

출처: 김종표, 2003

(2) 새로운 경제성 분석 방법: 스마트 스페이스의 새로운 지표

스마트 스페이스 구현을 위하여 기존의 스페이스를 리모델링할 때, 우리는 위와 같은 경제성 분석 기법을 활용하여 평가하는 것이 가능하지만, 동시에 스마트 스페이스가 가지고 있는 본질적인 가치를 가지고 조금 더 효율적이고 명확한 투자 자본 수익률(ROI, Return on Investment)을 고려해 볼 수 있을 것이다.

① 투자 요인(Investment)

스마트 스페이스로의 전환에 있어 가장 우려되는 부분은 비용일 것이다. 단기적으로 볼 때 초기 투자 비용이 높은 것처럼 보이나, 스마트 스페이스를 정확히 이해하고 이행한다면 임대료 및 건물 관리비 측면에서 크나큰 비용 절감을 이룰 수 있으며, 공간을 더욱 경제적으로 활용할 수 있다. 최근 다수의 조직이 경직된 물리적 공간 활용를 계획하고 있기에, 실제 사용성 대비 낮은 공간 활용률을 가지고 있다. 정확한 공간 사용량에 대한 분석을 기반으로 공동의 활용 공간을 늘려 간다면 비용을 개선해 낼 수 있다. 그뿐만 아니라 스마트 스페이스 디자인 비용은 구성원들의 잠재 능력을 폭발시키는 데 기여하는 것으로 보고되고 있다. Cha&Cha(2014)는 이를 위한 일반적인 도전과제(common challenge)이자, 비용을 다음과 같이 제시하였다.

가) 기술(Information Technology): 장비(equipment)와 보안 시스템(Security)

기술과 관련된 비용은 스마트 스페이스로 전이 시 가장 중요한 문제일 것이다. 구매해야 하는 기술, 장비와 그 비용에 대하여 먼저 정확히 추산하는 것이 중요하다. 스마트 스페이스로의 전이는 개인의 데스크(어느 물리적 공간에 있든 상관없이)와 모든 기능을 갖춘 본부까지의 끊임없는 연결이 기본적으로 가정되어 있어야 한다. 모바일 워커가 휴대폰이나 태블릿 PC와 같이 기본적인 고속 네트워크 모바일 장비를 갖추고 있는 것은 기본이며, 인트라

넷을 통해 웹에서 컴퓨터 응용 프로그램 및 데이터베이스에 접근할 수 있도록 하는 것, 대면 토론을 대체할 수 있는 화상회의가 가능한 통신 도구 등을 기본적으로 생각해 볼 수 있다.

그러나 물론 스마트 스페이스를 위하여 필요한 소프트웨어는 산업의 특성이나 업무 내용에 따라 상이하다. 그러나 일반적인 오피스 환경을 가정해 볼 경우, 통신 및 정보 교환을 위해 인터넷 브라우저와 이메일, 화상회의 및 전자 회의 시스템과 같은 공동 작업을 지원하는 전화 회의, 웹 회의 공동 작업 소프트웨어, 인스턴트 메시징 응용 프로그램 및 전자 팩스와 같은 추가 도구 소프트웨어가 스마트 스페이스 환경을 완성할 수 있다. 스마트 스페이스에서 가장 중요한 것은 조직의 기술과 서버가 스마트 스페이스를 지원할 수 있도록 충분한 용량을 갖추고 있는가이다. 네트워크와 데이터에 대한 원격 접근 가능성이 생산성을 유지하는 데 중요하기 때문이다(Cha & Cha, 2014).

나) 공간의 재설계

스마트 스페이스의 가장 큰 특징은 일하는 방식에 따른 유연성과 효율성을 확보하기 위한 공간의 재설계이다. 따라서 물리적 공간의 변화가 가장 중요한 변화라 할 수 있다. 그렇다면 그 물리적 공간의 변화를 어떻게 준비할 수 있을까? 그 시작은 기존의 오피스 혹은 건물의 사용 방식에 대한 명확한 진단과 우리가 나아가야 할 방향에 대한 설정이다. 데이터와 알고리즘을 활용하여 새롭게 공간 효율성을 달성할 수 있는 사례를 살펴보자.

① 사용자 데이터를 통한 회의실 사용률 분석

건물 전체에 대한 리모델링 외에 최근에는 다양한 기법들을 활용하여, 일부 공간의 유지 보수 혹은 리모델링을 수행하고 있다. 즉, 공간의 효율성 달성을 위하여 특정 공간을 중심으로 데이터를 수집하고 이를 분석하는 기법들이 다양하게 등장하고 있다. Davis(2016)는 성공적인 회의실 구성 요소를 이해하기 위하여 위워크를 대상으로 구성원이 회의실을 예약할 때 생성하는 데이터를 수집 및 분석하였다. 총 44개 건물의 728개 회의실에서 13주 동안 진행된 158,000회의 회의실 예약을 조사하였으며, 데이터를 분석하였다. 수집된 데이터는 회의실 이용률과 리드타임, 그리고 사용 후 남긴 별점으로 분석하였다. 그리고 그 결과를 머신러닝에 적용함으로써 설계 초기 단계에 고려하지 못하였던 사람들의 사용성 평가를 수행할 수 있었으며, 새로운 스타일의 아키텍처를 창출하는 데 기여하였다.

② 알고리즘을 통한 자동 공간 계획: 책상 배치의 효율성

사무실의 경우, 설계자는 책상당 최소 공간 요구 사항을 포함하는 일련의 공간 표준을 준수하면서 공간에서 책상의 수를 최대화하고자 한다. 이러한 레이아웃 성능은 효율성으로 측정되는데, 이 효율성은 책상의 수와 사무실 면적의 비율을 나타낸다.

이러한 데스크 레이아웃은 효율적인 공간을 만들기 위한 건축가의 암묵

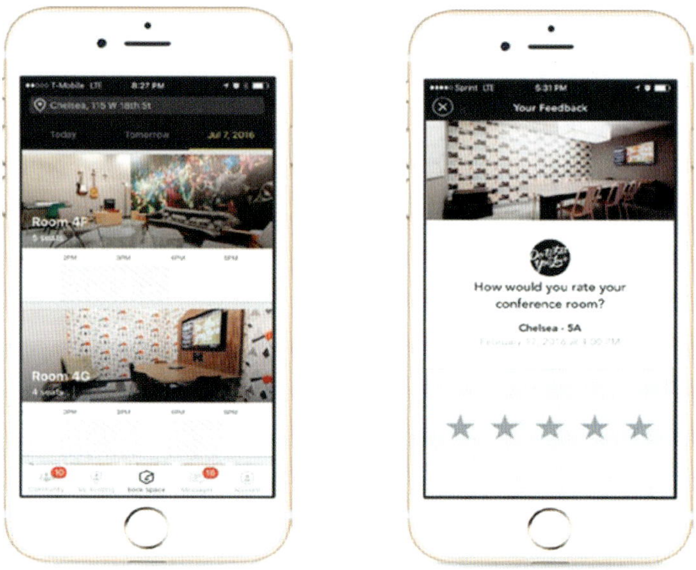

그림 Ⅲ-5 위워크 회의실에 대한 평가 정보 수집

적 지식을 활용하여 수동으로 수행된다. 예를 들어, 설계자는 일반적으로 책상의 주축을 따라 공간을 극대화할 수 있는 방안을 모색하고, 방의 모양이나 출입구와 같이 공간의 구성을 방해하는 장애물들을 직관적으로 인식하여 책상을 배치한다. 그러나 각 사무실의 모양, 문의 위치, 기둥과 같은 고유한 조건이 존재하기에 과자 찍는 틀을 사용하는 것처럼 일률적인 배치를 수행할 수 없다. 즉 이러한 작업은 일관된 설계 논리를 따르나 [그림 Ⅲ- 6]처럼 각 공간들이 동일하지 않기에 사무실에 책상을 배치하는 작업은 설계자의 암묵지를 활용해야 하며, 때로는 시간 소모적인 작업이 된다. 이러한 공간 계획에 효율성을 높이고, 경제성을 향상시키기 위하여 최근 다양한 머신러닝 기법들을 활용하고 있다.

본래 1960년대 초반부터 자동 공간 계획을 위해 많은 알고리즘이 개발되었으나, 최근 들어 기술이 발전하며 이러한 머신러닝 기법들이 활발히 사용되고 있다.

본 절에서는 앤더슨과 그의 동료들(Anderson, Bailey, Heumann, & Davis, 2018)의 연구 결과를 기반으로 자동 공간 계획에 활용될 수 있는 머신러닝 기법을 살펴보고자 한다. 이들은 위워크가 현재 보유하고 있는 자동 공간 계획

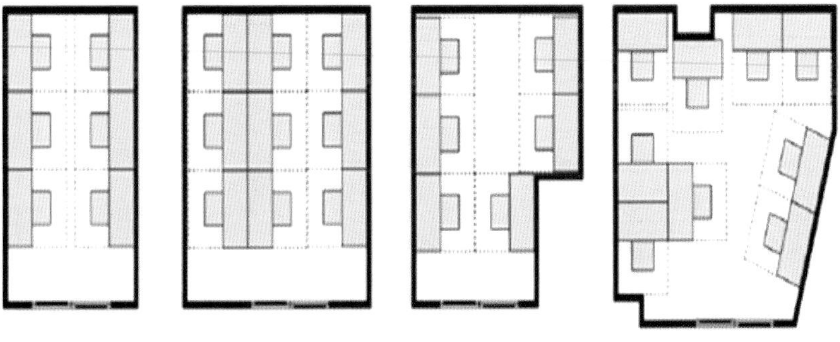

출처: Anderson, Bailey, Heumann & Davis, 2018

그림 Ⅲ-6 유사하지만 동일하지 않은 사무실의 구조(예)

방법을 발표한 바 있다. 현재 위워크는 사무실의 경계에 해당하는 다각형, 문의 위치, 내부 장애물 목록(기둥 및 미국 장애인 법정 출입구 정리 구역)이 주어지면 일련의 알고리즘이 책상의 배치를 최대화하는 구성을 제안한다.

해당 알고리즘은 불규칙한 모양의 사무실, 어려운 가장자리 조건 및 공간 내의 기둥 및 기타 장애물을 고려할 수 있다는 특징이 존재한다. 본래 위워크의 설계자는 벽과 사무실 주변부를 따라 책상을 배치하는 경향이 있다. 따라서 알고리즘은 그 행동을 모방하여 수행되며 레이아웃 밀도와 임계값을 통하여 계산된다. 이때 정확한 임계값은 사무실이 더 이상 수익이 발생하지 않는 지점에 대한 순수한 비즈니스적 결정이므로, 알고리즘을 사용하는 회사에 따라 달라질 수 있다.

먼저, 레이아웃 알고리즘은 다음의 4가지로 구성되어 있다.

- 회전 레이아웃 알고리즘(Rotation layout algorithm)
- 왼쪽 오른쪽 레이아웃 알고리즘(Left right layout algorithm)
- 무작위 배치 알고리즘(Brute force layout algorithm)

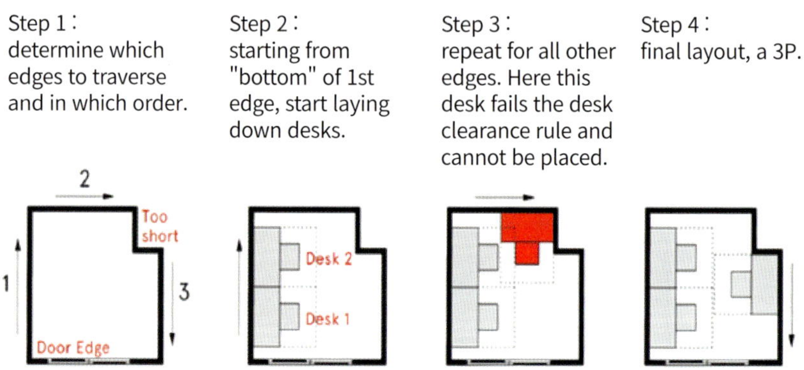

출처: Anderson, Bailey, Heumann, & Davis, 2018

그림 Ⅲ-7 회전 레이아웃 알고리즘의 예

• 그로잉 데스크 뱅크 앤 엔드 캡스(Growing desk banks and end caps)

알고리즘 중 첫 번째는 회전 레이아웃 알고리즘(rotation layout algorithm)이다. 이 아이디어는 가상의 선이 사무실의 가장자리를 통과하도록 하는데, 가장자리가 책상의 너비보다 짧으면 무시하도록 한다. 만일 책상을 놓을 만큼 충분히 길다면 가장자리의 한쪽 끝에서 시작하여 가장자리를 따라 가능한 많은 책상을 놓는다. 이는 시계방향(메인 문의 왼쪽 가장자리에서 시작하여 둘레를 따라 시계방향), 반시계방향(메인 문의 오른쪽 가장자리에서 시작하여 둘레를 따라 반시계방향), 길이별로 정렬(길이별로 가장자리를 정렬하고 가장 긴 것부터 가장 짧은 것까지) 처리한다. 알고리즘이 가장자리를 따라 책상을 배치하려고 시도할 때 다음과 같은 설계 표준을 기반으로 여러 가지 제약 조건을 충족해야 한다. 이를 레이아웃 제약(Layout constraints)이라 하는데, 책상에서 문까지의 최소 거리, 의자 주위에 사람이 의자에서 편안하게 들어올 수 있도록 충분한 공간 확보(책상에서 연장된 책상 클리어런스 구역과 동일[그림 Ⅲ-8] 참고), 책상 끝에서 다른 책상까지의 최소 거리(같은 책상에 있는 책상을 제외하고)가 그것이다. 이렇게 하면 책상 그룹 간에 이동이 보장된다. 책상과 그 클리어런스 존이 어떤 장애물과도 겹쳐서는 안 되고, 이 배치가 이러한 제약 조건 중 하나라도 충족하지 못한다면 가장자리를 따라 2.5cm 책상을 밀고 동일한 논리 및 제약 조건을 적용시킨다.

두 번째, 왼쪽 오른쪽 레이아웃 알고리즘은 회전 알고리즘과 매우 유사하나 이 알고리즘은 문이 있을 경우 활용된다. 먼저 문 가장자리의 왼쪽에 충분히 긴 모서리를 먼저 통과한 다음, 문 오른쪽의 가장자리를 통과하도록 하며, 왼쪽과 오른쪽은 문 가장자리에 수직인 선을 그 중심으로 통과하여 판별한다. 그리고 책상을 내려놓을 때 바닥에서부터 고려하여 대칭적으로 놓는다. 이때 책상너비보다 작은 벽은 모두 무시하지만, 다수의 사무실은 들쭉날쭉하고, 기둥이 있고, 벽이 책상 너비보다 작은 어색한 가장자리들이 있다. 이 경우에는 길이에 관계없이 모든 모서리에 책상을 놓으려고 시도하고, 책상

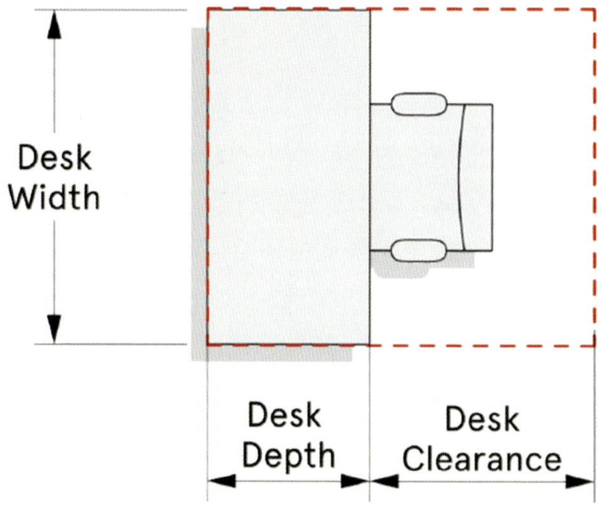

출처: Anderson, Bailey, Heumann, & Davis, 2018

그림 Ⅲ-8 책상 클리어런스 존 알고리즘

이 가장자리에 돌출되는 것을 허용한다. 이 과정은 [그림 Ⅲ-9]와 같으며, 최대 수용을 위해서 규칙을 여유롭게 설정할 수 있다.

세 번째는 무작위 배치 알고리즘이며, 연산 비용이 더 비싸므로 경계 기반 알고리즘이 공간을 충분히 채울 수 없을 때에만 실행된다.

네 번째 알고리즘은 그로잉 데스크 뱅크 앤 엔드 캡스로, 백투백(back-to-back) 데스크 세트를 가지고 와서 공간 중심으로 한 번에 하나씩 확장하는 것을 의미한다. 그리고 데스크 뱅크가 커짐에 따라 다른 제한조건을 준수하는 것을 중시한다.

이 레이아웃을 활용할 경우 99%의 사무실에서 더 나은 효율성을 달성하는 것으로 보고되었으며, 특히 해당 알고리즘은 1~4인 사무실에서 매우 잘 수행되는 것으로 보고되었다. 과거에는 설계자의 암묵지에 의하여 긴 시간이 소요되던 것이 알고리즘 러닝을 활용할 경우 더욱 쉽고 경제성 있게 수행

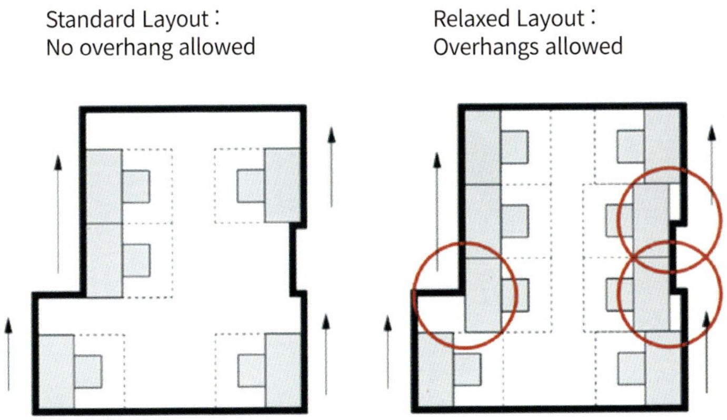

출처: Anderson, Bailey, Heumann, & Davis, 2018

그림 Ⅲ-9 왼쪽 오른쪽 레이아웃 알고리즘

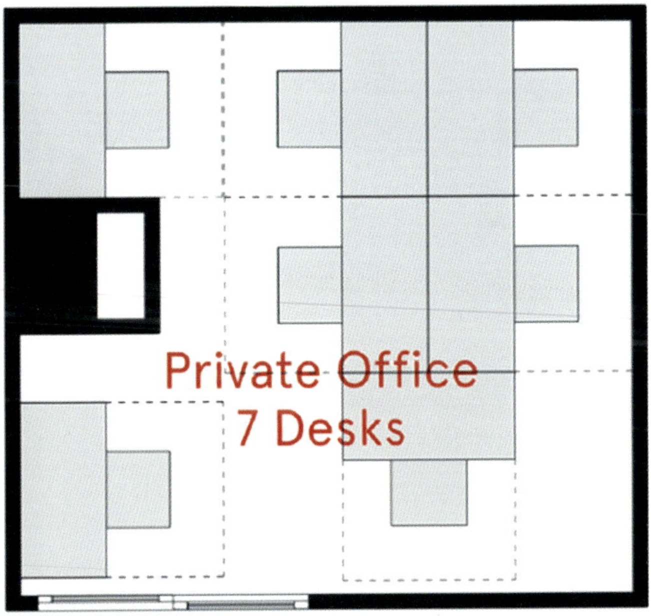

출처: Anderson, Bailey, Heumann, & Davis, 2018

그림 Ⅲ-10 그로잉 데스크 뱅크 앤 엔드 캡스 알고리즘

출처: Katsikakis, 2017

그림 Ⅲ-11 벽을 구성하는 키트의 활용 방식

그림 Ⅲ-12 회의실 활용 방식

할 수 있는 것이다. 해당 알고리즘은 설계자의 효율성은 77%로 맞추고 설계 기준을 준수하면서도 시간당 6%의 높은 효율을 달성하였다.

③ 유연한 공간 활용 분석

마지막으로, 공간의 효율성을 높일 수 있는 방안 중 하나는 공간 벽에 대한 재개념화라 할 수 있다. 최근 [그림 Ⅲ-11]과 [그림 Ⅲ-12]와 같이 키트의 형식으로 공간을 구성할 수 있는 방안들이 제시되고 있다. 스마트 스페이스의 전이에서 가장 우려되는 부분 중 하나는 개인이 집중할 수 있는 공간, 개인이 협력할 수 있는 공간에 대한 명확한 분류가 이루어지지 않는다는 것이다. [그림 Ⅲ-12]와 같이 키트를 활용할 경우 공간에 대한 수요에 맞추어 공간을 유연하게 조직화할 수 있다.

다) 조직원에 대한 트레이닝(Training)과 관리 관행(Management Practices) 수정

스마트 스페이스의 경영진은 스마트 스페이스가 제공하는 이점에 대한 믿음이 존재해야 한다. 과거 스마트 워크 사례에서 실패의 가장 큰 원인 중 하나는 "직원들이 바쁜 상태를 유지하기 위하여 직접 감독해야 한다."라는 기존 경영진의 저항 때문이었다. 스마트 워크에 참여한 경영진은 직원이 실제로 외부에서 수행하는 작업을 확인하는 데 많은 시간을 소비하는 경향이 있었다. 즉, 스마트 워크 구현에 있어 가장 큰 장벽은 기존의 관리 관행이라 할 수 있으며,

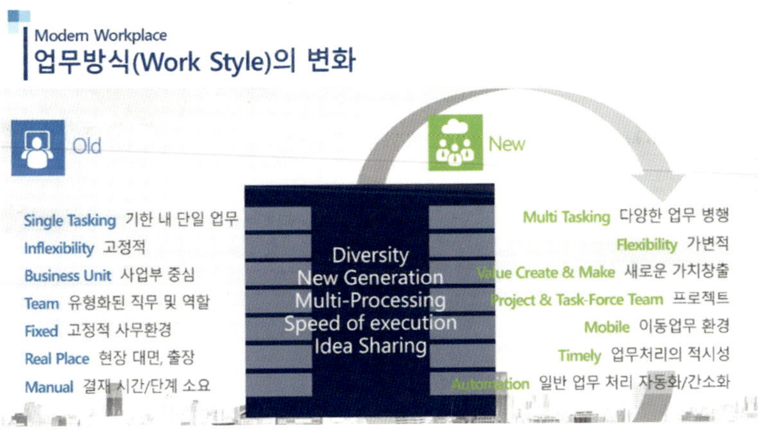

출처: 일생활균형 및 일하는 방식 혁신을 위한 국회포럼, 2017

그림 Ⅲ-13 마이크로소프트의 업무 방식 변화

이러한 저항을 막기 위하여 새로운 조직 문화를 설계하고, 직원들이 효과적으로 스마트 스페이스 환경하에서 일할 수 있도록 명확한 동기부여와 성과 체계를 마련해 주는 것이 중요하다. 스마트 스페이스가 효과적이고 공정하기 위해서는 좋은 관리 관행을 마련하는 것이 선결되어야 한다.

[그림 Ⅲ-13]은 마이크로소프트의 업무 방식의 변화이다. 이처럼 단순히 물리적 공간의 변화뿐만 아니라 그 물리적 공간에서 일하는 사람들의 일하는 방식, 즉 업무 방식이 궁극적으로 변화할 수 있도록 관리 관행이 설계되고 지원되어야 한다.

라) 개방형 공간에서의 안락함 확보

스마트 스페이스는 기본적으로 개방성을 염두해 두어야 한다. 그렇다면 스페이스 혁신 시 이러한 공간적 특성을 어떻게 고려해야 할까? 권과 그의 동료들(Kwon, Remoy & Van Den Dobbelsteen, 2019)의 연구 결과를 통하여 유추해 보자. 먼저, 권과 그의 동료들은 오피스나 스페이스 리노베이션, 특히 본 책에서와 같이 오픈형으로 공간을 리노베이션한 연구에 대한 문헌 분석을 통하여 리노베이션으로 세 가지 차원의 안락함을 느낄 수 있어야 한다고 제안하였다. 즉, 스페이스라고 하는 것은 신체적으로 안락함을 제공하고, 기능적인 안락함을 제공하면, 궁극적으로 심리적 안락함을 느낄 수 있다고 주장하였다. 이를 살펴보면 다음과 같다.

① 물리적 안락 요인에 대한 고려(Physical comfort factors)

실내 온도나 공기의 질 등은 생물학적 반응과 밀접한 관계를 이루어 그 결과 심각한 불만과 질병을 유발할 수 있는 기본 요구 사항이므로, 스페이스에서 가장 먼저 생각해야 하는 요인 중 하나이다.

온도(thermal comfort) 온도는 주관적이며 기온, 상대습도, 상대 풍속 및 복사의 네 가지 변수로 구성된 동적 요인에 따라 다르다. 모든 구성원들이 완전히 만족할 수 있는 장소를 제공하는 것은 실질적으로 불가능하지만, 구성

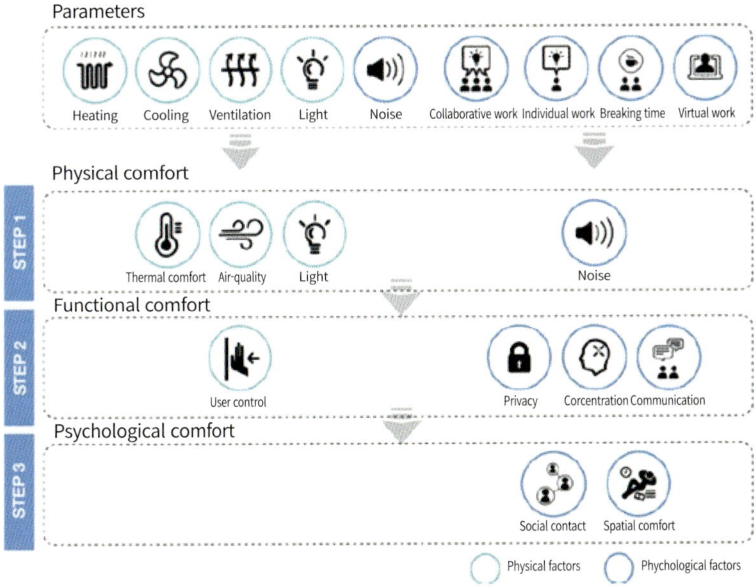

출처:Kwon,Remoy & Van Den Dobbelsteen, 2019

그림 Ⅲ-14 공간 혁신 시 안락함의 차원

원들의 안락함의 범위를 정의하는 것은 중요하다. 실험 연구 결과에 따르면 여름에는 최적의 성능을 위한 실내 온도는 23.9~25.4°C, 겨울에는 최적의 성능을 위한 실내 온도는 21.9~19.7°C이다. 또한 온도와 시간의 관계를 고려했을 때, 23°C에서 온도에 의한 안락함이 보고된 바 있다. 공간에서의 온도는 구성원의 불만 수로도 측정할 수 있다.

공기의 질(air quality)과 환기 시스템(ventilation systems) 공기의 질이 좋은 공간은 구성원인 거주자의 건강 상태 및 만족도에 영향을 미치기에 필수적으로 고려해야 하는 요소이다. 실내 공기 질은 오염 물질 및 환기와 관련된 공기의 질을 정의한다. 공간의 공기가 오염되어 있을 경우 자극, 두통, 피로 및 질병을 유발할 수 있으며, 특히 두통, 눈, 코 및 목의 자극, 무기력, 집중력 부족, 불쾌한 악취 및 덜 빈번한 구역, 현기증, 흉부 압박감 등을 느낄 수 있다. 건조한 공기와 낮은 습도는 구성원의 만족도를 낮출 수 있다. 따라서 환기 시스템을 적절히 고려해야 하는데, 환기 시스템이 공기의 질에 중요한 역할을 하기 때문이다.

소음 제어(noise control) 소음은 오피스 건물 설계와 관련성이 높으며, 구성원들이 작업 과정에서 주의가 산만해질 수 있기에 더욱 주의를 기울여야 하는 부분이기도 하다. 오피스 소음은 일반적으로 동료들로부터 발생하며, 개방형 오피스에서 더욱 많이 발생할 수 있다. 밴버리와 베리(Banbury and Berry, 2005)는 오피스 소음으로 인해 작업 환경에 불만이 생길 수 있으며 가장 혼란스러운 소음원은 전화벨 소리라고 밝힌 바 있다. 알토몬테와 그의 동료들(Altomonte, Schiavon, Kent & Brager, 2017)은 소음, 음향 개인 정보 보호와 구성원의 만족도 간의 강력한 관계를 발표한 바 있다. 이처럼 작업 과정에서 일상적으로 발생할 수 있는 소음이 차단될 수 있도록, 소음의 명확한 차단이 매우 중요하다.

빛과 일광(light and daylight) 조명 조건은 시각적 편안함에 영향을 미치며 사용자 만족도에 영향을 주는 또 다른 요소이다. 많은 연구에서 일광과 사용자 만족도의 상관관계가 보고되었다. 특히, 조명 품질은 구성원들의 만족도에 직접적인 영향을 미치는 것으로 보고된 바 있다. 조명 외 자연광, 즉 일광 또한 매우 중요한 요인이다. 자연광에 대한 노출이 많을수록 우울증이 줄어들고 사용자 만족도가 높아질 수 있기 때문에 대부분의 오피스 구성원들은 물리적, 심리적 이유로 인공조명보다 자연광을 선호한다. 그렇다고 해서 자연광이 언제나 만족도에 긍정적인 영향을 미치는 것은 아니다. 빛의 질에 대한 불만 또한 존재할 수 있는데, 빛으로 인한 눈부심 현상은 업무의 집중도를 방해한다. 일반적으로 유약 비율이 40% 미만일 때 사람들은 직장에서 편안하다고 느낀다. 따라서 이를 고려한 공간 설계가 필요하다. 특히 빛으로 인한 시각적 불편함의 경우, 공간이 남향이며 남쪽 정면에서 비치는 햇빛으로 인한 눈부심 때문에 발생되는 것으로 보고된 바 있으므로, 공간 설계 시 창문 및 가리개 시스템을 설치하는 것이 권고되기도 한다. 기본 창 크기는 사무실 조건에 따라 다르나, 한 조사에 따르면 넓은 측면도를 제공하려면 평균적으로 최적의 창 크기가 1.8~2.4m 범위에 있어야 한다고 논의된 바 있다.

레이아웃(layout) 물리적 안락 요인을 고려할 시 가장 중요한 것 중 하나가 가구, 즉 책상들의 레이아웃 배치이다. 기존의 가구와 책상들이 가장 많은 인원을 수용하는 것이 목적으로 배치되어 있었다면, 각각의 체류 시간과 공간 활용성을 측정하여 이를 재배치하는 것이 바람직하다.

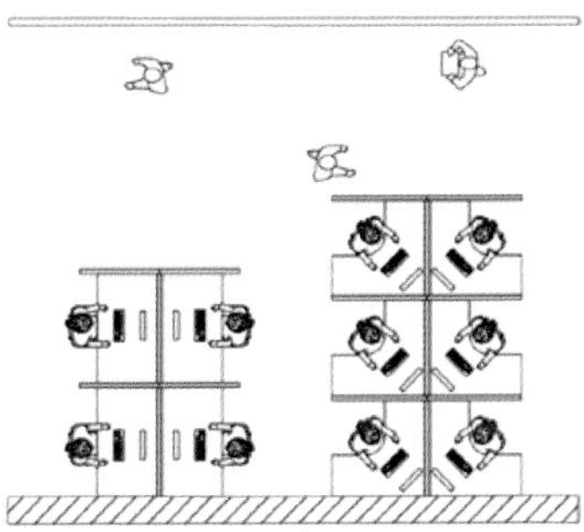

a)

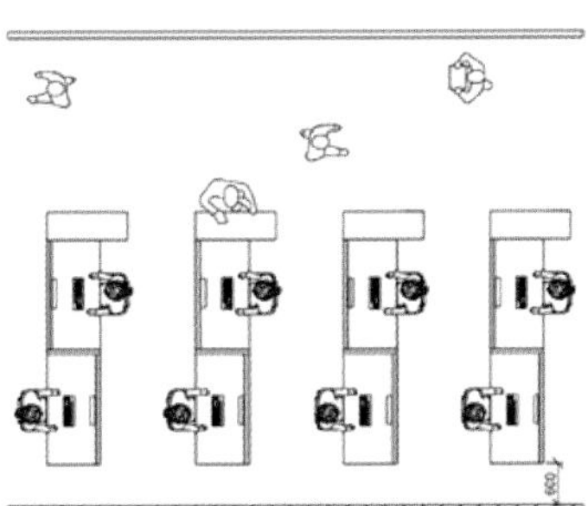

b)

출처: Hongisto, Haapakangas, Varjo, Helenius & Koskela, 2016

그림 III-15 책상 레이아웃 재배치의 예 a) 전, b) 후

표 Ⅲ-5 레이아웃 개선 시 고려 사항의 예

1	공간 밀도(spatial density)
2	대화 프라이버시를 위한 책상 간 거리(speech privacy in desks)
3	책상 인체 공학(desk ergonomics)
4	개인 보관함(personal storage)
5	인테리어 디자인(interior design)
6	다목적실(multipurpose rooms)
7	탕비실(coffee rooms)
8	위생 공간(sanitary spaces)
9	정보 화면(info screens)

출처: Hongisto, Haapakangas, Varjo, Helenius & Koskela, 2016

② 기능적 안락 요인에 대한 고려(Functional comfort factors)

기능적 요인은 작업 활동의 적합성과 관련이 있다. 이러한 요소가 올바른 가치를 가지면 사용자는 작업을 효율적으로 수행할 수 있기 때문이다.

사용자 통제(user control) 실내 환경이 개별적으로 제어될 때 구성원의 만족도가 증가할 수 있기 때문에, 사용자의 제어 가능성 인지는 중요한 요소 중 하나이다.

프라이버시(privacy)는 오피스 레이아웃과 밀접한 관계가 있다. 오피스 구성원의 개인 정보 보호는 개방형 오피스에서 더욱 보호받기 어려울 수 있다. 프라이버시는 신체적, 인지적 측면으로 구별되는데 통제되지 않은 사회적 접촉과 방해로 인해 건전한 프라이버시가 침해될 수 있다. 개방형 오피스에서 개인 정보 문제의 발생은 작업 공간의 밀도, 사무실 레이아웃, 주변 사람들, 소음 수준 및 기타 여러 요인에 따라 다르며, 높은 밀도는 프라이버시 부족과 예기치 않은 사회적 접촉으로 인해 만족도를 떨어뜨릴 수 있다. 프라이버시가 증가할 때 환경 만족도도 증가하는데, 개방형 오피스의 특성상 프라이버시 보호가 잘 이루어지지 않을 수 있으므로, 프라이버시를 위한 백업 공간을 제공하는 것이 바람직하다.

집중도(concentration) 집중은 일에 집중할 수 있음을 의미한다. 앞서 살펴본 바와 같이 공기의 질, 시끄러운 소음, 눈부심 등은 집중도에 부정적인 영향을 미친다. 특히 개방형 오피스의 경우 소음과 온도가 너무 높거나 낮은 경향이 존재하여 구성원들의 집중도를 저해한다는 연구 결과가 발표된 바 있다.

커뮤니케이션과 협업(communication and collaboration) 의사소통 수준의 향상은 생산성과 관련이 있으며 효과적인 공동 작업으로 이어질 수 있다. 동료 간의 정보 교환이 좋을수록, 더 많은 연락을 할수록 서로에 대한 이해가 높아지기 때문이다. 특히 개방형 오피스는 동료 간의 의사소통과 상호작용을 향상시키는 것으로 알려져 있다. 반대로 앞서 기술한 바와 같이 개방형 오피스는 프라이버시 부족을 발생시키기 때문에 공간 설계 시 커뮤니케이션과 협업을 위한 공간 그리고 프라이버시를 지킬 수 있는 공간, 예를 들어 휴대전화 부스 등을 적절히 고려해야 한다.

③ 심리적 안락 요인에 대한 고려(psychological comfort factors)

심리적 요인은 사회적 및 공간적 안락함과 같은 공간적 요구와 관련이 있다. 이러한 요소가 없다는 것이 사람들이 일할 수 없다는 것을 의미하지는 않지만, 이러한 요소는 더 나은 작업 결과와 높은 수준의 만족도에 기여하므로 필수적으로 고려해야 하는 요인이다.

사회적 접촉(social contact) 사회적 접촉을 설정하는 것은 사용자 요구를 충족시키는 또 다른 요소이다. 여기서 사회적 접촉의 정의는 휴식 시간이나 업무 중간, 다른 사람들과 대화하는 것을 의미한다. 이는 오피스 레이아웃 및 작업장 운영과 밀접한 관련이 있으며, 공간에서의 밀도가 높아지면 사회적 접촉이 증가하고, 의사소통 및 환경 작업 만족도를 높일 수 있는 기회가 같이 상승한다고 보고된 바 있다.

공간적 안락함(spatial comfort) 공간적 편안함, 즉 공간적 안락함은 구성원이 직장에서 어느 정도 만족하고 동기를 부여하는지 결정하는 또 다른 핵심 요소임에는 틀림없다. 공간적 안락함은 구성원들이 오피스에서 집처럼 느끼는 것을 의미한다. 예를 들어, 오피스가 제공하는 프라이버시 보호 장치나 공간 디자인을 통하여 개인은 소속감과 안락감을 가질 수 있다. 이는 매우 주관적인 요소이지만, 일부 연구 결과에 따르면 업무 환경이 편안하다고 느끼는 직장인은 더 나은 업무 결과를 보이고, 상대적으로 자존감이 높은 것으로 나타났다. 공간적 편안함에 대한 인식은 공간 구성 및 작업장 밀도와 같은 사무실 구성과 관련이 있다. 한 설문 조사에 따르면 응답자의 거의 90%가 작업 공간 배치와 기능 지원이 향상되어 전체 직원의 성과가 높아지는 것으로 나타난 바 있다.

(2) 성과 요인(Return)

스마트 스페이스로의 전이 후, 그 성과를 측정하는 방식에 대하여 아직까지 합의되어 논의된 것은 없다. 일반적으로 오피스나 빌딩 리모델링 후 수행되는 그 성과 측정 방식에서 힌트를 얻자면, 가장 기본적인 요소는 구성원의 만족도가 될 것이다. 그리고 그 만족이라는 것은 표준화된 측정 방법은 없으나 업무 자체, 사회 환경, 물리적 환경 및 그들 사이의 상호작용과 관련될 수 있다.

가) 사용자 만족도(user satisfaction)

사용자 만족도를 측정하는 것은 복잡하지만, 이에 대한 측정은 가장 기본적이며 필수적이라 할 수 있다. 사용자 만족도가 높을수록 혁신 설계 솔루션과 스마트 스페이스의 총가치가 강화될 수 있기 때문이다. 기존 측정 도구는 주로 실내 오피스 환경에 중점을 두고 있다. 그러나 앞서 비용의 요인으로 생각하였던 고려 요소들이 동시에 성과의 요인으로 작용될 수 있다. 홍이스토(Hongisto, Haapakangas, Varjo, Helenius, & Koskela, 2016)와 그의 동료들은 스마트 스페이스로 공간을 혁신하는 준실험 설계를 수행한 후 조직원을 대상으로 설문 조사를 하여 그 만족도를 측정한 바 있다. 그 설문지를 살펴보면 다음과 같다.

① 물리적 환경에 대한 만족도(physical satisfaction)

구성원이 공간의 혁신, 즉 리모델링 시 가장 관심을 갖는 것 중 하나는 건강과 건전한 작업 환경인가이다(Leather 외, 2003). 즉, 구성원들은 자신이 집에서 느낄 수 있는 위생적이고 편안하며, 사용자가 제어할 수 있는 환경에서 일하기를 선호한다. 그간의 개방형 오피스로의 전이 후 만족도를 조사한 연구들을 살펴보면, 다양한 연구에서 개방형 오피스는 개인 오피스 환경에 비하여 환경 불만족도가 더 높은 것으로 나타난 바 있다(Frontczak 외. 2012; Kim & dear, 2013). 개방형 오피스에서 가장 큰 불만의 원인은 소음으로, 동료 간 주고받는 대화가 개방형 오피스에서 주요 소음의 원인으로 지적되었다. 따라서 이러한 소음을 잘 차단하는지를 반드시 고려해야 한다. 한 연구에서 26개의 오피스를 측정한 결과 발언자로부터 최대 20m 거리까지 소리가 들린다는 사실이 발견되었다. 그러므로 스마트 스페이스와 같은 개방형 오피스는 직원 간의 소음 문제로 서로 고통받지 않도록 이를 잘 측정하고 설계할 필요가 있다. 이 외에도 온도, 공기 질에 대한 측정이 필수적이며, 일부 문항들은 IoT 센서를 통하여 측정한 후에야 데이터를 수집할 수 있다.

② 심리·사회적 환경에 대한 만족도(psychosocial satisfaction)

심리·사회적 환경에 대한 만족은 안락함, 안전, 소속감, 보안과 같은 기본적인 심리적 요구에 의하여 결정된다. 특히, 앞서 논의한 바와 같이 소음과 개인적 공간의 부재로 인한 프라이버시 부족은 개방형 오피스에서 집중을 어렵게 한다. 따라서 [표 Ⅲ-6]과 같이 스마트 스페이스로 전이 후 조직원의 심리·사회적 만족도를 면밀히 확인해 보아야 할 필요가 있다.

Dependent variable	Question or sum variable	Scale
Environmental satisfaction	How satisfied are you with your work environment as a whole?	A
	How much have the following indoor environmental factors disturbed you at your workstation recently?	
Disturbance by draught	1 Draught	B
Disturbance by low temperature	2 Too low temperature	B
Disturbance by high temperature	3 Too high temperature	B
Disturbance by air quality	4 Poor air quality	B
Disturbance by noise	5 Noise, acoustic conditions	B
Disturbance by lack of acoustic privacy	6 Lack of acoustic privacy	B
Disturbance by lighting	7 Too strong or inadequate lighting	B
Disturbance by glare	8 Glare or reflections from the display	B
Disturbance by uncleanness	9 Dust or dirt	B
Disturbance by disorder	10 Disorder in the work space	B
Disturbance by crowding	11 Lack of space (feeling that there are too many people occupying the space)	B
Disturbance by visual distractors	12 Movements in the field of vision (such as other people)	B
Disturbance by lack of visual privacy	13 Openness or lack of visual shielding	B
	How much have the following sounds disturbed your concentration on your work recently?	
Distraction by equipment sounds	1. Jointly used office equipment (such as copying machines, fax, shredder)	B
Distraction by phone sounds	2. Phone ring tones	B
Distraction by renovation sounds	3. Construction work, renovation	B
Distraction by work sounds	4. Work related sounds generated by others (keyboard, drawers and rustle of papers)*	B
Distraction by walking sounds	5. Walking in the aisle, steps, doors, lift	B
Distraction by ventilation sounds	6. Ventilation, background hum	B
Distraction by remote speech sounds	7. Talking in jointly used spaces (aisle, coffee room etc.)	B
Distraction by nearby speech sounds	8. Talking in nearby workstations	B
	Has the room temperature, draught or poor air quality disturbed your work in the following ways?	
Concentration difficulties due to indoor air	Disturbed your concentration.	C
Motivation reduction due to indoor air	Reduced your ability to manage or reduced your work motivation.	C
	Has the office noise or the lack of speech privacy disturbed your work in the following ways?	
Concentration difficulties due to noise	Disturbed your concentration.	C
Work exacerbation due to noise	Disturbed working during phone calls.	C
Motivation reduction due to noise	Reduced your ability to manage or reduced your work motivation.	C
	How you do view the following statements concerning your work environment?	
Peace for work	A sum variable consisting of three items ($\alpha = 0.65 \ldots 0.70$)	
	1. There is too much going on; 2. There is a great deal of distraction;	D
	3. I am able to concentrate on my work	D
Quality of cooperation	A sum variable consisting of three items ($\alpha = 0.71 \ldots 0.82$):	
	1. It is easy to contact one's colleagues in this environment;	D
	2. Cooperation is efficient here; 3. The atmosphere is nice and relaxed.	D
Places for private conversations	It is easy to find a place here where I can discuss confidential matters on the phone or with others.	D
Control over lighting	I am satisfied with my chances of adjusting the lighting in my workstation.	D
Need for additional lighting	I need additional lighting in my workstation.	D
Control over furniture	I am satisfied with my abilities of adjusting the present furniture.	D
Desk space	I have enough work and storage space at my workstation.	D
Interior design	I like the interior colours	D
Adequacy of environment for work	I have no trouble carrying out my work tasks in this environment.	D
Need to speak louder	How often do you need to raise your voice when on the phone at your workstation?	E
Interruption frequency	How often do different distractions force you to interrupt your work in the office?	E
Job satisfaction	How satisfied are you with your work as a whole?	F
Management of changes	How are changes affecting employees usually planned and implemented at your workplace?	G
Hurry at work	How often do you need to hurry to get your work done?	E
Mental stress	Is your work mentally stressful?	B
Social support	Do you get help and support from your colleagues when you need it?	B
Possibilities to influence	Can you influence matters at your workplace that concern you?	B
Sufficiency of informing	In your opinion, were the refurbishment plans sufficiently informed?	H
	How often have you experienced any of the following symptoms or feelings recently?	
Throat symptoms	1 Sore throat, hoarse voice or trouble talking effortlessly	E
Eye symptoms	2 Itching or irritation of eyes	E
Nasal symptoms	3 Irritated, blocked or runny nose	E
Headache	4 Headache	E
Stress	5 Tiredness or stress	E
Concentration difficulties	6 Problems with concentration	E
Motivation difficulties	7 Problems with motivation	E

출처: Hongisto, Haapakangas, Varjo, Helenius, & Koskela, 2016

표 Ⅲ-6 사용자 만족도 평가 항목의 예

나) 비용의 절감

스마트 스페이스로의 전이의 가장 큰 기대 중 하나는 비용 절감이다. 대부분의 건물들은 등기구, 환기 및 냉각 시스템, 천장 및 바닥 등이 10년 이내에 수명 주기의 끝에 도달한 경우가 많다. 따라서 전체를 완전히 개조하는 것이 바람직하나, 이는 상당한 비용 부담으로 작용할 수 있으므로, 부분적으로 공간을 혁신함으로써 공간에 생명을 불어넣어 주는 것이 바람직하다. 그리고, 스마트 스페이스를 활용할 경우, 과거 비어 있거나 점유율이 낮은 공간을 확인할 수 있으므로, 전반적인 임대 규모도 줄일 수 있다. 또한 공용의 공간에서 생활하게 되어 다양한 소모성 제품들을 절약할 수 있다.

다) 업무 생산성(work performance)

스마트 스페이스로의 전이 후 업무 생산성이 얼마나 변화하였는지를 측정한 연구 결과들은 존재하지 않지만, 스마트 스페이스를 도입한 국내 기업들을 중심으로 그 성과가 조금씩 보고되고 있다. [그림 Ⅲ-16]은 마이크로소프트사의 사례이다. 마이크로소프트사는 스마트 스페이스를 도입하여 업무 방식을 다음과 같이 변화시켰다. 우선 고정적 작업 환경에서 벗어나 이동업무 환경으로 변화시키고, 이에 따라 업무 방식도 바꾸었다. 그 결과 다음 [그림 Ⅲ-16]과 같은 생산성 향상이 나타났다.

라) 직무 만족도(Job satisfaction)

업무 생산성에 이어, 스마트 스페이스로의 전이가 가져오는 궁극적인 효과를 측정할 수 있는 항목 중 하나는 구성원들의 직업 만족도이다. 이러한 공강 구성의 구성원들이 만족할 수 있는 작업 환경을 설계하는 것이 그 목적이기 때문이다. 이러한 만족도는 앞서 논의한 물리적, 심리·사회적 환경에 대한 만족도, 그리고 그 안에서 구성원들과 상호 작용하면서 발생하는 만족도, 나아가 스마트 스페이스에서 구현된 성과나 보상 체계와의 만족도와 관련이 있을 것이다. 지금까지 진행된 몇몇 연구에 따르면 사실 개인 사무실에 비해

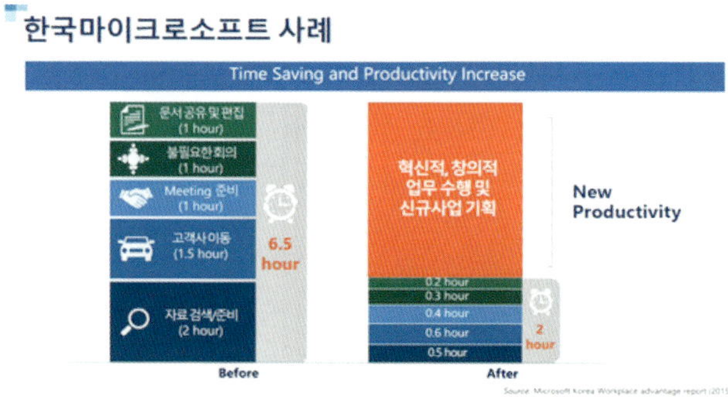

출처: 일생활균형 및 일하는 방식 현식을 위한 국회포럼, 2017

그림 Ⅲ-16 마이크로소프트의 생산성 향상

개방형 사무실의 직무 만족도는 낮다. 스마트 스페이스로의 전이 후 환경 만족도는 크게 높아졌지만 직무 만족도에 대한 변화는 높지 않은 것으로 나타난 것이다. 이는 구성원이나 경영진이 스마트 스페이스를 도입하며 바꾸어야 할 조직 구조나, 인사 체계 등을 그대로 둔 채 공간만 변화시켰기 때문에 스마트 스페이스로의 전이에 회의적이거나 저항하는 경우가 많은 것에 기인하는 것으로 보고되고 있다. 따라서 스마트 스페이스는 궁극적으로 업무 환경에서 구성원의 선호와 요구를 만족시킴과 동시에 그에 따른 제도 및 문화를 설계하여 직무에 만족할 수 있도록 구성되어야 한다. 이는 직무 만족도의 증가가 추후 직무 성과 향상과 관계가 있기 때문이다.

2) 기존 스마트 스페이스의 활용

스마트 스페이스를 구축하기 어려운 개인이라면, 앞서 언급한 위워크와 같은 서비스를 활용할 수 있다. 현재 위워크는 1~20명, 20~100명, 100~1,000명, 1,000명 이상과 같이 구성원의 수에 따라 공간을 나누어 제공하고 있다.

이와 유사하게 패스트파이브(fastfive)는 1명, 1~50명, 50~1,000명을 기준으로 [표 Ⅲ-7]과 같은 공간을 제공하고 있다. 이와 유사한 서비스로 현재 한국에서 서비스되고 있는 것으로 이랜서(elancercs), 리저스 코워킹(Regus

Coworking), 로켓티어 코워킹스페이스(Rocketeer Coworking), 플래그 원(Flag One), 스파크 플러스(Spark Plus) 등이 있다.

표 Ⅲ-6 위워크의 공간 구성

구분	비고
공용 업무 공간	스타트업 및 소규모 기업(월 260,000원)
	프리랜서 및 컨설턴트
	원격 근무자
	개방된 공간의 유동적인 핫 데스크, 공용 오피스 내 영구 전용 데스크
프라이빗 오피스	1~100명(월 480,000원)
	회사 내 독립된 부서 및 대규모 팀
	책상, 의자 및 캐비닛 제공, 잠금 시스템이 있는 오피스
오피스 스위트	25명 이상
	대규모 위성 오피스
	공용 공간, 프라이빗 오피스, 전용 미팅룸, 라운지 및 팀 전용 임원 오피스
HQ by WeWork	20~250명
	기업 본사
	독립형 프라이빗 오피스

출처: Wework 홈페이지

표 Ⅲ-7 패스트파이브의 공간 구성

구분	비고
핫 데스크	비지정 좌석(1명)(월 300,000원)
	원격 및 파트타임 근무자, 프리랜서, 외근직
	정해진 지점의 공용 라운지에서 좌석 선택
오픈형 좌석	오픈형 좌석(1명)(월 350,000원)
	1인 기업, 프리랜서(개발자, 디자이너, 작가)
	정해진 지점의 공용 데스크에 지정된 좌석 사용
프라이빗 오피스	1~50명
	스타트업, 외국계 기업, 중견 기업, 대기업 TF
	책장, 의자 및 서랍장, 잠금 장치가 설계된 인원에 맞는 사무 공간
커스텀 오피스	50~1,000명
	외국계 기업, 대기업, 중견 기업
	기업 맞춤형 오피스 솔루션으로 니즈를 반영한 사무 공간 설계

출처: Fastfive 홈페이지

이들이 제공하는 물품으로는 공간, 서비스, 기타로 나눌 수 있다. 그 구체적인 내용은 다음과 같다.

- 공간: 공용 공간 및 라운지, 커뮤니티 바 및 게스트 리셉션, 임원 사무실, 컨퍼런스 룸, 폰 부스, 미니 키친, 식료품 저장실, 자전거 보관소, 특별 공간(루프탑 라운지), 사무 가구, 미팅 룸
- 서비스: 커뮤니티 매니저의 현장 지원, 프런트 데스크 서비스, 초고속 인터넷, 인쇄, 우편물 및 소포 보관, 데일리 청소 서비스, 빌딩 운영, 간소화된 청구 처리, 사무용품, 냉난방
- 기타: 커피와 차, 과일 주스, 크래프트 비어, 시리얼, 우유

3. 스마트 스페이스를 위한 점검 포인트

스마트 스페이스로의 전이가 효율성과 생산성을 향상시켜 줄 것이라고 기대되지만, 동시에 조직의 인력과 관리 측면에서 여러 가지 숙제를 던져 주고 있다. 만점 조직의 역량이 분산될 수도 있고, 자칫 직원들의 업무 몰입도 역시 저하될 우려도 있다. 관리자 입장에서도 눈에 보이지 않는 부하 직원을 관리한다는 것이 결코 쉬운 일은 아니다. 빛과 그림자처럼 스마트 스페이스에도 기대 효과만큼 우려의 시각들이 존재한다는 의미이다. 이에, 본 절에서는 LG 비즈니스 인사이트에서 제시한 5가지 점검 포인트를 소개한다. 이는

출처: Fastfive 홈페이지

그림 III-17 패스트파이브 서비스

스마트 워크의 맥락에서 제안된 바 있으나, 스마트 스페이스에도 동일한 시사점을 던져 준다(LG 비즈니스 인사이트, 2012).

모두가 가능한 것은 아니다. Right People, right job을 찾아라. 스마트 스페이스에서의 근무가 모든 직무와 구성원에게 가능한 것은 아닐 수 있다. 협업이 많은 직무나 생산 관련 직무는 업무 수행의 효율성 때문에 도입이 어려울 수도 있고, 구성원 사이에서 형평성 논란도 있을 수 있다. 동일한 업무를 수행하고 있지만 누구는 가능하고 누구는 가능하지 않다면, 대상에서 제외된 사람들의 불만이 생길 수 있기 때문이다. 따라서 스마트 스페이스의 적용 기준과 프로세스 마련이 선결되어야 한다.

시간 관리 실패하면 독이 된다. 스마트 스페이스 도입 취지 중 하나는 일하는 시간을 보다 효율적으로 활용하는 데 있다. 하루에 일하는 시간은 동일하지만, 업무 시간을 보다 탄력적으로 정할 수 있기 때문에 육아나 자기 계발도 동시에 할 수 있는 것이다. 이런 장점에도 불구하고 시간 관리를 제대로 하지 못하게 되면 득보다 실이 많을 수 있다. 개인 간 업무 시간이 상이할 경우 협업이 불가능할 수 있기 때문이다. 따라서 기업이나 조직이 시간 관리에 대한 전반적인 가이드라인을 제시하고, 협업을 수행할 수 있는 특정한 시간을 설정해 두는 것이 바람직하다. 이러한 시간을 설정해 두는 것은 테크노스트레스(technostress)를 방지하는 데에도 도움이 된다. 일하는 시간이 자유롭기에 구성원들은 언제나 업무에 연결되어 있다는 느낌을 받을 수 있다. 시도 때도 없이 오는 업무와 관련된 연락으로 인하여 스마트폰을 손에서 놓지 못하게 되고, 더욱 업무에 종속되는 현상이 발생될 수 있다.

'외로운 용병'이 되는 것을 경계해야 한다. 스마트 스페이스에서의 작업은 개인의 업무 자율성을 강화하기에, 때로는 혼자 업무를 수행하게 될 가능성이 높다. 상대적으로 자유롭게 상사나 동료의 방해 없이 독립적으로 일을 할 수 있다는 장점이 있지만, 이는 조직원과의 단절을 야기할 가능성도 존재한다. 특정 분야에서 자신의 전문성을 가지고 일을 하는 프리랜서라면 크게 문제가 되지 않겠지만, 조직 생활을 하고 있는 직장인에게 소속감은 일에 몰입하고 성과 창출에 매진하게 할 수 있는 원동력이기 때문에 이에 대한 사전적인 고려가 필요하다. 스마트 스페이스에서 일하는 구성원들이 외로운 용병이 되어 소속감을 잃지 않도록 조직 차원에서 주의를 기울여야 한다. 이를 위해서는 관리자의 역할뿐만 아니라 제도적 장치 또한 중요하다.

관리의 사각지대로 만들어서는 안 된다. 스마트 스페이스가 성공하기 위해서는 성과 관리의 방식을 시간 중심에서 결과 중심으로 바꾸어야 한다. 목표 공유 및 명확한 업무 지시가 선행되어야 하며, 관리자가 구성원들에게 기대하는 목표가 무엇인지 서로의 눈높이를 맞추는 한편, 목표 달성을 위해서는 어떻게 업무를 처리해야 하는지 구체적으로 지시할 필요가 있다. 이를 위해서는 인사 평가 기준 내 성과 지표 자체를 변화시키는 것이 필요하다. 인사 평가자가 구성원의 업무 상황을 일일이 확인하기 어려우므로, 업무 수행 자세 등과 관련된 주관적인 판단을 최소화하고 객관적인 성과 지표를 마련해야 한다.

역량 개발에서 소외되는 것을 방지하라. 스마트 스페이스에서 독립적으로 일하는 구성원들은 관리자와 커뮤니케이션하는 기회가 적기 때문에 승진이나 역량 개발 기회 측면에서 불리할 수 있다. 관리자 또한 당장 눈앞에 보이는 구성원들을 먼저 챙길 수도 있다. 스마트 스페이스에서는 앞서 논의한 바와 같이 업무 환경 선택의 자율성으로 인하여 구성원이 역량 개발에서 소외되는 것을 막고, 균등하게 기회가 부여될 수 있도록 제도를 정비해야 한다.

이처럼 스마트 스페이스 혹은 스마트 워크가 유행이라 해서 이를 도입하거나 도입을 고려하는 기업들이 늘고 있지만, 모든 기업에 적합한 것은 아닐 수 있다. 유행에 따르거나 경쟁 회사가 도입한다고 해서 스마트 스페이스를 도입하는 것은 큰 실수일 수 있기 때문이다. 스마트 스페이스의 완벽한 도입을 위해서는 사업의 특성, 조직의 문화에 적합한 제도 도입이 필요하다. 파일럿 테스트를 통해 효과성 분석을 한 뒤, 본격적인 제도 도입을 고려하는 것이 좋은 방안이 될 수 있다. 구성원 중 지원자를 대상으로 한 달간 스마트 워크 제도를 운영한 뒤에 당사자와 동료, 상사로부터 업무 성과나 상호 협력, 인력 관리 측면 등에 대한 효과성을 분석해 보는 것이다. 이슈가 될 수 있는 부분에 대한 보완을 통해 스마트 워크 운영 기준이나 가이드라인, 프로세스를 만든다면 보다 성공적인 제도 구축이 가능할 것이다(LG 비즈니스 인사이트, 2012).

IV

UX/UI 관점의 스마트 스페이스

IV. UX/UI 관점의 스마트 스페이스

ICT 기술의 발전으로 세계 각국에서는 도시 공간에서 발생하는 여러 가지 문제를 해결하고 삶의 질을 높이기 위해 다양한 기술과 서비스를 적용하는 시도를 계속해 오고 있다. 특히 도시를 이루고 있는 각각의 공간은 사용자의 삶과 직접 연결되기 때문에, 사용자를 중심으로 한 '스마트 스페이스'를 조성해 사용자가 공간에서 할 수 있는 경험을 확대하고, 이를 통해 궁극적으로 사용자의 삶의 질 향상을 도모할 필요가 있다.

1. UX/UI 관점 스마트 스페이스 구축

1) UX/UI의 개념

UX(User Experience)는 사용자가 어떤 시스템, 제품, 서비스를 직간접적으로 이용하면서 느끼고 생각하게 되는 지각과 반응, 행동 등의 총체적 경험을 말한다(신동희, 2013). UX는 HCI(Human Computer Interaction) 연구에서 비롯된 개념으로 기업의 서비스, 제품과의 상호작용에서 얻는 모든 측면을 의미하며(Donald A. Norman, 1988), 특히 사용자가 상호작용 과정에서 갖게 되는 경험에 초점을 맞춘다(Law, E 외 4, 2008). 현재 UX는 기존의 컴퓨터 관련 제품뿐만 아니라 서비스, 프로세스, 사회, 문화에 이르기까지 넓은 분야에 걸쳐 응용되고 있다. UX 디자인은 이러한 사용자 경험을 개발 및 창출하기 위한 일련의 학술적·실무적 활동으로, UX의 범위와 특성상 제품 디자인, UI 디자인, 사용성, 정보 아키텍처 등 다양한 분야에서 연구되고 있다(신동희, 2013).

UI(User Interface)는 사람과 컴퓨터 시스템·프로그램 간 상호작용을 의미하는 것으로, 디스플레이 화면, 키보드, 마우스, 도움말 등 사람과 상호 작용하도록 설계된 모든 것들을 포함한다. UI는 사용자가 제품 또는 프로그램을 쉽고 편리하게 사용할 수 있도록 하는 것을 목적으로 하므로(임채국 외 5, 2015), UI 디자인은 사용자와 컴퓨터·프로그램 간 상호작용의 효과성 및 효율성을 극대화하기 위해 인간·환경·기술 요소를 통합하는 활동이라고 할 수 있다(한국정보통신기술협회, 2008).

UX와 UI를 혼동할 수 있으나, UI가 사람과 시스템의 접점을 의미하는 데 반해, UX는 사용자가 제품 및 서비스와 상호 작용하며 가지게 되는 전체적인 느낌이나 경험을 말한다는 점에서 차이가 있다. 다시 말해, UX는 제품·서비스·시스템 등에 대한 총체적 경험을 의미하는 것이고, UI는 제품·서비스·시스템과 사용자를 연결해 주는 연결고리인 셈이다(김세웅, 2014). 따라서 UI 디자인은 사용성·접근성·편의성 측면에서 평가되고(신동희, 2013), UX 디자인은 유용성, 사용성, 매력성, 검색성, 접근성, 신뢰성, 가치성 측면에서 평가된다(Peter Morville, 2004).

현대의 사용자들은 단순히 제품이나 서비스를 구매하는 것을 넘어, 감성적 소비를 추구하고 있다(Pine and Gilmore, 1998). 경험 소비의 증가에 따라 사용자의 경험과 사용성, 만족도를 증가시키기 위한 UX 디자인의 중요성은 더욱 커지고 있으며, 적용 범위도 넓어지고 있다. UX 디자인의 가치가 중요해짐에 따라, 한정된 영역만이 아닌 모든 사물을 통해 다양한 사용자 경험을

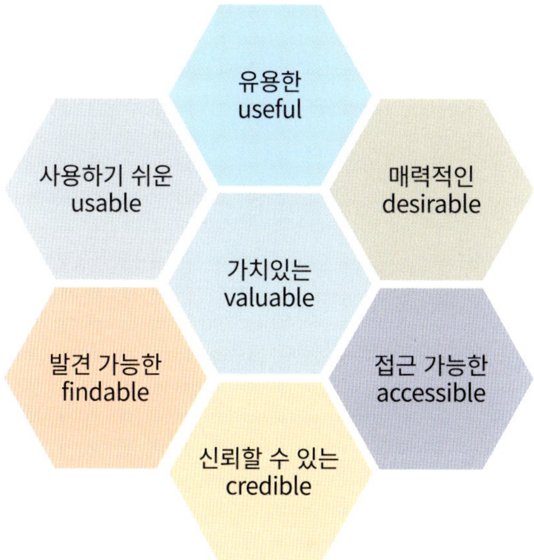

출처: 신동재 외 1, 2013

그림 IV-1 피터 모빌(Peter Morville)의 UX 허니콤 모델

제공할 수 있는 서비스가 필요해졌고, 사용자와 제품, 제품과 제품 간의 인터랙션이 가능한 IoT 환경에서 UX 디자인의 중요성이 확대되고 있다. IoT 환경에서 원활한 서비스가 제공되려면 서비스 과정에서 사용자가 긍정적 감정과 경험을 가질 수 있어야 하는데, UX 디자인이 사용자의 만족도와 편의성, 효율성을 높이는 도구가 될 수 있기 때문이다. 특히 IoT 기술 발달로 인해 IoT 환경의 범위가 제품이나 서비스를 넘어 공간으로까지 확대되면서 스마트 스페이스, 스마트 시티 등과 같은 공간·환경을 대상으로도 UX 디자인이 필수적인 요소로 여겨지고 있다(원종욱, 2016).

2) UX/UI 기반 스마트 스페이스

다양한 ICT 기술이 등장하면서 지금까지 사용자 경험은 주로 기기나 제품, 서비스를 중심으로 발전되어 왔으나, 최근에는 사용자를 둘러싸고 있는 컨텍스트(Context)를 고려하기 시작하면서 특정 공간에서의 사용자 경험과 그에 따른 공간 조성의 필요성이 높아졌다. 이에 따라 스마트 홈, 스마트 오피스, 스마트 병원, 스마트 공공 기관 등, 도시 공간을 구성하는 특정 공간별로 사용자 경험, 관점의 고찰과 계획이 이루어져, 다양한 스마트 기술이 적용된 시설들이 조성되고 있다(김민설, 2018).

이러한 스마트 스페이스들은 도시를 이루는 다양한 공간에 ICT 기술을 접목하여 도시문제를 해결한다는 점에서 다양한 디자인 수요를 창출하고, 무형의 가치를 디자인하는 사용자 경험 분야의 기반을 확충하는 데 기여할 것으로 기대되고 있다(진재한 외, 2018). 스마트 스페이스를 구축하기 위해서는 우선 도시를 이루고 있는 '공간별 기능'과 해당 공간에서 발생하게 될 '사용자 경험'을 고려한 다양한 논의가 이루어져야 하며, 모든 사람이 일상생활에서 스마트한 경험을 할 수 있도록 각각의 공간을 UX 관점에서 디자인해야 한다. 이러한 맥락에서 스마트 스페이스는 '공간 사용자에 대한 배려'라고 할 수 있다.

3) UX/UI 관점 스마트 스페이스 구축 고려 사항 및 기대 효과

스마트 스페이스는 그동안 ICT 기반의 인프라 구축처럼 넓은 범위에서 접근되어 왔다. 그러나 사용자 경험에 기반한 사용자 중심의 스마트 스페이스를 구축하기 위해서는 우선 도시를 이루고 있는 특정 공간별로 다양한 논의를 진행할 필요가 있다. 또한, 스마트 스페이스 구축 시에는 개방성, 연결성, 조정, 지능 그리고 범위를 주요 고려 사항으로 보고, 공간을 조성해야 한다(강민성, 2018).

여기에서 말하는 개방성이란 스마트 공간에서 요소에 대한 접근성의 정도를 말한다. 개방형 모델에서는 시스템이 표준 메커니즘을 통해 광범위한 사용자에게 공개되고, 접근 가능한 데이터를 통해 서로를 인식한다. 연결성은 개방성과 밀접한 관련이 있는데, 이는 스마트 스페이스에서 요소 간 링크의 깊이, 폭, 견고함 등을 나타낸다. 조정은 스마트 스페이스에서 요소 간의 조정의 깊이와 견고함을 의미하며, 지능은 기계 학습 및 기타 인공지능 기법을 활용하여 스마트 스페이스에서 자동화를 통해 사용자들의 활동을 도와주는 서비스 제공을 뜻한다. 마지막으로 범위는 스마트 스페이스에 참여한 사람의 범위를 말한다. 범위의 크기에 따라 기업의 단일팀부터 사용자의 생태계가 있는 조직 외부의 요소까지 포함하는 개념이 될 수 있다. 이러한 특성을 갖는 스마트 스페이스의 가장 광범위한 사례가 스마트 시티라고 볼 수 있으며(Gartner, 2018), 사용자 경험 관점에서는 이것보다 작은 공간 단위별로 이해하여 스마트 스페이스를 구축할 필요가 있다.

도시 내에서 사용자의 삶의 질을 향상하고, 사용자 경험을 확장하기 위해서는 특정 공간에서의 사용자 리서치를 바탕으로 한 UX/UI 관점의 공간 조성이 이루어져야 한다. 사용자 리서치는 사용자의 행태를 분석하여 숨은 니즈를 파악하고, 미래의 창의적 문제 해결안을 찾는 것을 목적으로 한다. 사용자 입장에서 이해하고, 사용자의 컨텍스트(Context)를 이해하는 것이 중요한 이유이다.

앞서 언급한 바와 같이, 스마트 스페이스란 사람과 기술이 확보된 시스템이 점차 개방적이고, 연결되며, 조정될 수 있는 지능적 생태계에서 상호 작용하는 물리적 또는 디지털 환경을 의미한다(강민성, 2018). 이러한 스마트 스페이스를 UX/UI 관점으로부터 구축하기 위해서는 공간 계획 측면에서의 경험 디자인이 중요한 것으로 드러나는데, 이는 공간 경험 디자인이 사용자의 경험을 극대화할 수 있기 때문이다.

공간 계획 측면에서의 사용자 경험 디자인은 SUXD(Spatial User eXperience Design)라고도 정의된다. 이는 사용자가 공간과 상호 작용하여 감각을 자극하고 경험하게 하여 공간 사용자의 니즈에 부합하도록 하는 총체적 경험 디자인을 의미한다. 또한, 공간 사용자 경험 디자인은 다양한 공간 연출 요소를 통해 시각적 경험, 지식 경험, 사용자의 참여를 통한 물리적 경험 등이 가능한 종합 경험 프로그램으로 인식되기도 한다(이민아 외, 2014).

이러한 공간 사용자 경험 디자인에서는 인간이 환경과 상호 작용하고 공간에 적응할 수 있는 지각을 가리키는 공간 어포던스(affordance)를 적용하는 것이 주요 조건이라 할 수 있다(박유미 외, 2008). 따라서 환경과 인간의 관계를 통해 특정 경험을 형성할 수 있는 어포던스를 제공할 수 있는 공간으로 구축하는 것이 필요하며(김미영 외, 2011), 사용자가 공간에 대해 심리적인 가치 만족과 친밀감을 느끼고 긍정적으로 기억할 수 있는 반응을 유도할 수 있어야 한다(이민아 외, 2014).

이를 바탕으로 사용자 경험 및 공간 디자인과 관련된 다수의 선행 연구에서는 다양한 특성을 제안하였는데, 이중 공통으로 제시된 특성은 연상성, 비일상성, 정보성, 역동성, 상호작용성, 그리고 감각 자극성이다(김세영, 2012; 윤석준 외, 2012). 이에 따라 사용자 경험 기반의 스마트 스페이스 조성을 위해서는 스마트한 공간 조성 시의 고려 사항과 사용자 경험 관점의 공간 조성 시의 고려 사항을 모두 유의하여 구축해야 한다. 두 가지 측면을 모두 고려한다면 공간의 효율성과 사용자의 만족감이 높아지고, 에너지 절감 등 건물 차원에서의 효율성도 향상되어 궁극적으로는 사용자들의 삶의 질 향상을 이룰 수 있을 것이다.

4) UX/UI 관점 스마트 스페이스 주요 공간 유형

스마트 스페이스는 도시 공간 차원에서 장소 및 공간별 기능 특성에 따라 작은 단위의 공간으로 분류될 수 있다. 도시 공간을 구성하는 개별 공간들은 그 특성에 따라 다른 기능과 요소를 지니는데, 예를 들어 업무 공간은 사용자들이 업무 효율을 높이는 기능을 담당하는 공간으로 구성되어야 하고, 학교와 같은 교육 공간은 공간 사용자의 학습에 큰 영향을 끼칠 수 있는 공간이므로 학습 능률을 위한 환경이 제공되어야 한다. 이러한 이유에서 스마트화된 공간을 통틀어 지칭하는 스마트 스페이스와 스마트 시티는 그 범위가 매우 넓으므로 각각의 공간 특성을 고려하는 개념으로 보기는 어렵다. 따라서 공간을 계획할 때에는 각 공간 유형의 기능과 구성 요소 파악을 위해 유형별로 나누어 보는 것이 필요하며, 각 공간 기능을 극대화하기 위해서는 공간별 특성 및 고려 사항을 이해하여 사용자 중심으로 디자인해야 한다.

그러나 지금까지는 스마트 시티를 이루는 공간 측면보다는, 서비스 측면에서의 유형 분석이 이루어져 왔다. 한 연구에서는 2008년부터 2018년까지 정부 부처와 지자체를 중심으로 적용된 스마트 시티 서비스를 조사하고, 서비스 유형 변화의 경향성을 파악해 스마트 시티 서비스를 서비스가 도입된 순으로 방범·방재, 교통, 보건 의료 복지, 환경, 기타, 시설물 관리, 문화 관광·스포츠, 행정, 물류, 교육 그리고 근로·고용 유형으로 나누었다(김민주 외 2, 2019). 한편, IRS Global에서는 에너지, 교통, 상하수도, 의료, 교육, 보안으로 나누었으며, 미국 경제 전문지인 포브스에서는 교육, 헬스케어, 스마트 빌딩, 모빌리티, 인프라, 스마트 기술, 에너지 등으로 분류하였다.

이처럼 서비스 중심으로 분석되던 스마트 시티 유형은 최근 스마트 스페이스 관점에서 공간 유형별로 연구되고 있다. 이에 따라 스마트 스페이스 측면에서 스마트 시티를 스마트 오피스, 스마트 학교, 스마트 병원, 스마트 공공 기관, 스마트 도로 및 교통, 스마트 홈과 같은 세부 영역으로 나누어 보고, 각 공간 유형별로 구성 요소와 제공되는 기술 및 서비스 등을 파악해 볼 필요가 있다.

5) UX/UI 관점 스마트 시티 개념 및 주요 서비스

스마트 스페이스의 하위 개념 중 가장 큰 범위인 스마트 시티는 언제 어디서나 모든 것을 연결할 수 있는 네트워크와 지능형 ICT 기술로 도시의 효율성을 높이고, 시민의 편익과 삶의 질을 향상하며, 지속 가능한 혁신 성장이 실현되는 미래 도시라고 할 수 있다(ITFIND, 2018). 스마트 시티는 새로운 도시 트렌드인 만큼 다양한 정의가 혼재되어 있으며, 아직 명확하게 정의하기 어렵다.

대개는 기술적 관점에서 'IoT 기술이 적용된 지능형 도시'로 정의되지만, 스마트 시티는 거주자가 서로 사회적인 관계를 형성한다는 점에서 사회적 측면을 고려하여 '사람·정부·환경·경제 등이 스마트 인프라를 기반으로 구

표 Ⅳ-1 스마트 시티의 학술적 정의 사례

구분	개념
Giffinger (2007)	주어진 도시 여건과 의식 있는 독립적 시민을 기반으로 경제 · 사람 · 저버넌스 · 이동 · 환경 · 생활 측면에서 미래지향적으로 운영되는 도시('Smart Cities: Ranking of European Medium-Sized Cities')
Harrison (2010)	물리적 기반 시설, 정보 통신 기반 시설, 사회적 기반 시설, 비즈니스 기반 시설을 연결함으로써 도시의 집합적 지식을 극대화하는 도시('Foundation for Smarter Cities')
Toppeta (2010)	도시의 지속 가능성과 거주성을 개선하기 위하여 조직 운영과 도시 계획에 정보 통신 기술과 웹 2.0 기술을 결합함으로써 행정 절차를 전자화하여 속도를 높이며, 도시의 복잡한 문제를 해결하는 새롭고 혁신적 해결책을 찾는 데 활용하는 도시('The Smart City Vision : How Innovation and ICT Can BuildSmart,"Livable", Sustainable Cities')
Washburn (2010)	디지털 기술을 활용하여 시민을 위해 더 나은 공공서비스를 제공하고 자원을 효율적으로 사용하며 환경에 미치는 영향을 줄이며, 기존의 네트워크와 서비스에 디지털 기술을 결합하여 효율성을 높여 구민과 기업의 이로움을 높이는 도시("Helping CIOs Understand 'Smart City' Initiatives : Defining the Smart City, Its Drivers, and the Role of the CIO")
Marsal-Llacuna (2014)	시민들에게 보다 효율적인 서비스를 제공하고, 기반 시설을 최적화하며, 각기 다른 경제 주체의 협업을 증대시키고, 공공과 민간에서 혁신적인 비즈니스 모델을 창출하기 위하여 IT기술을 활용해 도시 성과를 향상시키는 도시("Lessons in urban monitoring taken from sustainable and livable cities to better address the Smart Cities initiative, Technological Forecasting and Social Change")

출처: 조대연, 2017

축된 스마트 사회'로 정의되기도 한다(R. Giffinger 외 5, 2007). 또한, 선진국에서는 '미래지향적으로 잘 운영되고 안전도가 높으며 똑똑하고 효율적인 도시'로 스마트 시티가 정의되고 있으며, 개발도상국에서는 '도시의 거대화와 환경오염, 치안 불안, 행정 시스템, 불만 증가 등의 문제를 해결하는 도시'로 스마트 시티를 정의하고 있다(IRS Global, 2019). 이처럼 스마트 시티를 보는 관점에 따라 그 정의가 달라질 수는 있지만, 스마트 시티의 공통적인 구축 목표는 최첨단 기술을 적용하여 도시 인프라 기능 향상 및 삶의 질 향상을 추구하는 것이다(박유경 외, 2015; 정보통신산업진흥원, 2013).

스마트 시티는 도시를 구성하는 여러 개의 스마트 공간을 구축함과 동시에, 도시의 경쟁력을 높이기 위해 사용자 경험을 극대화할 수 있는 스마트 서비스 및 스마트 콘텐츠 개발을 추진하고 있다. 구체적으로는 스마트 관광, 에너지 절감을 위한 시스템, 노약자를 위한 안전 생활 서비스와 같이 시민들의 생활과 경험에 직간접적으로 연관되는 주요 서비스들과 다양한 사용자 맞춤형 서비스의 연구 개발을 통해 도시 경쟁력을 키워 나가고 있다.

(1) 스마트 관광

스마트 관광은 스마트폰과 같은 디바이스를 활용한 관광 행태를 뜻하며, 관광 정보 사이트를 통해 목적지나 여행지를 정하는 것뿐만 아니라, 음식점 평가 사이트의 이용자 후기를 참고하여 방문지를 결정하는 등, 관광 경험과 관련된 전반적인 행위에 대해 지원하는 것이다. 즉, 스마트 관광은 인터넷과 전통적인 관광 요소의 융합을 통한 사용자의 경험으로 정의할 수 있다. 각 도시에서는 관광 오는 관광객들을 위해 언제 어디서든지 원하는 정보를 얻을 수 있도록 통신 설비를 확충하고, 어플리케이션을 이용하여 결제의 편의성을 높이는 등 사용자 중심의 서비스 운영을 위해 노력하고 있다(구철모 외 2, 2014).

공간 공유. 일본의 에어비앤비(Airbnb)는 2018년 설립 이후 65,000여 개 도시에서 2018년 3백만여 개의 숙소를 제공하고 있는 대표적인 공간 공유 기업이다. 에어비앤비는 일본에서 단순한 숙박 연계 서비스를 제공하는 것에

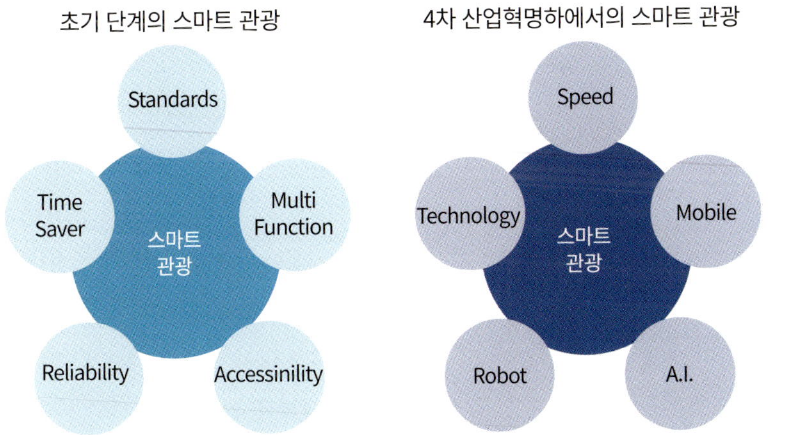

출처: 최자은, 2013

그림 IV-2 스마트 관광 개념의 변화

서 더 나아가 직접 숙박 시설을 건립하기도 하였으며, 그 과정에서 지역사회와의 상생을 도모하였다. 대표적인 사례로는 2016년 Yoshino 마을에서 진행된 Samara 프로젝트가 있다. 해당 지역은 고령화로 인해 관광 요소가 없어 쇠락해 있었으나, 에어비앤비가 직접 자연 친화적인 공용 숙박 시설을 지으면서 신규 관광객이 유입되고 지역 경제가 활성화되었다. 또한, 지역 주민이 해당 숙박 시설을 관리할 수 있도록 해 건립된 숙박 시설 중 일부를 주민 모임 공간으로 구성하기도 했다(Koo 외, 2016).

차량 공유 개인 소유 자동차를 함께 타거나 일정 시간 빌려 주는 서비스가 활성화되고 있다. 일례로 싱가포르 관광청은 웹사이트의 여행자 필수 정보에 우버와 그랩을 소개하면서 차량 공유 서비스를 적극적으로 홍보하고 있다. 한국 정부도 세종시를 차량 공유 시범 도시로 지정하는 등, 차량 공유 사업의 활성화를 위해 노력하고 있다.

스마트 거리와 스마트 관광 안내판 서울특별시 서대문구에서는 모바일 걷기 어플리케이션 워크온(WalkOn)을 개발하여 전국 최초로 스마트 둘레길을 조성하였다. 워크온 앱을 통해 주변의 걷기 좋은 길, 관광 명소 등의 정보가 나타나도록 하였다.

또한, 각 도시에서 스마트 관광 안내 표지판을 설치하는 것을 추진하고 있는데, 관광객의 선택에 따라 다양한 언어로 주변의 관광 명소와 편의 시설 등에 대한 정보 제공이 가능하다. 이를 통해 관광 경쟁력을 높일 수 있다.

(2) 안전을 위한 스마트 서비스

노약자의 위치 인지 솔루션과 피보호자가 휴대한 전용 단말기 혹은 스마트폰을 활용하여 치매 노인이나 어린이 등, 노약자들의 실내 및 실외 위치를 추적하고 이를 보호자에게 알려 주어 노약자들의 실종을 예방하고 이들의 안전을 확보하는 서비스들이 제공되고 있다. 또한, 노약자가 가정에서 사용하는 에너지 사용량을 모니터링하여 위급 상황 시 보호자 또는 복지 담당자에게 자동으로 메시지를 보내도록 하는 서비스도 활발히 개발되고 있다. 노

출처: 서울시

그림 Ⅳ-3 스마트 관광 안내 표지판

약자를 위한 안전 외에도 도시 전역의 안전을 위한 서비스도 제공된다. 스마트 시티에서의 안전 감시 서비스는 도로, 공원, 상업지역을 비롯한 도시 곳곳에 CCTV를 설치하여 도시를 24시간 모니터링하는 시스템이다. 이를 통해 영상을 수집·분석함으로써 범죄를 사전 예방하고, 비상 상황 발생 시 긴급 호출이나 음성 통화 연결 등 신속한 대응을 할 수 있도록 한다.

특히 강도나 폭행 등 실제 범죄가 발생할 경우, 경찰이 사건 현장 또는 인근의 CCTV 영상을 바로 확인할 수 있어 현장 상황을 파악하기 쉽고, 긴급 출동과 같은 적절한 조치를 취할 수 있다. 이러한 도시 안전 감시 서비스는 도시 거주자들의 안전한 환경을 보장할 수 있을 것으로 기대된다(ITFIND, 2018).

스마트 스페이스는 사용자가 공간과 상호 작용하는 곳으로, 사용자 경험에 적합한 스마트 기술 및 서비스를 접목하는 동시에, '사용자 경험 디자인 관점'에서 접근해야 한다. 이를 통해 공간의 기능에 부합하는 스마트한 공간을 구축해야 한다. 이렇게 구축된 스마트 스페이스는 건물 및 공간 측면에서의 효율성을 높일 뿐만 아니라, 공간의 기능성과 사용자의 만족감도 향상시

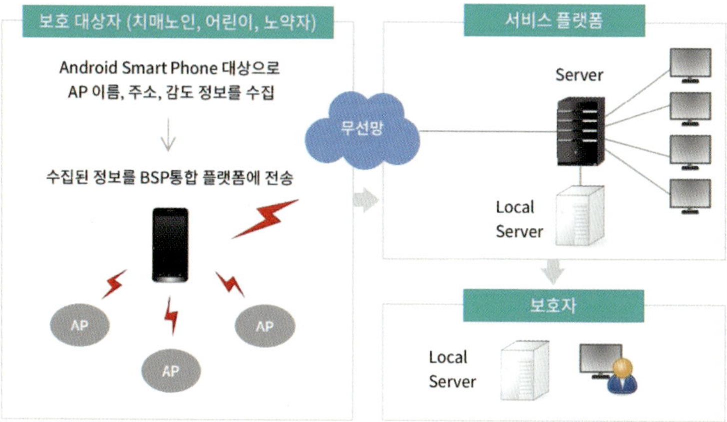

출처: 한양대학교 TDRC

그림 Ⅳ-4 스마트 치매 노인/미아 방지 서비스 구성도

출처: 한양대학교 TDRC

그림 Ⅳ-5 공공 지역 안전 감시 서비스 구성도

킬 수 있을 것이다.

2. UX/UI 관점 스마트 스페이스의 공간 유형별 조성 계획

도시 공간을 구성하고 있는 공간 유형별로 사용자의 경험을 극대화하기 위해서는 공간의 기능을 파악하고, 스마트한 공간 구축 시 필요한 구성 요소를 이해해야 한다. 또한, UX/UI 관점에서 스마트한 공간을 조성함에 따라 얻을 수 있는 기대 효과와 각 공간에서 주로 활용될 수 있는 서비스와 기술을 살펴볼 필요가 있다.

1) 스마트 오피스

스마트 오피스는 업무 공간의 용도 및 기능에 적합한 환경을 제공함으로써 공간의 경제적 관리를 가능하게 할 뿐만 아니라, 업무의 효율성과 기업에 대한 애착 등 직원들의 만족감을 높여 생산성을 극대화할 수 있는 공간이다. 또한, 스마트 오피스는 사용자에게 쾌적한 업무 환경을 제공하여 사무 능률을 극대화하고, 안전하고 경제적인 사무실 관리가 가능하도록 하는 기능을 가지고 있다(김미연 외, 2005).

(1) 스마트 오피스 공간 구성 요소

스미트 오피스의 주요 기능은 기술을 기반으로 사용자가 업무 활동의 불편이 없도록 업무의 합리화, 효율화를 위하여 필요한 설비와 서비스를 제공할 수 있는 시스템으로서 인간의 능률을 최대로 발휘할 수 있도록 하는 것이다(김미연 외, 2005). 이를 위한 스마트 오피스의 공간 구성 요소는 쾌적성, 효율성, 안전성, 편리성, 유연성, 신뢰성 그리고 독창성으로 정의할 수 있다(김미연 외, 2005).

쾌적성 쾌적성은(Amenity)은 '쾌적한', '기쁜', '사랑', '좋아함' 등과 같은 감정을 표현하는 라틴어 아모에니타스(Amoenitas), 또는 아마레(Amare)에서 유래되었다(정선주, 2018). 공간 환경에서의 쾌적성은 사용자가 기분이 좋다고 느끼는 환경의 질을 의미하며(전명숙 외, 2008), 구체적으로는 인간의 오감에 영향을 주는 요인(공기의 질, 소음, 조명, 냄새 등)과 같은 환경적, 배경적 특성을 포함한다(정선주, 2018). 창의 기반을 통한 생산성 향상이 중요한 스마트 오피스에서의 쾌락성이란 자율적이고 다양한 자극을 줄 수 있는 업무 공간과 정신적인 스트레스 완화 및 휴식을 고려한 공간이 될 수 있다(전한솔 외, 2016).

효율성 효율성이란 최소한의 투입으로 기대하는 산출을 얻는 것을 의미한다. 이는 주로 생산량의 증대, 질적 향상, 소요 시간의 단축, 노력의 감축, 만족도 및 사기 향상 등의 목표와 연관된다(HRD 용어사전, 2010). 스마트 오피스는 개인 고정 업무 공간을 축소하여 공간 효율성을 높이며, 직급 간에 업무 공간의 차별을 두지 않는다. 또한, 고정된 좌석은 사라지고, 업무의 특성에 따라 적합한 좌석을 예약하여 사용함으로써 효율적이고 집중도 높은 업무 공간을 형성한다. 이러한 업무 환경 개선을 통해 직원들의 사기 및 창의력을 향상시키고, 직원들 간의 원활한 의사소통을 도모하여 업무의 효율성을 높이고 있다. 이와 함께 임대 면적 감소, 에너지 절약 등을 통한 실질적인 경제 이익에 따른 효율성 증진도 실현할 수 있다(김주선 외, 2012).

안전성 안전성 측면에서는 인간이나 자재에 손상 또는 손실을 줄 수 있는 위험한 상태에 대비하는 것이 요구된다(컴퓨터인터넷IT용어대사전, 2011). 즉, 자재의 손상이나 손실, 인간의 사상과 관련되는 상태가 존재하지 않아야 한다. 스마트 오피스의 안전성을 위해서는 사고, 정전, 화재 등 비상시를 대비하여 데이터 보안에 철저히 신경 써야 한다. 이와 함께 설비 기기의 비상 제어 시스템 및 출입 통계 시스템에 대한 안전성을 높여 직원들의 사상에 대비해야 한다(김주선 외, 2012).

편리성 스마트 오피스의 편리성은 오피스 환경이나 워크 프로세서가 자동으로, 간단히 개선되도록 하는 것을 목표로 한다(서정균, 2018). 따라서 스마트 오피스는 다양한 장소와 이동 환경에서도 언제 어디서나 편리하고 효율적으로 근무할 수 있도록 설계되어야 한다(방송통신위원회, 2011). 이와 같은 편리성을 위해서는 사용자의 공간 사용 현황을 실시간으로 측정하여 활동에 적합한 온도 및 습도, 조도 등을 자동으로 조절해 주는 기술이 적용될 수 있다.

유연성 스마트 오피스에서의 유연성은 생산 활동과 업무 내용의 변화에 대응할 수 있는 서비스를 확보하고 변경하는 데 있어서의 용이성을 의미한다(김미연 외, 2005). 스마트 오피스의 공간은 근무자의 동선과 업무 흐름에 따라 구성되며, 근무자는 출근 후 개인 사물함에서 업무 관련 자료를 찾아서 본인의 업무에 따라 가장 편리한 업무 공간을 선택하여 해당 공간에서 근무하게 된다. 개인의 업무 공간은 다양한 업무 내용에 따라 다양한 형태로 존재하고, 주로 오픈된 형태인 것이 특징이다. 이와 함께 집중을 위한 업무 공간이 필요할 경우에 대비하여 밀폐된 형태의 개인 업무 공간도 조성된다. 또, 업무 내용에 따라 팀 작업 공간, 회의 및 미팅 공간, 휴게 공간, OA 공간 등이 배치되기도 한다(김주선 외, 2012).

신뢰성 신뢰성이란 제품 기능의 시간적 안정성을 나타내는 개념으로, 제품이 갖추고 있어야 할 품질을 일정 기간 유지하고 큰 사고에 이르는 일 없이 고객 만족도를 확보하는 것을 의미한다. 신뢰성 확보를 위해서는 내구성, 안정성, 설계 신뢰성에 대한 고려가 필요하다(행정안전부, 2009). 스마트 오피스에서는 신뢰성을 확보하기 위해 자가 진단 시스템을 통한 이상 기능 방지와 신속한 복구에 주의하는 것이 요구된다(김미연 외, 2005).

독창성 스마트 오피스는 독창성을 추구하는데, 사전적 의미에서 독창성은 모방이나 파생에 의한 것이 아닌 자기의 개성과 고유의 능력에 의해 가치를 새롭게 창조하는 것을 뜻한다(문학비평용어사전, 2006). 이러한 독창성 제공을 통해 스마트 오피스는 비일상적인 공간을 통해 발상의 전환을 자극하여 창의적인 아이디어를 유도할 수 있다(김희재 외, 2016). 특히 융통성 있는 사무 공간은 창조적인 프로세스를 가지게 하여 독창적이며 체계적인 결론 도출을 유도한다고 보고된 바 있다(김용 외, 2015; 조서윤, 2014).

(2) 스마트 오피스에 적용되는 서비스와 기술

스마트 워크 서비스는 다양한 서비스 기술들의 결합을 통해 제공되며, 각 서비스 기술을 제공하는 방법 또한 다양하게 이루어질 수 있다(한국전자통신연구원, 2011).

표 Ⅳ-2 스마트 오피스에 적용되는 기술의 개요

물리적 업무 공간 분류	필요 서비스 기술	공통 적용 기술
업무 공간	· 주변 소음 차단/ 집중력 확보 기술 · 좌석 예약 시스템	· 지원 서비스 - 통합 통신 - 모바일 지원 - 클라우드 서비스 · 실내 환경 - 자동 공기 청정 기능 - 커넥티드 조명 - 자동 절전/전원 차단 에코 오피스
협업 공간	· 텔리 프레젠스 - 직장에서 공간 및 필요한 시설 장비 구비 후 업무 수행 - 현재의 업무 공간보다 효율성을 높일 수 있는 환경 구축 - 커뮤니케이션 강화, 업무의 효율성 및 생산성 증가 웹 컨퍼런싱 · 실감 및 몰입 기술 - 3D, 홀로그램 등	
기타 공간	· 휴식 공간-로봇 바리스타 · 엔터테인먼트를 위한 시설 · 폰 부스	

표 Ⅳ-3 스마트 오피스에 적용 가능한 기술 및 서비스

공간 구분	직원들의 스마트 오피스 구성에 대한 니즈(needs) 파악을 위해 제안한 주요 기술 및 서비스(사례 이미지)	
업무 공간	 감정 상태에 따라 업무 공간 환경 변화 가능한 기술(MIT)	 소음 차단 및 집중력 확보 기술(Mindset)

공간 구분	직원들의 스마트 오피스 구성에 대한 니즈(needs) 파악을 위해 제안한 주요 기술 및 서비스(사례 이미지)	
업무 공간		
	홀로렌즈(디자인툴-마이크로소프트) / 가상현실(Virtual Reality)	무선 충전 기기(Pi)

	천장 테이블 수납(가변형 공간-ORI)	개인 수납함(퍼시스)
회의 공간		
	테이블 디스플레이 및 대형 디스플레이 (Tommy Hilfiger)	홀로그램 화상회의(KLM 항공)

	홀로그램 테이블(euclideon) 및 홀로그램 장비	전자 칠판(삼성 플립)

공간 구분	직원들의 스마트 오피스 구성에 대한 니즈(needs) 파악을 위해 제안한 주요 기술 및 서비스(사례 이미지)	
회의 공간		
	화상회의 시스템(DEKOM)	스마트 모바일 빔 프로젝터(SONY)
기타 공용 공간 (전시 공간 / 휴게 공간 / 주차 공간)		
	안내 로봇(LG, 인천국제공항)	로봇 바리스타 (Cafe X Technologies)

	루프탑 온실(Green Roof)	가구형 폰 부스(INSCAPEDESIGN)
안전/보안 관련 시스템		
	스마트 CCTV(KT 기가아이즈)	지문 인식 출입 시스템(슈프리마)

공간 구분	직원들의 스마트 오피스 구성에 대한 니즈(needs) 파악을 위해 제안한 주요 기술 및 서비스(사례 이미지)	
실내 환경 관련 기술		
	자율 주행 공기 청정 로봇(코웨이)	커넥티드 조명(The Edge, PHILIPS)

	외부 날씨에 반응하는 키네틱 파사드(아이엠하우스)	미세먼지 제거 기능(삼성 래미안 아파트)
기타 가구		
	자율 주행 의자(닛산)	형태 변화 테이블(MIT)

(3) 스마트 오피스 구축에 따른 기대 효과

기술 혁신으로 인해 주된 노동의 형태가 '지식 기반 노동'으로 변화하면서 근로자들의 '생각'이 업무의 중요한 부분으로 자리 잡게 되었다. 이에 따라 근로자의 창의력과 아이디어, 개인의 삶의 질과 같은 요소가 업무에 큰 영향을 미치게 되었다. 특히 ICT 기술 발전으로 업무의 장소나 시간의 제약이 줄어들면서, 사람 중심의 제도나 문화를 첨가한 새로운 업무 형태인 '스마트 워크'의 개념이 등장하게 되었다(한국정보화진흥원, 2010). 초기의 스마트 워크는 ICT 기술을 중심으로 이해되었으나, 현재는 업무 생산성 향상 외에도 개인 삶의 질과 창의성, 상호작용(Interaction)까지 고려하는 개념으로 그 의미가 확장되었다(박세정, 2014).

스마트 워크를 효과적으로 실천하기 위해서는 업무의 효율화, 조직 문화 개선, ICT 기술 및 서비스가 복합적으로 이루어져야 한다. 이에 스마트 워크를 효과적으로 실천하기 위한 솔루션 공간으로서 스마트 오피스가 주목받고 있다. 스마트 오피스는 자유로운 좌석 예약제와 휴식 공간 등 창의성을 높이는 시스템을 도입해 창의적인 업무를 가능하게 하는 방향으로 변화하고 있다. 스마트 오피스 구축은 수평적 사내 문화 확립에도 도움을 줄 수 있으며, 스마트 워크에서 중요시되는 가치들을 실현하고, 스마트 워크를 효과적으로 수행할 수 있도록 한다. 다음은 스마트 워크의 네 가지 주요 가치에 따른 스마트 오피스의 기대 효과이다.

커뮤니케이션 스마트 오피스의 가장 큰 특징은 커뮤니케이션을 위해 개방된 공간을 지향한다는 점이다. 지정 좌석을 없애는 것은 대표적인 스마트 워크 제도 중 하나인데, 여러 명의 사용자가 공간을 공유하여 사용할 수 있으므로 공간의 효율성을 높일 수 있다. 기존의 분리된 공간을 오픈하기 때문에 수평적인 커뮤니케이션도 유도할 수 있다. 다시 말해, 스마트 오피스는 조직의 융합을 통해서 새로운 아이템을 창출하고, 활발한 커뮤니케이션이 가능한 수평적 조직 문화 구현을 가능하게 한다.

프레젠테이션 기술의 발달로 직접 대면하지 않아도 네트워크를 통해 원활하게 소통할 수 있게 되었고, 대량의 정보 수집·분석·처리를 통해 사용자가 정보를 쉽게 파악하고 공유하는 것도 가능해졌다. 그러나 정보 교류가 일방적인 것에서 그치지 않고, 쌍방향의 능동적인 커뮤니케이션으로 이어지기 위해서는 정보를 나타내고 전달하는 방식인 '프레젠테이션'이 필수적이다. 특히 스마트 워크에서는 협의·제안·공유 등 협업이 중요하기 때문에, 이를 위해서는 업무 공간 내 활발한 소통을 위한 프레젠테이션 환경이 조성될 필요가 있다. 스마트 오피스는 ICT 기술을 적용하여 AR/VR 화상회의와 같이 커뮤니케이션에 최적화된 프레젠테이션 환경을 제공하므로, 사용자들의 업무 효율을 극대화하고 기존 업무 공간보다 효과적인 정보 전달 및 공유를 지원할 수 있다.

크리에이션 창의성이 요구되는 현대 사회에서 개별 사용자가 분리되는 형태의 기존 업무 공간은 창의성 향상의 방해 요소로 지적받아 왔다. 조직의 창의성에 관한 연구에 따르면, 자유로운 분위기와 개방적 커뮤니케이션, 개인에 대한 신뢰 및 존중, 수평 구조 등이 창의성에 영향을 미치는 것으로 나타났다. 다시 말해, 조직 내 창의력 향상을 위해서는 업무 전반에서 자유로운 근무 환경과 창의적인 아이디어를 유도할 수 있는 분위기가 필요하다. 스마트 오피스는 이에 대한 공간 솔루션으로서, 업무와 휴식을 엄격하게 구분하기보다는 브레인스토밍 룸, 리프레쉬 라운지와 같이 업무 공간 자체를 재미있고 감성적인 공간으로 구성한다. 이를 통해 사용자는 다양한 자극을 통해 창의성을 향상할 수 있고, 조직은 창의성 기반의 생산성을 높일 수 있게 된다.

이모션 스마트 워크에서 업무 생산성을 높이는 중요한 요소는 삶의 질 향상 외에도 조직에 대한 소속감, 애착 등이 있다. 이러한 요소는 자칫 업무 효율과 직접적인 연관성이 없어 보일 수 있어, 공간 구성 시 고려 대상에서 빠지기 쉽다. 그러나 감성적인 요소는 업무에 상당한 영향을 주기 때문에, 업무 공간을 구성하는 데 있어서 개인의 감성적인 요소는 반드시 고려되어야 한다. 스마트 오피스는 자연 요소와 예술 작품 등을 활용하여 공간 사용자의 감성을 자극하고, 업무에 대한 스트레스를 덜어 줄 수 있다.

(4) 스마트 오피스 구축 사례

넵스(NEFS)

시대에 따라 요구되는 근무 환경은 변화하고 있다. 1960~1980년대 사무처리형 근무 환경에서는 안정성, 효율성, 기능성을 중요하게 생각했다면, 이후 1990년대 정보처리형 근무 환경에서는 쾌적성, 유연성을, 이후 2000년대의 변화 대응형 근무 환경에서는 교류와 다양성을 중시했다. 그러나 최근에는 지식 창조형 근무 환경으로 발전하며 창조성과 지속 가능성에 초점이 맞추어지고 있다.

시대와 IT 기술 등에 따라 변화하는 근무 환경과 중심 가치에 발맞추기 위해 가구 회사인 '넵스'는 이전한 사옥에 공간 사용자를 중심으로 한 사무 공간인 '스마트 오피스'를 조성했다. 넵스는 스마트 오피스를 '능동적인 업무 형태로 다양한 지식의 교류와 이를 통한 창의성의 증가로 업무의 생산성이 향상되는 사무 환경'으로 정의하고, 직원 간 교류 확대와 유연한 사내 문화를 촉진할 수 있도록 스마트 오피스 환경을 설계하였다. 넵스는 자사의 스마트 오피스 환경에 다음과 같은 제도 및 서비스를 도입하였다.

자율 좌석제와 ABW(Activity Based Working) 먼저, 넵스는 자율 좌석제와 ABW(Activity Based Working)를 도입했다. 자율 좌석제는 근로자의 자리를 고정하지 않는 제도로, 공간의 활용도를 높이고, 사용하지 않는 자리의 전력을 제어해 전반적으로 사무 공간의 원가를 절감하는 효과가 있다. 반면, ABW는 사무실에 다양한 장소를 제공해 근로자의 업무와 기분에 따라 장소와 시간을 선택할 수 있도록 한 제도로, 근로자의 생산성이나 일하기 좋은 환경을 조성해 줄 수 있다. 예를 들어, 집중이 필요한 때에는 개인 좌석에, 동료와의 대화나 미팅이 필요한 때에는 회의실에 자리를 잡을 수 있다. 이 제도들을 도입하면 근로자들은 자신의 업무와 개인 일정, 기분 등을 고려하여 스스로 최적화된 장소와 시간을 선택할 수 있어 원활한 탄력 근무제를 시행할 수 있다. 현재 넵스는 두 제도를 병용함으로써 업무 공간의 효율성과 근로자의 생산성 향상을 모두 추구하고 있다.

리프레쉬(refresh) 공간 마련 제도를 도입하는 것 외에도, 스마트 오피스에서 가장 중요한 요소인 창의성 향상을 위해서는 업무 공간 자체를 재미있고, 감성적으로 조성하기 위해 카페 형태의 리프레쉬 공간을 마련했다. 사용자가 업무 중 휴식을 취하고 싶을 때 자유롭게 리프레쉬 공간을 이용할 수 있도록 했으며, 다양한 자극을 제공할 수 있도록 했다. 또한, 회사에 대한 소속감 등 감성적 부분은 업무 효율성에 중요한 요소로 작용하기에, 사용자가 업무 공간을 친근하게 느끼도록 휴식이 가능한 테라스 공간을 통해 사용자의 감성적인 측면도 배려하였다.

스마트 정보시스템(KIOSK) 조성된 업무 공간을 잘 활용하기 위해서는 위의 제도들을 뒷받침할 시스템 구축이 필요하다. 넵스는 자유롭게 공간을 활용하는 동시에 직원들의 효율적인 업무를 지원하기 위해 키오스크(KIOSK)를 도입했다. 스마트 오피스 정보시스템을 탑재한 키오스크에서는 실시간으로 자율 좌석 또는 회의실 예약이 가능하며, 직원 정보와 좌석 현황도 확인할 수 있다. 키오스크 외에도 웹, 모바일, QR코드 예약 등 다양한 예약 방법을 마련하는 한편, 선호 좌석이나 창가 좌석 등 특정 좌석에 대한 반복 예약 횟수를 제한하여 모든 직원이 수평적으로 공간을 이용할 수 있도록 한다.

방음 부스(booth) 민감한 정보를 포함한 통화는 사무실에서 하기 어렵고, 이러한 업무상 통화가 잦은 경우라면 매번 이동하는 것이 번거로울 수 있다. 개인적인 통화가 필요한 경우도 마찬가지다. 넵스는 이에 착안하여 업무공간 내에 방음 기능을 갖춘 부스(booth)를 설치하여 직원들이 불필요한 이동을 줄이고, 프라이버시 걱정 없이 편하게 통화할 수 있도록 배려했다.

홀로그램 장비 도입 넵스는 가구 회사인 만큼, 제품 전시 공간에 방문하는 소비자의 체험을 극대화하고자 노력하고 있다. 이에 최근에는 자사 제품을 입체적으로 소개하고, 소비자의 관심을 유도할 수 있도록 홀로그램 장비를 도입하였다. 넵스의 홀로그램 장비 도입은 전시 목적 이외에도 직원들의 창의성을 높여 줄 것으로 기대되고 있다.

위와 같은 시스템 노력 외에도, 넵스는 개인 사물함과 인체 공학적 가구를 제공하거나, 영상 회의를 활용해 장소에 구애받지 않고 미팅할 수 있도록 하는 등, 실제로 사무실을 사용하는 근로자들의 니즈를 반영한 '사용자 중심의 스마트 오피스'를 구축하였다. 넵스가 구축한 것과 같은 스마트 오피스는 경영 환경과 업무 환경 변화에 대응하고, 소통하는 기업 문화를 조성하기 위한 '솔루션'으로 주목받고 있다. 스마트 오피스를 통해 기업은 불필요한 면적을 줄이고, 다양한 공간을 조성해 사무 공간을 최적화하고, 비용을 절감할 수 있다. 이러한 스마트 오피스는 유연한 근무 환경 제공을 통해 근로자의 창의성과 업무 효율성, 소통 빈도를 높이고, 스트레스는 줄일 수 있다.

실제로 넵스에 따르면, 팀장급의 대화 수는 4배 증가한 것에 반해 불필요한 보고와 연락, 상담은 약 78% 감소한 것으로 나타났다. 이외에도 스마트 오피스의 긍정적인 효과로 커뮤니케이션 증가로 인한 집중도 향상, 경영 방침의 신속한 공유, 공용 공간 활용도 증가, 영상 회의로 인한 출장 감소 등이 있는 것으로 나타났다. 특히 스마트 오피스 조성 후 업무 환경이 더 좋아졌다고 느끼는 비율이 92.6%로, 스마트 오피스 환경에 대한 만족도가 높다는 것을 확인할 수 있었다.

스마트 오피스는 변화하는 경영 환경으로 인해 제한된 시간에 업무 효율을 높이고 비용을 절감해야 하는 기업의 공통 핵심 과제로 떠오르고 있다. 이 때문에 많은 기업에서 넵스의 스마트 오피스 구축에 관심을 보이고 있다. 이에 넵스는 자사의 스마트 오피스를 전시장으로도 활용하고 있으며, 넵스의 공간은 업무 환경을 바꾸려는 기업들에게 모델하우스 역할을 하고 있다.

넵스는 현재 일본 오피스 가구 1위 기업인 고쿠요(KOKUYO)와 전략적 제휴를 맺어 본격적인 스마트 오피스 시장을 열고 있으며, 이를 통해 국내 스마트 오피스 시장에서 넵스의 경쟁력을 한층 강화하고 있다. 또한, 단순한 가구 판매를 넘어 실제 국내 기업에 적용할 수 있는 다양한 업무 환경에 대한 솔루션을 제안하고 있다.

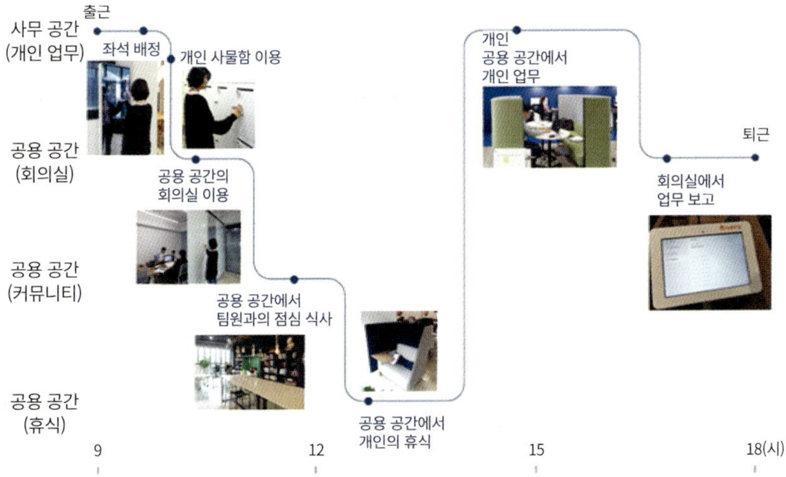

출처: 한양대학교 TRDC

그림 Ⅳ-6 넵스 스마트 오피스의 하루

표 Ⅳ-4 넵스의 스마트 오피스

공간 구분	공간 이미지	
사무 공간 (출근)		
	물품 보관함은 개인 아이디카드를 잠금 장치로 사용	출근 후 외투와 우산을 입구에 보관
업무 공간		
	전화는 폰 부스에 들어가 통화	업무 집중을 위해 폐쇄형 개인 업무 공간으로 이동하여 업무 재개

공간 구분	공간 이미지	
휴식 공간		
	1인 좌석으로 옮겨 조용히 휴식	점심시간 공용 공간에서 동료와 식사
회의 공간		
	디스플레이를 통해 공용 공간에 회의 가능한 공간이 있음을 확인하고 예약	벽면에 자유로운 아이디네이션을 위한 칠판

출처: 한양대학교 TRDC

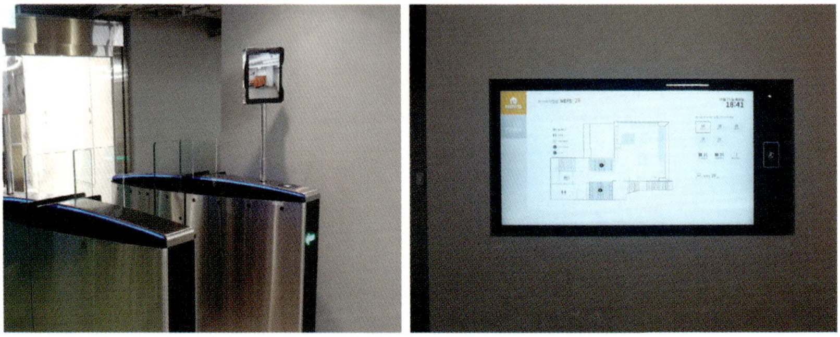

출처: 한양대학교 TRDC

그림 Ⅳ-7 넵스 출입구 주변의 스마트 오피스 키오스크

표 IV-5 넵스 전시 공간

공간 구분	공간 이미지
주방	
거실	
기타	

출근, 좌석 예약 및 사용

- A씨는 출근 후 외투와 우산을 입구에 보관함.
- 예약 시스템을 이용하여 그날 업무할 좌석을 지정함.
- 좌석 예약이 완료 시 해당하는 좌석의 네임택에 A씨의 정보가 노출됨.
- 하나의 물품 보관함의 네임택에도 A씨의 정보가 노출됨.
- 물품 보관함은 개인 아이디카드로 잠금장치를 풀어 사용할 수 있음.

공용 공간 사용(팀 미팅)

- 오후, A씨는 팀원과 아이디네이션을 위한 회의가 있을 예정임.
- A씨는 사물함 하단에 있는 이동식 트레이에서 회의를 위한 사무용품을 꺼냄.
- A씨와 팀원들은 이동 중에 복도에 있는 디스플레이에서 공용 공간에 회의 가능한 공간이 있음을 확인하고 예약함.
- 회의 공간에 비치된 디스플레이에 A씨의 예약 내역이 노출됨.
- A씨와 팀원들은 예약한 공간에서 회의를 진행함.

공용 공간 사용(휴식)

- 점심시간. A씨는 공용 공간에서 동료 B와 식사를 함.
- 식사 후, A씨는 3면이 막혀 있는 1인 좌석으로 자리를 옮겨 조용히 휴식을 취함.

공용 공간 사용(개인 업무)

- 오후, A씨는 집중을 위해 폐쇄형 개인 업무 공간으로 이동하여 개인 업무를 재개함.
- 업무 중 전화가 온 A씨는 공용 공간에 있는 폰 부스에 들어가 통화함.
- A씨는 공용 공간에 있는 프린터를 사용하여 오후에 있을 회의 자료를 미리 출력함.

회의실 예약 및 사용

- 최종 업무 보고를 위하여 회의실이 예약되어 있고, 해당 룸에는 예약 내역이 노출되어 있음.
- 회의실에는 예약자의 이름이 표기된 네임텍이 준비되어 있음.
- 회의실의 벽면에는 자유로운 아이디네이션을 위한 칠판이 있음.

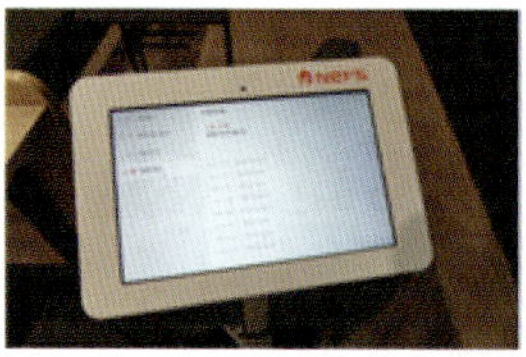

KOKUYO(일본 가구 브랜드)

고쿠요는 사무용 가구와 스마트 오피스 구축에 필요한 솔루션을 전문적으로 제공하는 글로벌 기업으로, 업무 방식을 혁신적으로 전환하여 생산성과 창의성을 극대화할 수 있게 설계된 사무 공간을 제공하고 있다.

출처: KOKUYO

그림 Ⅳ-8 KOKUYO 회의 가구

출처: KOKUYO

그림 IV-9 KOKUYO 협업을 위한 가구

출처: KOKUYO

그림 IV-10 KOKUYO 업무 및 휴식을 위한 공간

고쿠요는 여러 기업의 스마트 오피스를 구축했는데, 이들은 사용자들의 커뮤니케이션과 협업을 위한 공간을 조성함으로써 편안한 환경뿐 아니라, 기술적으로도 사용자들이 업무에 필요한 정보들을 수월하게 공유할 수 있도록 했다. 또한, 고쿠요는 오랜 시간 업무 공간에서 지내는 것을 고려하여 공간별로 사용 용도에 따라 변화할 수 있는 플렉서블(flexible)한 업무 공간을 조성하는 것을 추구한다. 동시에 감각적인 디자인과 사용자의 자세를 고려한 가구를 제공하여 사용자 만족감과 업무 효율을 높이고자 노력한다.

한국 마이크로소프트 광화문 사옥

한국 마이크로소프트는 MS 광화문 신사옥 사무 공간에 미국 본사의 '공간 연구소'에서 연구한 사무 공간 방법론을 적용하여 임직원의 이동 동선, 다목적 회의실, 개인 공간의 창의적이고 효율적인 배치를 도입하였다(김용 외, 2015). 우선 '프리스타일 워크플레이스'를 도입해 고정된 자리 없이 개인의 업무 스타일에 따라 폰 룸, 미팅 룸, 포커스 룸 등 최적화된 공간을 선택해 근무할 수 있도록 했다. 직원들은 자리가 정해지지 않은 '워크스테이션' 및 이동이 잦은 직원을 위한 '터치다운'과 같은 공간에서 업무를 한다. 또한, 벽과 파티션을 제거하여 회의실 수와 기타 협업 공간이 기존 사무실보다 증가함으로써 협업하는 시간을 늘리고 형식적인 미팅은 줄였다. 사무실 곳곳에는 '허브'라는 여유 공간을 마련해 직원 간의 편안한 만남과 피로 해소를 유도한다. 한편, 경복궁을 배경으로 커피를 즐길 수 있는 캐주얼 미팅 공간과 업무 피로를 해소할 수 있는 안마 의자, 당구대 등을 배치해 한 곳에서 일과 휴식의 연속성을 지원한다.

더불어 직원들은 언제 어디서나 업무를 볼 수 있는 환경 구현을 위해 MS의 모든 제품과 솔루션, 서비스를 활용한다. 서피스나 윈도폰과 같은 모바일 디바이스 및 음성 통화(스카이프)부터 메일(아웃룩), 문자(윈도폰), 메신저(링크), 블로그(쉐어포인트), 소셜 네트워크(야머), 클라우드 서비스(애저)를 통해 직원들은 효율적인 업무와 소통, 협업을 할 수 있다.

출처: 마이크로소프트

그림 Ⅳ-11 한국 마이크로소프트 광화문 사옥 사무 공간, 자율 좌석제

출처: 마이크로소프트

그림 Ⅳ-12 한국 마이크로소프트 광화문 사옥 사무 공간: 개방형 회의 공간 '허브'

출처: 마이크로소프트

그림 Ⅳ-13 한국 마이크로소프트 광화문 사옥

SK텔레콤

SK텔레콤은 5G와 AI 등 New ICT 기술을 접목한 스마트 오피스를 구축하였다. 5G 스마트 오피스는 SK텔레콤이 보유한 5G, AI, IoT, 보안, AR, VR 등 첨단 기술의 집약체이다. 이는 5G Walking-through 시스템, 5G VDI 도킹 시스템, T 리얼 텔레프리즌스, 5G 카페테리아의 솔루션 4종을 포함하고 있다.

우선 5G Walking-through 시스템을 통해 영상 분석 기술과 딥러닝으로 카메라가 얼굴을 인식해 자동 출입이 가능하다. 향후 AI 카메라를 활용한 감성 분석을 통해 직원 케어 서비스도 제공할 예정이다. 5G VDI 도킹 시스템으로는 도킹 패드에 스마트폰만 꽂으면 가상 데스크톱 환경(Virtual Desktop Infrastructure)과 즉시 연동돼 업무를 볼 수 있다. T 리얼 텔레프리즌스는 가상과 현실을 넘나들 수 있는 혼합 현실(MR; Mixed Reality) 기술로, 공간 제약 없이 AR 글라스를 통해 가상공간에서 대용량 영상 자료 및 3D 설계도면을 사용해 회의할 수 있는 시스템이다. 마지막으로 5G 카페테리아는 AI 무인 자판기, 바리스타 로봇 등으로 구성되어 있으며, AI 무인 자판기가 영상 분석 기술을 통해 직원의 얼굴을 인식 후 자동으로 금액을 청구한다.

이외에 사무실 천장, 주차장, 복도, 지능형 CCTV, AI 무인 자판기, 화장실

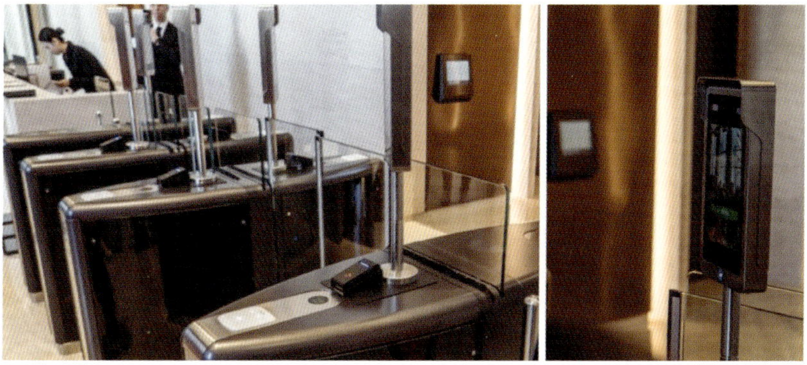

출처: 네이버 네세스의 IT Story

그림 IV-14 5G Walking-through 시스템

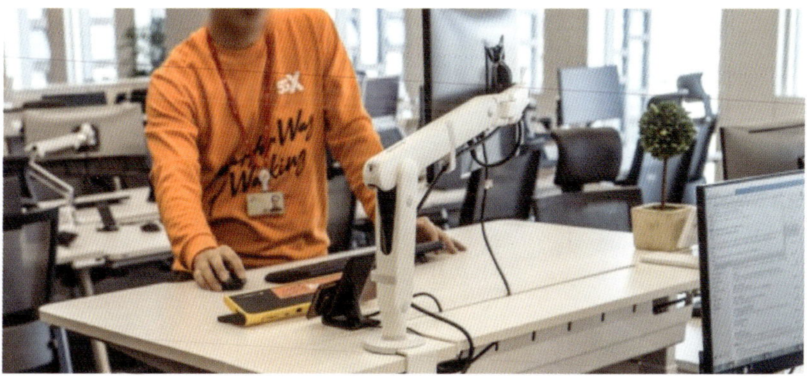

출처: 네이버 네세스의 IT Story

그림 IV-15 5G VDI 도킹 시스템

출처: 네이버 네세스의 IT Story

그림 Ⅳ-16 T 리얼 텔레프리젠스

출처: 네이버 네세스의 IT Story

그림 Ⅳ-17 5G 카페테리아의 AI 무인 자판기

문고리에도 IoT 센서를 설치해 공간 온도와 밝기, 습도 등의 환경, 기기 상태, 이용 빈도 등 각종 정보를 실시간으로 수집한다. 수집된 데이터를 통해 AI 기반 딥러닝 기술이 기기를 제어하고, 공간 사용 정보를 분석해 사용 빈도가 낮은 공간에 대한 재배치 등 효율적인 공간 관리가 가능하다. 공간은 임원실과 고정석, 케이블, 칸막이가 없으며 개인 점유 공간 외에 직원들이 협업 및 소통할 수 있는 가상 회의실, 라운지, 집중 업무실로 구성되어 있다.

아모레퍼시픽

아모레퍼시픽의 사무 공간은 열린 소통을 목적으로 설계되었다. 우선 임직원 간의 원활한 커뮤니케이션을 위해 사무실 내 칸막이가 없는 개방형 데스크를 구축하였다. 사무 공간 곳곳에는 상하층을 자유롭게 이동하도록 내부 계단을 설치하여 다른 부서와의 소통을 최대화할 수 있도록 했다. 회의실 또한 투명한 유리 벽으로 구성해 열린 공간을 강조했다. 더불어 개인 공간 외에 구성원 간 협업 시 활용하는 공용 공간을 확대하고, 1인용 워크 포커스 공간도 별도로 마련해 집중적으로 업무에 몰입할 수 있게 했다. 이를 통해 직원들은 개인의 필요 및 업무의 성격에 따라 사무 공간을 유연하게 활용할 수 있다. 또한, 3개 정원의 개구부 및 건물 외부의 창문을 통해 건물 내 어느 자리에서도 자연 채광이 들어오도록 설계했다. 따라서 실내조명은 외부 조도에 따라 자동 센서로 조절되며, 개인 데스크 조명도 별도로 설치해 업무 몰입도를 증진시키도록 했다.

포스코

포스코ICT 판교 사옥은 국내 최초로 빌딩 전체에 스마트 오피스 기술이 적용된 사무실이다. 우선 변동 좌석제를 도입해 개인별 고정 좌석을 모두 없앴고 직원들은 모바일, 인터넷, 키오스크를 통해 자신이 원하는 자리를 자유롭게 선택해 근무할 수 있다. 좌석 선택 방식은 사원 번호 입력 후 부서별로 배정 받은 층 내에서 빈자리를 지정하는 형태이다. 시스템 내에서 동료가 어느 좌석에 앉아 있는지도 검색할 수 있다. 이러한 변동 좌석제는 외근, 휴가, 파견 등으로 인한 빈자리를 효율적으로 활용함으로써 20% 이상 공간을 줄일 수 있다.

여유 공간은 직원들의 소통을 위한 아이디어 및 창의력 증진을 위한 공간 등으로 활용한다. 더불어 유무선 통합 서비스 체계로 사무실 유선전화를 모두 제거하고 스마트폰이 유선전화 역할을 대신해 직원이 자리를 비우더라도 모든 전화를 받을 수 있다. 또한, 자율 출퇴근제 및 원격 근무제를 실시해 직원들이 원하는 시간과 장소에서 일할 수 있도록 하고 있다. 이와 함께 종이 없는 사무실을 구현하기 위해 클라우드 프린팅을 도입하였다. 사내 업무로 인해 발생하는 모든 개인 문서를 중앙 서버에 관리, 회사 자산화하는 제도인 스마트 ECM을 도입하여 문서에 대한 체계적인 통합 관리 및 이력 관리로 지식 축적도 가능하다.

지난 2014년에는 에너지 관리 시스템(BEMS, Building Energy Management System)을 도입하여 공조, 조명, 냉온수 설비와 시설물의 에너지 사용량을 모니터링하여 에너지를 효율적으로 사용하고 있다. 이는 빌딩을 운영하는 개별 기능들의 에너지 사용량을 분석 및 예측하여 소비 패턴을 파악하고, 비효율적인 운전 현황을 제거해 최적의 운전 가이드를 제공한다. 이와 더불어 직원들의 창의력을 발휘하기 위해 구성된 창조적 놀이방 '포레카'에는 보드 게임방, 미디어 감상실, 안마 의자 등을 설치해 적절한 휴식과 두뇌 자극을 위한 공간을 마

출처: flickr

그림 IV-18 에너지 관리 시스템 예시

련하였다.

2) 스마트 병원

스마트 병원은 최상의 품질과 서비스를 충족시키며 편리성, 유연성을 갖추어 환자 중심의 공간 및 서비스를 제공하는 곳으로, 엄밀히 말하면 '디지털 병원'이다. 예를 들면 스마트폰 앱을 이용해 진료 날짜와 시간을 예약하고, 내원 시 검사실 위치 및 대기 순번 확인과 함께 수납까지 가능하다. 의사가 환자에게 설명한 진료 내용은 녹음 파일이나 이미지 파일로 받아 볼 수도 있다. 이처럼 스마트 병원에서는 첨단 서비스를 통해 환자에게 공간과 업무 효율의 편리함을 제공하거나 IoT, 무인 키오스크, 최첨단 수술실 등의 ICT 기술을 통해 의료 정보 서비스를 구현하여 환자에게 진료의 편리성을 제공하고 있다(황진중, 2019).

(1) 스마트 병원의 공간 구성 요소

스마트 병원의 주요 공간 구성 요소로는 외래 접수 공간, 수술 공간이 있다. 각 공간의 특징은 다음과 같다.

외래 접수 공간 스마트 병원의 접수 공간은 기존과는 다른 양상을 띠고 있다. 서울대병원의 경우, 하루 평균 외래 환자가 개원 당시 2,000명에 불과했던 것이 현재는 9,000명으로 증가해 기존 시설로는 환자들을 감당하기에 어려움이 있었다. 이에 따라 외래 진료실을 입원실과 분리된 공간에 건립하여 혼잡도를 감소시키고 감염 위험을 줄이는 데 힘썼다. 또한, 첨단 외래 진료 시스템을 도입하여 진료의 질을 높였다. 이와 함께 외래 진료의 모든 절차에서 이름 대신 진료 당일 받는 고유 번호를 사용하여 환자의 정보 보호를 강화하는 '이름 없는 병원'을 구현했다(황진중, 2019). 더불어 오늘날의 많은 병원에서 사람을 통하지 않고 진료를 접수하는 '키오스크'를 사용하고 있는데, '키오스크'는 환자들이 직접 접수 및 수납, 처방전 발급 등을 처리할 수 있는 무인 기기이다. 환자가 키오스크를 통해 접수하면 진료 순서 관리 전광판과 연동돼 검사 시행 여부, 수납, 진료 예약 시간 등이 환자 개개인에게 맞추어져 일목요연하게 안내된다. 환자가 진료 전 측정한 신체 계측 정보는 병원 정보 시스템(HIS)에 연동돼 진료 효율성을 높일 수 있다.

수술 공간 수술 패러다임 또한 스마트하게 전환되고 있는 시점이다. 서울대병원은 최고 스마트 정보 통신 병원이라는 강점을 살려 자체 스마트 수술 시스템을 구축하였다. 의료진별로 수술 장비 세팅이 가능한 '프리셋'과 스마트 터치 패널로 수술실의 전체 환경을 제어할 수 있는 통합 컨트롤이 가능하다. 일부 기능은 음성인식 시스템을 연동하여 음성만으로 제어할 수 있다. 또한, 화상 연결 솔루션을 통하여 실시간으로 의견을 공유할 수 있는 원격 병리 진단 시스템이 도입되어 의사에게는 더 높은 수준으로 환자에게 집중해 수술할 수 있는 환경을, 환자에게는 전문적이고 안심되는 서비스를 제공할 수 있다(황진중, 2019).

(2) 스마트 병원에 적용되는 서비스와 기술

의료업계에서는 IoT 기술 기반의 시스템을 도입하여 의료 환경 개선 측면

출처: 서울대학교병원

그림 Ⅳ-19 서울대병원의 외래 진료 전용 '대한 외래' 건물의 '이름 없는 병원'

에서 효과를 거두고 있다. 최근 병원은 진료, 연구, 교육, 행정의 모든 분야에서 새로운 개념의 IT 시스템을 가동해 새로운 홈페이지, 모바일 서비스, 고객 관계 관리 등 환자의 행복과 편의를 위한 다양한 프로그램을 선보이고 있다

출처: 서울대학교병원

그림 Ⅳ-20 업무 효율성 및 편의성 증진을 위한 '키오스크' 활용 무인 접수 확대

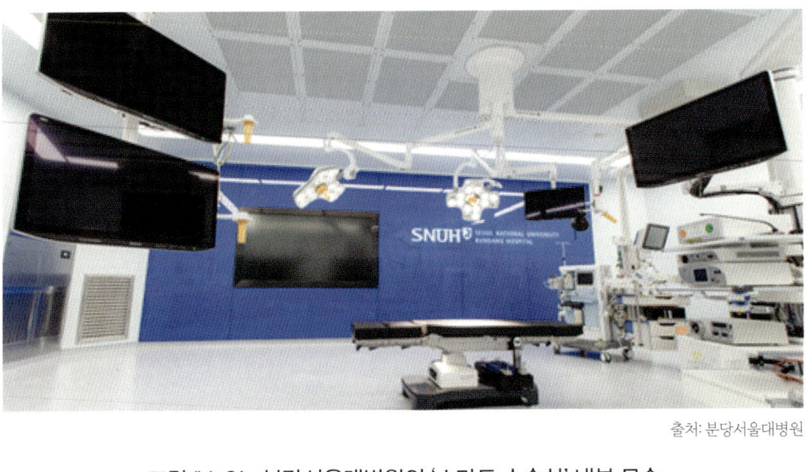

출처: 분당서울대병원

그림 Ⅳ-21 분당서울대병원의 '스마트 수술실' 내부 모습

(삼성서울병원). 그중 빅데이터를 이용한 개인 맞춤 치료, 모바일 헬스케어, 오픈 카드 서비스, 실내 내비게이션 등은 스마트 병원으로의 변화를 보여 주는 서비스이다.

빅데이터를 이용한 개인 맞춤 치료 환자의 일상 데이터(심전도, 식사, 운동, 수면, 체중 등 건강 관리를 목적으로 일상생활에서 필요로 하는 정보), 의학적 데이터(병원에서 환자 치료를 통해 발생하는 환자 개인의 의료 정보), 유전적 데이터(환자 가족력에서 발생할 수 있는 유전적 질병에 대한 정보)를 수집하여 진단 및 치료를 진행한다. 또한, 모바일· 웨어러블 기기를 사용하여 환자의 건강 상태를 체크하고 진료 상담을 한다. 이후 빅데이터 분석을 통하여 최적화된 치료를 제공한다. 이처럼 빅데이터를 이용한 치료 시스템은 환자의 데이터를 통해 더 정확한 진단을 할 수 있을 뿐만 아니라, 원인에 따른 질병 발생 정도를 예측할 수 있어 의료업계에서는 빅데이터 분석을 적극적으로 시행하고 있다(삼성서울병원).

모바일 헬스케어 모바일을 이용하면 언제 어디서든 쉽고 편리하게 실시간으로 건강 상태를 모니터링하고, 신체 상태를 분석하여 질환을 사전 예측하는 것이 가능하다. 이에 따라 모바일 헬스케어는 다양한 방면에서 활발히 이용되고 있다. 가정에서 환자들은 모바일을 사용해 건강 관리를 받을 수 있다. 환자는 스마트폰 애플리케이션 또는 웨어러블 기기를 활용하여 각 분야의 전문가들이 만들어 놓은 알고리즘에 따라 현재 건강 상태에 대해 병원 밖에서도 피드백을 받는다. 예를 들어 당뇨 수첩 스마트폰 애플리케이션은 환자들이 직접 혈당을 측정한 뒤 측정기를 스마트폰 후면의 NFC 칩에 갖다 대면, 측정된 데이터가 자동으로 스마트폰으로 넘어가 앱상에서 데이터를 관리할 수 있다(삼성서울병원).

그 외의 유사한 애플리케이션 및 기기로는 핏빗플렉스, 픽스, S 헬스 서비스, 2net, 트위피 등이 있는데, 이는 건강 보조 도구, 건강 정보 송신, 원격 진료 등의 기능을 한다(이승관, 2015). 환자가 병원에 방문했을 때에도 이러한 모바일을 이용한 서비스를 제공하고 있다. 예를 들어, 삼성서울병원에서는 자체 애플리케이션을 통해 환자들에게 내원객 편의 서비스를 지원해 주는데, 이는 외래 진료 예약 정보와 더불어 질환 정보, 의료진 소개, 주차장 위치 등 병원에 관련된 모든 정보를 포함한다(삼성서울병원). 스마트 병원에서는

출처: 삼성서울병원

그림 Ⅳ-22 디지털 병상 도우미 애플리케이션

출처: needpix

그림 Ⅳ-23 Dr. SMART 애플리케이션 예시

환자들이 입원 시에도 디지털 병상 도우미 애플리케이션을 이용하여 환자 맞춤 정보를 안내 받을 수 있다. 입원 중 치료 절차, 진료 · 검사 일정, 검사 · 수술 결과 안내, 그리고 의료진에게 문의하기 및 병원 식단 메뉴 확인 등이 가능하다(삼성서울병원). 또한, 의사들은 태블릿 PC에서 회진 전용 프로그램인 Dr. SMART를 통해 환자들의 치료 경과를 손쉽게 파악할 수 있다. 중요 이미지를 탭에 저장한 후, 회진 시 환자들에게 직접 설명을 하는 데 사용하며 환자의 생체 정보 그래프를 보여 주면서 호전 상태를 설명할 수도 있다. 이와 함께 스마트폰을 통해서도 환자의 전자 의무 기록을 확인할 수 있어 환자의 상태를 쉽게 파악하고, 치료 과정을 결정할 수 있다(조행래 외, 2011).

오픈 카드 서비스 이 서비스는 환자나 보호자가 신용카드를 미리 병원에 등록해 놓으면, 진료비 및 검사비를 원무 창구에서 수납하지 않아도 자동으로 결제가 가능한 시스템이다(삼성서울병원). 이는 수납 대기시간으로 인해 발생할 수 있는 번거로움을 방지 및 해소할 수 있을 뿐만 아니라, 행정 측면의 효율성 및 생산성 증진에도 도움을 주고 있다.

실내 내비게이션 복잡한 대형 병원의 경우 환자들이 병실이나 진료실을 찾아가는 것에 어려움을 겪을 수 있다. 이에 내원 환자를 돕고자 삼성병원에서는 실내 내비게이션 앱을 제공하고 있다. 스마트폰에서 실내 지도를 열고, 찾아가고자 하는 진료과를 누르면 목적지까지 안내해 준다. 실시간으로 반영되는 지도 이미지를 통해 사용자는 내비게이션을 따라 원하는 곳까지 쉽게 이동하는 편리함을 경험할 수 있다(삼성서울병원).

(3) 스마트 병원 구축에 따른 기대 효과

스마트 병원은 병원 운영의 비용 절감과 진료 서비스 품질 개선 효과를 비롯하여 환자의 편의성 제고, 질병 관리 효율성 향상과 의료 접근성 향상 등의 효과를 가져온다. 스마트 병원 구축으로 얻을 수 있는 기대 효과는 다음과 같다.

비용 절감 및 진료 서비스 품질 개선 효과 병원 이용 과정의 자동화, 모바

출처: 삼성서울병원

그림 Ⅳ-24 원하는 곳을 안내해 주는 스마트 병원 실내 내비게이션

일화를 통하여 접수, 정산, 길 안내 등 대면 서비스의 비대면화를 통해 업무 집중도 향상과 업무 처리 시간 단축, 업무 처리 비용 절감 등의 효과를 얻을 수 있다. 또한, 수기 입력으로 인한 정보의 오류 및 누락을 방지해 진료 서비스 품질을 향상시킬 수 있다(M-care).

환자의 편의성 제고 스마트 병원을 이용하는 환자의 경우, 미리 대기 시간을 파악할 수 있으므로 최소 대기시간으로 신속한 진료가 가능하다는 장점이 있다. 또한, 기다릴 필요 없이 모바일 결제가 가능하며, 자신의 진료, 정산 내역을 어디서나 자유롭게 열람할 수 있다(M-care).

질병 관리 효율성 향상 원격의료 서비스를 제공함으로써 다양한 질병의 치료 및 관리 측면에서 효율성을 높일 수 있다. 당뇨, 고혈압과 같은 만성 질환자, 거동이 불편한 고령자나 장애인, 퇴원 후 사후 관리가 필요한 환자와 의료 취약 지역 거주자들도 전보다 편리하게 의료 혜택을 받을 수 있다(박세환, 2018).

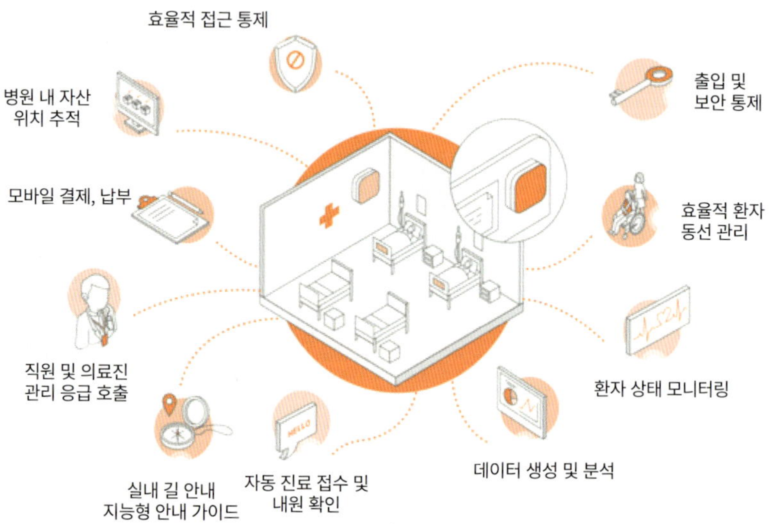

출처: People & Technology

그림 Ⅳ-25 IndoorPlus+IoT 기술을 통한 환자의 편의성 증대

원격진료 허용 의료 기관 및 대상 환자

원격진료 이용 가능 대상	의료 기관	초·재진 여부
고혈압·당뇨 등 만성질환자 및 정신질환자	동네 의원만 가능	재진
거동이 어려운 노인·장애인		초·재진
도서·벽지 주민		
가정 폭력·성폭력 피해자	특정 병의원	
수술·퇴원 후 관리 필요한 재택 환자	병의원 가능	재진
군·교도소 등 특수지 환자		초·재진

원격진료로 인한 국민 건강 향상 기대 효과

고혈압·당뇨 환자	거동이 어려운 노인·장애인·벽지 주민	수술·퇴원 후 재택 환자	군·교도소 등 특수지 환자
상시적인 혈압·혈당 정보 제공 및 담당 의사의 모니터링	보다 신속한 진료 가능	지속적인 욕창 관리, 가정 산소 치료기 모니터링 가능	보다 신속한 진료 및 주기적 모니터링 가능

출처: 대한민국 정책브리핑

그림 Ⅳ-26 원격 진료 대상 및 기대 효과

의료 접근성 향상 원격 의료 서비스는 의사와 환자 간의 원격의료 지원으로 의사와 환자 간의 장벽을 허물고, 의료 접근성을 높일 수 있다는 장점이 있다(박세환, 2018). 이를 통해 환자들은 물리적으로 병원을 방문하지 않고도 원하는 곳에서 편리하게 진료를 받을 수 있으며, 특히 거동이 불편한 환자의 경우 더 원활한 건강 관리를 받을 수 있다.

(4) 스마트 병원 구축 사례

삼성서울병원

삼성서울병원은 스마트 병원의 대표적 사례로 자체 병원 애플리케이션이 마련되어 의사와 소통하고 진료 과정을 파악할 수 있는 시스템을 구축하고 있다. 또한, 2007년부터 환자의 투약 사고를 예방할 수 있는 모바일 솔루션을 제공하기 시작하였으며, 2010년부터는 갤럽시탭용 회진 전용 프로그램을 통해 종이 차트가 아닌 태블릿 PC를 사용하여 환자를 진찰하고 있다(조행래, 2011).

분당 서울대병원

분당 서울대병원은 스마트 수술 시스템과 글로벌 수술 교육 플랫폼을 자체 구축하였다. 스마트 수술 시스템은 의료진별 수술 장비 설정이 가능한 프리셋 기능을 갖추고 있으며, 스마트 터치 패널을 통해 수술실의 전체 환경을 제어할 수 있다. 또한, 스마트 음성인식 시스템을 이용해 일부 기능은 말로 제어가 가능해 의료진이 환자와 수술 자체에 집중할 수 있도록 지원한다. 이와 더불어 원격 병리 진단 시스템을 도입하여 수술실과 병리 검사실 양쪽에 설치된 화상 연결 솔루션을 통해 실시간 협진을 지원한다(분당 서울대병원). 한편, 분당 서울대병원은 글로벌 수술 교육 플랫폼을 구축하여 운영하고 있으며, 일부 환자의 동의를 받아 수술 과정을 4K나 3D 영상 또는 360도 카메라를 이용한 8K VR 영상 등으로 제작해 병원의 수술 교육용 유튜브 채널에 교육 콘텐츠로 등록하고 있다. 이를 통해 첨단 의학 교육에 관심 있는 국내외

출처: 분당서울대병원

그림 Ⅳ-27 분당서울대병원 스마트 수술실에 배치된 8K VR 카메라

의학자들의 역량 향상을 도모한다(분당 서울대병원). 이와 더불어 수술실에서 자체적으로 글로벌 커뮤니케이션이 가능한 수술 생중계 기능도 갖추고 있다.

자체 화상 연결 솔루션을 이용해 인터넷이 연결된 곳이라면 세계 어디든 실시간 송출이 가능하고, 의견을 주고받을 수 있다(분당 서울내병원). 또한, 네이버 AI 플랫폼인 '클로바'를 통해 가정에서도 복약 및 식단 관리가 가능하도록 안내하는 서비스를 제공할 방침이다(데일리메디, 2019).

연세대학교 세브란스 병원

연세대학교 세브란스 병원에서는 AI 의료 녹취 솔루션을 통해 영상 데이터 판독 소견 음성을 실시간으로 문서화해 저장한 후, 시스템에 등록하는 작업을 자동화했다(데일리메디, 2019). 이를 통해 의료진들의 의료 문서 작성에 대한 부담감을 줄이고, 환자에게 신속한 판독 소견을 전달하여 진료 대기시간을 단축하는 방식으로 의료 서비스의 질을 높이고 있다.

한림대 동탄 성심병원

한림대 동탄 성심병원은 AI 의료 녹취 솔루션을 수술실에 적용하여 의무 기록을 실시간으로 작성할 수 있게 하였다(데일리메디, 2019). AI 의료 녹취 솔루션은 애플리케이션에 연결된 블루투스 이어폰으로 말하면 음성을 텍스트로 자동 변환하고, 수술이나 회진 후에 작성하는 수술 기록지, 경과 기록지를 음성언어로 작성한다. 한국어와 영어를 혼용하는 진료 환경 특성을 고려하여 두 가지 언어를 함께 지원하기 때문에 상황에 맞는 문서화 작업이 가능하며, 의료계에서 사용하는 약어 및 의학 전문 용어도 인식한다. 회진 경과 기록지 작성 시에도 환자와 면담 과정을 기록하거나 면담 후에 음성으로 작성 가능하며, 저장된 문서는 전자 의무 기록(EMR)으로 전송해 환자 정보로 축적된다(한림대 동탄 성심병원).

고대 안암병원

고대 안암병원은 만성질환자의 질병 근황 파악을 위해 본 치료 전에 환자를 문진하는 '문진 챗봇'을 도입했다. 고혈압, 당뇨 등을 앓고 있는 만성질환자는 일정 기간을 두고 내원하기 때문에 질병 근황을 파악하기 쉽지 않다. 이러한 점에 착안하여 챗봇은 병원 밖 일상에서 환자에게 어떤 운동을 했는지, 무얼 먹었는지 등에 대해 질문하고, 이에 대한 답변 데이터를 의사에게 전달하여 정확한 처방을 돕는다. 이는 문진표 작성에 대한 환자의 거부감과 원내 업무 부담을 줄이는 효과가 있다(데일리메디, 2019).

서울성모병원

서울성모병원은 환자용 모바일 앱과 EMR(모바일 전자 의무 기록), ENR(모바일 전자 간호 기록) 등을 개발하여 시범 운영과 테스트 과정을 거쳐 본격적으로 가동한다. 의료진은 EMR로 환자 리스트, 검사 결과, 임상 관찰 기록 등을 스마트폰에서 확인할 수 있으며, 모바일 ENR로 환자의 간호 기록을 실시간 입력하거나 공유하는 것도 가능하다. 빅데이터 센터에서는 병원 의료 정보를 활용하여 환자 질환 예측 프로그램을 구축할 예정이며, 여러 의료 관련 서비스를 스마트폰으로 해결할 수 있도록 차후 여러 콘텐츠를 개발할 계획이다(권지민, 2019).

3) 스마트 학교

스마트 학교란 1. 스마트 교실이 존재하며, 2. 스마트카드를 사용하고, 3. 스마트 정보가 유통되고, 스마트 관리가 이루어지는 곳이다. 스마트 학교는 단순히 공간만을 의미하는 것이 아니라 수업을 제공하고, 받는 사람들이 더 적극적으로 교육에 참여할 수 있는 효율적 환경이 조성된 곳을 의미한다(김기섭, 2014). 스마트 학교에서는 스마트 TV의 무선 화면 공유 기능을 이용하여 교사와 학생 간 쌍방향 수업을 구현하거나, 학생들이 태블릿 PC와 같은 여러 스마트 기기를 활용하여 발표하고 첨삭 지도를 받는 등 소통을 강화한 열린 수업 환경을 조성한다(남혜현, 2012).

(1) 스마트 학교의 공간 구성 요소

스마트 학교는 융통성과 적용성을 고려한 교실의 형태와 바닥과 벽면을 활용 가능한 스마트 월 등이 주요 공간 구성 요소로 고려된다.

융통성과 적응성을 고려한 교실 형태 스마트 학교는 기존의 획일적인 직사각 형태의 교실에서 벗어나 창의적인 공간, 기능적 공간, 융통성이 있는 공간, 소통 공간으로서의 학습 환경을 갖춘 곳으로, 기존 학교와는 다르게 재정의될 필요가 있다. 이러한 스마트 학교는 학교 또는 교실의 위치나 유형의 다양성에 맞출 수 있도록 적응성 있게 설계되어야 한다(계보경 외 7, 2011). 이와 관련하여 한국교육학술정보원과 June Architects에서는 미래의 창의적인 교육과 IT 기술을 결합한 교실 환경을 만들기 위해 선별된 학교를 대상으로 스마트 교실 환경 구축 가이드라인을 개발했다. 이들은 기존의 네모난 형태의 교실이 아닌, 정육면체 형태의 교실 공간을 디자인하여 교실의 활용도를 높였다(June Architects).

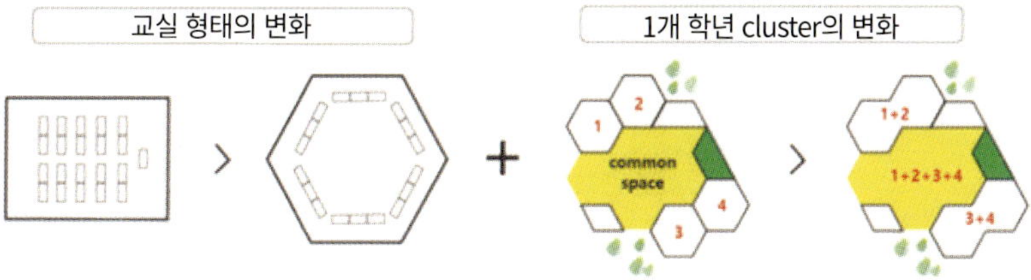

출처: June Architects

그림 Ⅳ-28 교실 형태의 변화

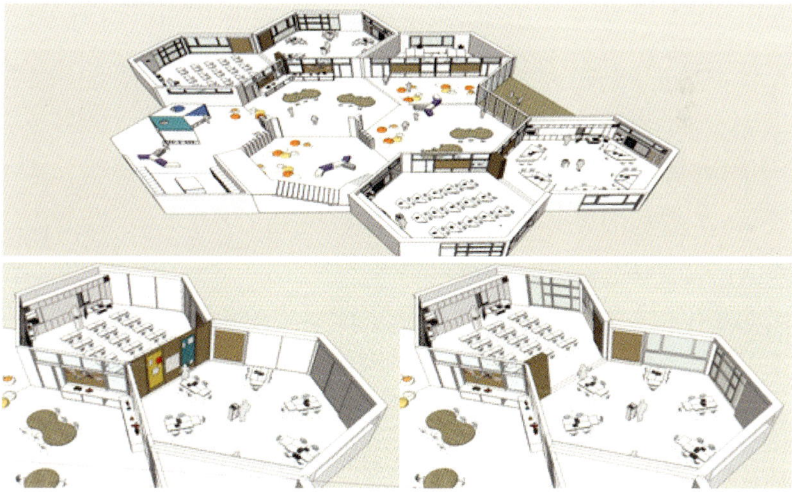

출처: June Architects

그림 Ⅳ-29 다양한 수업 형태를 지원할 수 있는 공간의 변화

강의, 협업, 토의, 발표 등 다양한 수업 형태를 지원하는 융통성 있는 교실과 학교 공간으로 교실의 각 그룹은 정육면체 교실의 한 벽면씩 사용하여 아이디어 칠판, 영상 스크린으로 활용할 수 있다(June Architects). 교실과 교실 간의 벽을 열면 두 개로 분리되었던 공간이 하나의 교실로 변화하며, 학생들

출처: 대교 CNS

그림 Ⅳ-30 스마트 교실에서의 '멀티미디어'

은 더 넓은 공간을 활용하여 더욱 창의적이고, 흥미로운 수업을 받을 수 있다(June Architects).

바닥과 벽면을 활용 가능한 스마트 월 스마트 월은 교실의 앞뒤가 구분되지 않도록 하며, 학생들의 자유로운 사고와 활동을 기록하고 공유할 수 있도록 돕는다. 교실의 바닥과 벽에 스마트 월의 기능이 내장되어 있어 학습 집단의 성격과 규모에 따라 다용도로 활용할 수 있다. 예를 들면, 다양한 미디어를 제작할 수 있는 미디어 제작실, 가상 체험실, 창작 아트실, 실습실, 원격 학습실 등으로 사용할 수 있다(계보경 외 7, 2011).

(2) 스마트 학교에 적용되는 서비스와 기술

멀티미디어 스마트 학교에는 멀티미디어 환경이 조성되고 있다. 교사와 학생들은 전자펜을 이용해 e-Board에 판서하고, e-Board를 통해 디지털 교과서를 함께 볼 수도 있다. 학생들은 태블릿 PC를 이용하여 개개인에게 맞는 수업 자료로 공부하고, 교사들은 이러한 멀티미디어를 이용하여 수업의 효율을 높일 수 있다. 이처럼 스마트 교실에서 이루어지는 e-learning은 다양한 첨단 기술을 사용하여 학생들 개개인의 흥미와 학습 수준에 적합한 교육을 제공할 수 있다(김기섭, 2014).

이와 더불어 증강현실과 가상현실의 도입으로 학생들은 간접경험을 통하여 다양한 환경과 작품을 경험할 수 있다. 예를 들어, 학생이 책에서 지도가 그려진 페이지를 펴고, 특수 고글을 착용하면 해당 지역의 모습이 3차원으로 나타난다. 또, 미술 작품이 그려진 페이지에서 학생의 스마트폰을 터치하면 작가가 나타나 작품을 설명해 주는 애플리케이션을 이용할 수도 있다. 이러한 스마트 학교의 멀티미디어 환경을 활용하면 지역에 상관없이 모든 학생이 가상현실을 활용하여 다양한 체험을 할 수 있을 것으로 전망된다(삼성뉴스룸, 2016).

스마트카드 스마트카드는 일종의 학생증 개념으로 볼 수 있으며, 도서 대여 카드나 교내 매점의 결제 수단 혹은 교내 편의 시설 출입을 위한 카드키

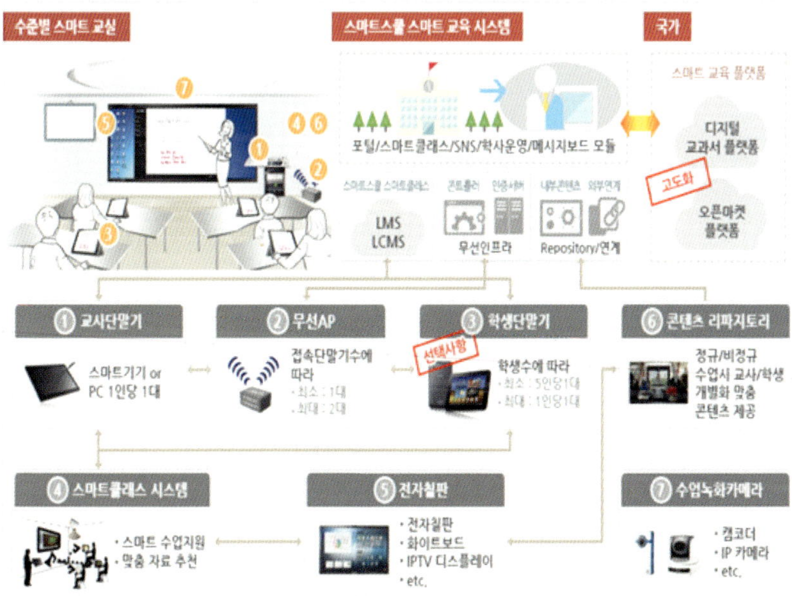

출처: 대교 CNS

그림 IV-31 스마트 스쿨의 관리 시스템

로 사용할 수 있다. 이처럼 스마트카드는 하나의 카드로 학교 내 다양한 편의 기능을 지원하기 때문에 교실과 학교에서의 생활이 더욱 편리해지게 된다. 또한, 전자 출결 관리와 출입 시스템 관리를 통하여 학생들의 생활을 실시간으로 모니터링할 수 있으므로 효율적인 학생 관리와 시설 관리도 가능하다(김기섭, 2014).

스마트 관리 학교 시설을 원격으로 모니터링하고 장비를 제어하는 스마트 관리는 학교에서 발생할 수 있는 위험 상황을 관리한다는 측면에서 매우 중요한 기술 중 하나이다. 이는 교육 환경을 관리할 뿐 아니라 학생들을 위한 안전한 공간을 만드는 핵심 기능이다(김기섭, 2014).

(3) 스마트 학교 구축에 따른 기대 효과

스마트 학교는 교육 격차 해소를 비롯하여 장애 학습자의 학습 효과를 향상시키고 전반적으로 교육의 질이 향상되는 효과를 가져다 줄 것으로 기대되고 있다.

교육 격차 해소 효과 스마트 기기를 사용하여 학생 개인의 능력과 적성에 맞는 맞춤형 자기 주도적 학습과 창의 인성 교육을 지원할 수 있다. 실제로 삼성에서 지원하는 '디지털 클래스룸' 프로젝트 성과를 분석한 결과, 디지털 기기 활용 학습이 학습 의욕 고취, 집중도 향상, 기억력 신장 등의 부문에서 탁월한 효과를 냈다고 보고한 바 있다(삼성 뉴스룸, 2016). 또한, 스마트 학교는 디지털 연결성을 기반으로 학생들에게 다양한 콘텐츠를 제공하고, 학습 목표에 쉽게 다가갈 수 있도록 돕기 때문에 교육 사각지대에 놓인 학생들의 교육 격차를 해소해 줄 수 있다. 이뿐만 아니라, 수업에서 생동감 있는 시청각 자료 등을 활용함으로써 학생들의 흥미를 유도하여 자발적으로 학습에 참여할 수 있도록 한다.

장애 학습자의 학습 효과 향상 일반적으로 장애 학습자는 주의 집중 시간이 짧고 흥미를 느끼지 못하나, '디지털 기반'의 스마트 학교를 통해서는 애니메이션이나 게임과 같은 방법을 통하여 학습자의 흥미를 지속하며 수업을 반복할 수 있다는 장점이 있다.

교육의 질 향상 교사는 스마트 학교에서 학생들과 양방향 학습법을 통하여 피드백을 자주 주고받을 수 있다. 따라서 교사는 수업 과정에서 발생하는 학습 데이터를 기반으로 학생들의 이해도와 개인별 수준을 파악하고, 학생들이 충분히 내용을 이해할 수 있도록 알맞은 난이도와 교수 방법을 선택할 수 있다. 또한, 스마트 학교는 멀티미디어 환경과 스마트 기기 등을 갖추어 원격 실험, 가상 실험 등이 가능하므로, 학생들에게 더욱 다양하고 질 높은 학습 경험을 제공해 줄 수 있다.

(4) 스마트 학교 구축 사례

삼성 스마트 스쿨

삼성 스마트 스쿨은 정보 접근성이 낮고 디지털 교육 환경이 어려운 학생들에게 스마트 스쿨 기기 및 솔루션을 제공하여 미래 교육을 지원하고 교육 격차를 해소하는 사회 공헌 사업이다. 전국 농어촌 초·중학교를 대상으로 80여 개 기관, 160개 학급을 지원하였으며, 2016년부터는 지원 대상을 확대해 특수 교육 시설까지 지원하고 있다. 선정된 학교와 기관에는 갤럭시탭, 전자

그림 Ⅳ-32 스마트 스쿨 예시

칠판, 스마트 스쿨 솔루션, 무선 네트워크 등을 연계한 첨단 교실 환경을 제공한다. 스마트 스쿨은 IT 기기 외에도 교사 연수, 수업에 필요한 교육용 앱을 개발하여 지원한다. 삼성 스마트 스쿨은 폐교 위기 학교의 학생 수 증가나 학업 성취도 향상 등 여러 성과를 거두었고, 스마트 스쿨로 지정된 학교들은 지역 내 교육 문화의 중심으로 성장하고 있다(삼성 스마트 스쿨).

세종시, 참샘초등학교

참샘초등학교 교무실에는 학교 곳곳을 볼 수 있는 CCTV 관제 센터가 있고, 교실에는 전자 칠판, 전자 교탁, 1인 1 스마트 패드, 메시지 보드 등 다양한 유비쿼터스 환경이 구축되어 있다. 해당 학교의 대표적인 스마트 시스템은 다음과 같이 운영된다(The Science Times, 2012).

a) 메시지 보드는 그날의 일정과 행사를 안내해 주며, 스마트 보드에 학생증을 대면 출결 관리와 시간표, 상·벌점, 식단 등을 확인할 수 있다.

b) 스모그 글라스는 6학년 교실 창문에 설치되어 있으며, 평소에는 투명하나 리모컨으로 작동 시 프로젝터 스크린이 되는 신소재이다. 프로젝트 학습을 사용할 때 자료를 띄우는 용도로 사용된다.

c) 전자 칠판에 판서하면, 판서 내용이 학생들의 스마트 패드에 전송되고, 학생들이 작성한 내용 또한 전자 칠판으로 전송되어 교사와 학생 간의 소통형 수업이 가능하다.

d) 2층 복도의 놀이마당에서는 동작 인식 센서를 장착하여 스포츠 게임을 할 수 있고, 천장에 설치된 센서가 움직임을 감지하여 바닥에 영상을 띄워 준다.

e) 가상 체험실은 영어 교과 교실에 설치되어 있으며, 3D 가상 체험을 통해 해외 여러 공간을 체험하면서 영어 학습을 하도록 도와준다.

f) 화상 학습실에서는 진로 전문가와 화상 수업을 진행하고, 국제 교실 활동 교류 프로그램을 시행한다.

g) 4학년부터 학생 전원에게 스마트 단말기를 제공하여 단말기를 통해 스마트 교육을 받을 수 있도록 하고 있다.

4) 스마트 공공 기관

공공 기관이란 국가 또는 지방자치단체의 공무를 수행하는 곳으로, 관공서는 물론 공기업·준정부 기관까지 포함하는 개념이다(하동석, 2010). 정부는 혁신 도시 및 스마트 시티 구축을 위해 주민센터, 도서관, 우체국, 경찰서, 공항과 같은 대표적인 공공 기관을 대상으로 기관별 특성을 고려한 스마트 기술을 도입하고 있다. 시민 생활의 필수적인 기관들이 스마트한 공간으로 변화하면서 시민들의 편익과 삶의 질이 향상될 수 있을 것으로 기대되고 있다.

(1) 스마트 공공 기관의 공간 구성 요소

스마트 공공 기관은 ① 주민센터, 도서관처럼 시민들이 직접 공간을 이용하는 형태와 ② 직접 공간을 이용하지는 않지만, 경찰서나 소방서처럼 특정 상황에 시민의 요청으로 기동하는 형태로 분류해 볼 수 있다. 이중 두 번째에 해당하는 공공 기관의 경우에는 공공 안전 강화를 위한 정보시스템이 중요하다. 그러나 시민들이 직접 방문하여 이용하는 형태의 공공 기관을 구축할 때에는 모든 사용자가 편리하게 이용할 수 있도록 쾌적성, 편리성, 효율성 등의 공간 구성 요소를 고려하여 UX 디자인 관점에서 접근할 필요가 있다.

(2) 스마트 공공 기관 구축의 기대 효과

스마트 공공 기관 구축은 시민 공동체의 가치 향상을 가져다 줄 뿐 아니라, 정보 통신 기술의 혜택에서 소외되는 사회적 약자와 시민의 삶의 질을 향상 시킬 수 있다. 그뿐만 아니라 공공장소의 스마트화는 국가 경쟁력 향상이라는 기대 효과를 갖는다.

공동체 가치 향상 직접 방문하여 공간을 이용하는 형태의 공공 기관에 스마트 기술을 도입할 경우, 사용자들은 해당 공간에서 다양한 기술 기반 서비스를 경험할 수 있게 된다. 이를 통해 사용자의 경험을 확장하는 것은 물론, 시민 참여를 유도하여 시민 주도의 캠페인 진행과 시민 의식 개선, 정책 참여 등의 시민 활동을 지원할 수 있다. 이는 곧 공공 기관 사용자들의 지역사회와 공동체 가치에 대한 이해를 증대시켜 공동체 전반의 협력 역량을 높일 수 있다.

소외된 시민의 삶의 질 향상 스마트 공공 기관이 구축되면 정보 통신 기술 환경에서 소외될 수 있는 사회적 약자와 IT 관련 기술에 접근이 어려웠던 시민들도 공공 기관을 통해 가까운 곳에서 쉽게 스마트 환경을 체험할 수 있다. 이를 통해 기술 환경으로부터 소외된 시민과 일반 시민 사이의 정보 격차를 해소하고, 더 나아가 도시 구성원 모두의 삶의 질을 향상시킬 수 있다.

국가 경쟁력 향상 최근 공항에 ICT 기반 기술과 AI 등 신기술이 도입되면서 실시간으로 공항 정보를 확인하거나 로봇에게 길 안내를 받는 등 공항에서 제공하는 서비스 경험이 크게 향상되고 있다. 또, 빅데이터 기반 개인 맞춤형 관광 정보 제공과 같이 관광 분야에서도 사용자를 위한 다양한 서비스가 개발되고 있다. 이처럼 기술 기반 서비스를 제공하는 스마트 공항 및 스마트 관광은 사용자들의 만족도를 높이고, 궁극적으로는 국가 경쟁력을 강화하는 중요 요소로 작용하게 될 것이다.

(3) 스마트 공공 기관에 적용되는 서비스와 기술

사용자가 직접 공간을 이용하는 공공 기관에서는 사용자의 편의를 위해 얼굴 인식, 음성인식, 인공지능(AI) 기반 안내 시스템 등 다양한 기술이 적용되고 있다. 주민 편익을 위해 주민센터나 도서관 등의 공공 기관에서는 AI 로봇이나 키오스크 등을 설치하여 방문자들에게 길을 안내해 주거나 민원 처리를 돕는 서비스를 확대하고 있다. 특히 공항처럼 여러 국가의 사용자가 모이는 공간에서는 이미 로봇과 디지털 사이니지를 도입하여 다국어 통역, 자동 출입국 심사, 공항 이용 가이드 안내 등의 서비스를 제공하고 있다. 또한, 사용자가 공공 기관 내에서 다양한 활동을 한다는 점에 주목하여, 공간의 쾌적함을 위해 미세먼지와 공기 질 등, 실내 환경을 측정하고 오염 물질을 자동으로 제거해 주는 기술도 개발되고 있다. 스마트 시티는 공공 기관에 이러한 기술 및 서비스를 적용함으로써 공공 기관을 이용하는 사용자들의 생활환경을 개선하고, 삶의 질을 높이는 것을 목표로 한다.

(4) 스마트 공공 기관 구축 사례

연세대학교 학술정보원

연세대학교 학술정보원은 사용자들의 창의적·혁신적 활동을 지원하는 공간을 마련하고자 관련 산업 분야와 협력하여 스마트 공간 조성을 추진하고 있다. 스마트 공간에는 5G 기반 Smart 협업 환경이 조성되고, 스마트 CCTV가 설치될 예정이다. 스마트 CCTV는 공간 모니터링 및 관리를 위한 것으로, CCTV를 통해 수집되는 사용자의 동선과 공간 활용 빈도 등의 데이터를 분석하여 효율적으로 공간을 운영할 계획이다.

스마트 협업 공간에는 전자 칠판, 모바일 빔프로젝터와 디스플레이가 장착된 테이블을 설치하여 사용자들이 쉽게 협업할 수 있도록 한다. 특히 투명했던 벽 유리가 불투명 유리로 전환되는 '스마트 글라스'를 적용하여 사용자가 유동적으로 활용할 수 있는 환경을 조성할 계획이다. 공간 디자인 관점에서 바라보았을 때 가장 큰 특징은 계단식 공간 구성이다. 계단식 공간 구성은 위층과의 동선을 고려하여 마련된 것으로, 사용자들의 협업을 지원하는 또 하나의 장치다.

그 외 창의적 활동을 위한 공간에서는 사용자들의 건강을 고려하여 각자의 신체적 특성에 맞도록 높이 조절이 가능한 가구를 제공한다. 특히 공간 내에서의 쾌적함을 위해 미세먼지 등의 오염 물질을 측정하고 정화하는 기술을 적용할 계획이며, 소음을 고려하여 백색 소음기나 특정 공간 내에서만 소리를 들을 수 있도록 하는 장치 등, 최대한 사용자를 배려한 공간을 구축하고자 한다. 접근성이 좋은 공간에는 스탠딩 테이블을 활용하여 무선 충전 기능, 음료 온도 조절 기능, 스마트 기기 거치가 가능하도록 하고, 4차 산업혁명 관

출처: wikipmedia commons

그림 Ⅳ-33 회의 공간에 적용된 스마트 글라스

출처: 삼성전자

그림 Ⅳ-34 삼성 가로 및 세로 변형 디스플레이

출처: SSIdisplay

그림 Ⅳ-35 투명 디스플레이 월(Wall), SSIdisplay

출처: 삼성전자

그림 Ⅳ-36 삼성 전자 칠판 플립

련 경험을 제공하는 전시 공간에서는 투명 디스플레이 월(wall), 특정 공간에서만 들을 수 있는 스피커를 적용하는 방안을 고려하였다. 또, 좌석 예약이나 실내 환경 정보 확인 등의 편의 정보 확인이 쉽도록 사용자 관점을 고려하여 대형 디스플레이와 모바일 GUI(Graphical User Interface)를 디자인하였다.

스마트 공항

최근 항공 수요 급증으로 인해 세계 주요 공항들은 혼잡 문제에 직면하고 있다. 이를 해결하기 위해 공항 시설을 확장하고 있으나, 시설 확충만으로는 급증하는 수요에 적절하게 대응하기 어려운 상황이다. 이에 세계 각국에서는 공항에 스마트 서비스를 도입한 스마트 공항이 구축되고 있다(국토교통부, 2017). 스마트 공항(Smart Airport)이란, 사물인터넷(IoT) 기술에 기반해 승객 처리 과정 개선 및 새로운 기능 제공을 위해 내부 자산과 연결된 ICT 환경을 구축하고 이를 최적화하여 자동화된 프로세스를 활용하는 공항을 말한다(ENISA, 2016).

네덜란드의 '스키폴 공항(Schipol Airport)', 싱가포르의 '창이 공항(Changi Airport)' 등 세계 주요 공항 역시 ICT, AI, IoT 등 첨단 기술을 접목하여 셀프 체크인, 셀프 백드롭, 보안 검색 생체 인식, 자율 주행 셔틀 공항 프로세스 효율화 중심의 스마트 서비스를 도입하여 스마트 공항으로서 발돋움하고 있다(국토교통부, 2017).

싱가포르의 '창이 공항'과 인도의 '켐페고우다 공항'은 얼굴 인식 시스템을 활용하여 탑승 수속 과정을 자동화시키고 있으며, '두바이 공항' 또한 '스마트 터널(Smart Tunnel)'을 구축하여 홍채 및 얼굴 인식 기술을 적용했다. 영국의 '히드로 공항'은 자율 주행 셔틀 운행과 자택과 공항 간 수화물 배송을 시행하고 있고, 'KLM 왕립 네덜란드 항공(KLM Royal Dutch Airlines)'에서는 '케어-E(Care-E)로봇'을 통해 승객들의 짐을 싣고, 센서를 이용해 터미널을 찾을 수 있도록 안내하는 서비스를 제공하고 있다.

국내에서는 김포공항이 지문과 손바닥 정맥을 사용하는 생체 인식 신원

출처: Dubai Airoarto

그림 Ⅳ-37 두바이 공항의 스마트 터미널

출처: 인천국제공항공사

그림 Ⅳ-38 인천공항에 도입된 LG CNS의 로봇 '오롯'

출처: 국토교통부, 2017

그림 Ⅳ-39 김포공항 카쉐어링 존

확인 서비스를 통해 수속 절차의 편리성을 높이고 있다. 인천국제공항에서는 LG CNS의 로봇 '오롯(Orott)'을 도입해 안내 로봇, 경비 로봇, 청소 로봇 등 여러 로봇과 연동시켜 통합된 운영 및 관리 솔루션을 제공하고 있으며, 가상현실(VR), 증강현실(AR) 등을 도입하여 공항에서 다양한 콘텐츠를 체험할 수도 있다. 김포, 김해, 제주공항 또한 VR 체험 존 구축과 더불어 VR 환경에서 상품을 체험한 후 모바일로 결제하는 '스마트 면세점'을 도입할 예정이다(국토교통부, 2017).

앞서 살펴본 바와 같이, 스마트 공항은 사용자가 항공 과정을 쉽고 편하게 이용할 수 있도록 집에서 공항으로 출발할 때부터 목적지에 도착할 때까지 전체 과정에서 서비스를 지원한다. 예를 들어, 집에서는 웹과 모바일을 통해 셀프 체크인을 하거나 공항버스 좌석을 예약할 수 있고, 공항에서는 주차 예약 시스템을 통해 주차 공간을 예약할 수 있다. 또한, 수화물 배송 서비스를 통해 도착한 공항에서 호텔까지 수화물을 택배로 받아 볼 수도 있다. 스마트 공항은 이러한 서비스를 제공함으로써 탑승 수속 시간 단축 등의 여객 편의를 도모하고, 주차장 혼잡과 같은 항공 수요 급증으로 발생하는 문제도 해결하고 있다.

두바이의 스마트 경찰서

두바이는 2030년까지 로봇 경찰 시스템을 도입한 스마트 경찰서를 실현할 계획이다. 실제 두바이는 2017년 로봇 경찰을 도입했으며, 로봇 경찰의 비율을 오는 2030년까지 전체 경찰의 25%로 높이는 것을 목표로 하고 있다. 이들이 도입한 경찰 로봇은 스페인의 팔 로보틱스(PAL 로보틱스)가 개발한 로봇 '림(REEM)'이다. 림은 무게 220파운드, 키는 167cm이며, 하얀색 몸체를 가졌고, 가슴 부분에 통합 태블릿을 탑재하고 있다. 시민들은 림을 통해 범죄를 신고하거나 서류를 제출하고, 교통 위반 벌금도 낼 수 있다. 림은 바퀴가 달려 있어 이동도 가능하며, 거리를 순찰할 수도 있다. 림은 아직 기초적인 기능만 수행할 수 있는 수준이지만, 추후 추격과 체포도 가능한 로봇 경찰을 개발할 예정이며, 음성 명령 인식도 가능하도록 인공지능 개발 기업과 협력하고 있다.

두바이의 경찰 스마트 서비스 부서 총책임자는 인터뷰를 통해 2030년까지 인력이 필요 없는 최초의 '스마트 경찰서'를 구성할 것이라고 밝히기도 했으며, 이를 위해 실제 경찰 관이 없는 스마트 경찰서도 확대해 나가고 있다. 이들은 앞으로 경찰서를 찾은 사람들이 전시를 보거나 게임을 하면서 기다리기도 하고, 온라인을 통해 모든 민원을 처리할 수 있도록 할 예정이다. 또한, 언제 어디에서나 화면 속 경찰과 대화하면서 벌금을 내거나, 분실신고를 하는 등, 60여 가지 서비스를 이용할 수 있게 할 전망이다.

나주시 스마트 공공 기관

나주시에서는 빛가람 주민센터, 건강증진센터, 시립도서관, 빛가람 우체국, 빛가람 파출소 등, 공공시설에 스마트 도시 기술을 활성화하였다. 나주시는 현재 빛가람동 주민센터에 미세먼지 측정 장비를 설치하여 운영 중이며, 주민센터 사용자들에게 대기오염 정보 등을 실시간으로 제공하고 있다. 또한, 스마트 안심 귀가 서비스 사업을 추진하고 있으며, 나주시 안심 귀가 내비게이션 개발을 통해 위치 기반 안전 귀가 경로 정보를 제공하는 것을 계획한 바 있다.

충청남도 복지형 스마트 도시(주민건강관리센터)

충청남도는 고령화 시대에 맞춰 디지털 약자를 위한 복지형 스마트 시티

출처: 마포구청

그림 Ⅳ-40 안내 서비스 로봇 마중이

를 추진하고 있다. 충청남도는 문화 및 복지 분야에서 고령화 시대 디지털 약자를 지원하기 위한 '스마트 버틀러(Smart Butler: 스마트 집사)'를 도입하고, 읍 소재지와 같은 지역 중심지에 스마트 건강관리센터를 갖춘 스마트 건강 단지를 조성할 예정이다. 여기에 누구나 쉽게 건강 관리를 받을 수 있는 스마트 건강관리센터와 문화, 복지, 체육 시설 등 생활형 사회간접자본 시설을 복합화해 원스톱으로 지원하는 시스템을 마련할 예정이다.

마포중앙도서관 안내 서비스 로봇 '마중이'

서울 마포중앙도서관에는 안내 서비스를 제공하는 로봇 '마중이'가 있다. 마포중앙도서관이 '퓨처 로봇'과 손잡고 제작한 마중이는 도서관 입구에 있어 도서관 내 정보 및 길 안내를 친절하게 도와준다. 지정 공간 내 자율 주행이 가능하며 머신러닝 기능이 있다.

출처: 서초구청

그림 IV-41 인공지능 로봇과 함께하는 뇌 건강 증진 게임

서울 서초구 '서초 스마트 시니어 IT 체험 존'

서울 서초구에서는 정보 통신 기술 환경에 어르신들이 소외되지 않도록 인공지능 로봇, 가상현실(VR) 등 체험 프로그램을 운영하고 있다. 반포1동 주민센터는 서초 IT 교육센터 내에 로봇 체험 존, VR 존, 1인 미디어 존으로 구성된 '스마트 시니어 IT 체험 존'을 만들었다. 로봇 체험 존에서는 치매 예방 프로그램이 탑재된 AI 로봇과 함께 게임을 통한 인지 훈련을 받을 수 있고, 로봇을 따라 노래를 흥얼거리고 춤을 추며 운동도 할 수 있다. VR 존에서는 가상현실 컨트롤러 장비 사용법을 듣고 이를 이용해 쥐라기 공원, 해저 탐방, 롤러코스터 등의 가상 체험을 해 볼 수 있다. 노인을 4차 산업혁명 시대 IT 소외 계층이 아닌 동반자로 바라보고, 시니어들이 활기찬 인생 2막을 즐길 수 있도록 다양한 프로그램을 운영 중이다.

5) 스마트 도로 및 교통

현재 전 세계 스마트 시티 관련 프로젝트 중 가장 높은 비율을 차지하는 것은 스마트 교통 프로젝트로 볼 수 있다. 이는 교통 상황 모니터링 체계, 첨단 주차 시스템, 공유 자동차와 자전거, 첨단 대중교통 시스템 등의 미래 교통 시스템으로 구성되어 있다. 이러한 스마트 시티 미래 교통 체계의 핵심은 모빌리티 향상, 교통안전 문제 해결, 교통 정체 및 주차 문제 완화 등이다(윤태관, 2018). 교통에 있어 필요한 모든 시설물과 사물에 부착된 센서들에서 수집된 빅데이터 정보를 분석하여 사물의 상태 인식 정보 및 환경 정보까지 제공해 준다면 도시 효율은 최적화될 것이다(강연수, 2017).

최근에는 자율 주행 자동차, 공유 자동차 등 교통 패러다임의 변화를 반영하여 도로 위 보행자, 자동차 운전자, 대중교통 이용자 등 다양한 사용자의 관점에서 도로 시설 및 교통 시스템의 개발 방안들이 마련되고 있으며, 이는 향후 미래 교통을 위해 필수적이다.

(1) 스마트 도로 및 교통의 공간 구성 요소

다양한 교통수단에 따라, 교통 시스템을 이용하는 사용자에 따라, 스마트 교통의 공간 구성 요소가 달라질 수 있겠으나 기본적으로는 스마트 교통을 구축하는 데 있어 교통 접근성과 이동성, 안전성, 편의성, 신속성, 쾌적성 등을 고려해야 한다는 점은 다르지 않다. 스마트 교통의 공간은 이와 같은 기본 구성 요소들을 만족하게 하는 방향으로 조성되어야 한다.

기본 구성 요소 외에도 선행 연구에서는 스마트 시티 교통 특성으로 네트워크, 사용자 중심의 교통, 시스템 간 연계 및 통합 3가지를 제시한 바 있다. 이러한 특성들은 미래 교통 환경에서 공유형 교통 시스템, 맞춤형 최적 교통 서비스 등의 제공을 가능하게 하므로, 스마트 시티 교통 공간 구축 시 중요한 요소로 고려할 필요가 있다(강연수, 2017).

(2) 스마트 도로 및 교통 체계 구축의 기대 효과

자율 주행 자동차를 통한 안정성 확보 및 에너지 절감 교통사고 대부분은 전방 주의 의무 태만, 졸음운전, 안전거리 미확보, 보복 운전 등의 운전자 부주의로 인해 발생한다. 다시 말해, 음주, 졸음 또는 화남, 조급함 등 운전자의 신체적·정신적 상태가 주행에 많은 영향을 미치게 된다. 반면, 자율 주행 자동차는 운전자의 개입 없이 스스로 주변 환경을 인식하고, 상황을 판단해 제어하면서 목적지까지 주행하는 자동차로서, 인공지능 시스템이 장착되어 있어 교통법규를 지키고, 감정적 동요 없이 주행에만 집중할 수 있다(삼성뉴스룸, 2017). 이로 인해 운전자의 상태와는 상관없이 안전한 주행이 가능하며, 운전자 부주의로 인한 사고 발생을 줄일 수 있을 것으로 기대된다.

자율 주행 자동차는 교통 효율 및 에너지 절감 측면에서도 효과가 있을 것으로 전망되고 있다. 실제로 교통 체증으로 인해 낭비되는 연료가 상당하다는 점을 고려하면, 자율 주행 자동차는 도로 인프라와 차량 간 통신을 통해 교통정보를 수신하여 주행할 수 있어 교통 효율성을 높이고, 에너지 낭비를 줄일 수 있을 것으로 보인다.

또한, 자율 주행 자동차는 운전할 수 없거나 교통 시스템을 쉽게 이용하기 어려운 고령자, 장애인 등 교통 약자들의 이동성을 높일 수 있으며, 택시나 대리운전 이용 시 발생할 수 있는 범죄로부터 탑승자를 보호할 수도 있다(안경환 외 3, 2013).

데이터 연계를 통한 편리성 극대화 스마트 시티는 도시 전반의 정보 통신 인프라와 다양한 ICT 기기 간 무선 네트워킹을 통해 데이터를 수집·전달·처리할 수 있다(최준영, 2014). 특히 스마트 시티의 교통 시스템은 교통과 밀접한 관련이 있는 건물과 구성원, 에너지 등 도시 구성 요소와 여기에서 발생하는 데이터를 연계하여 도시 전체를 스마트하게 변화시키고, 교통에 대한 근접성 및 연결성을 강화한다. 다시 말해, 스마트 시티의 사용자들은 실시간으로 주차 정보를 확인하거나, 보행자 감지 센서를 탑재한 스마트 횡단보도를 이용하는 등, 일상에서 데이터 기반 교통 서비스를 경험할 수 있으며, 이를 통해 안전성과 편리성, 더 나아가 생활의 만족도까지 높일 수 있다.

운영 및 관리 효율성 향상과 환경 개선(스마트 가로등/횡단보도) 스마트 도로 교통 체계는 사용자의 이용 행태 및 경험을 중시함으로써 사용자의 편의성과 만족도를 높일 뿐만 아니라, 운영 및 관리 시스템 개선을 통해 도로 교통의 효율성도 향상시킬 수 있다. 이를 통해 경제적 손실을 감소시키고, 에너지를 절약하는 등 전반적인 스마트 시티의 환경 개선도 가능할 것으로 기대된다.

예를 들어, 가로등에 보행량 측정을 위한 동작 감지 센서와 환경 정보 측정이 가능한 센서를 부착하여 보행자 통행량 및 환경 정보를 모니터링하고, 이를 분석하여 스마트 시티의 교통 정책 수립에 반영할 수 있다. 또, 에너지 절약형 LED 조명 등을 설치하면 즉각적인 에너지 절감 효과를 얻을 수도 있다(ITFIND, 2018). 이처럼 스마트 도로 교통 체계는 효율적인 도로 교통 서비스 운영과 에너지 절감을 통한 환경 개선을 가능하게 할 전망이다.

이동에 대한 접근성 강화 소득 증가와 산업 발달 등으로 자동차 운행에 필요한 인프라가 확충되면서 자동차는 사람들에게 소유의 대상으로 여겨져

왔다. 그러나 차량이 많아지면서 교통 혼잡과 같은 도시문제를 유발하게 되었다(서경석, 2018). 이에 더해, 자산을 공유함으로써 비용 절약과 공동체 강화, 사용자의 편리성 강화 등 효용을 창출하는 '공유 경제(Sharing economy)'의 개념이 등장하면서 자동차는 더 이상 소유가 아닌 공유의 대상이 되기 시작했다(안희자, 2019).

스마트 시티는 이러한 관점을 반영하여 카 쉐어링(Car-Sharing)과 공유 자전거 등의 교통 서비스를 지원한다. 이러한 교통 시스템 구축은 공유 이동 수단에 대한 사용자들의 니즈(needs)를 충족시켜 주는 동시에, GPS에 기반한 배치 및 실시간 사용자 정보 제공 등의 기능을 통해 교통수단의 운행 효율과 사용자 만족도를 증대시킬 수 있다(ITFIND, 2018). 이로써 사용자들의 이동 수단에 대한 접근성을 강화하고, 비용을 절약하는 효과까지 얻을 수 있다.

(3) 스마트 도로 및 교통에 적용되는 서비스와 기술

국내 각 도시에서 사용자 중심의 도로 및 교통 체계 조성이 진행되고 있다. 스마트 도로 교통 체계에는 IoT, Big Data, Cloud Computing, SOA 등의 기술이 활용되며, 사용자에게 업그레이드된 교통 서비스를 제공하는 것을 목적으로 한다(강연수, 2017).

교통정보 제공 서비스 교통 혼잡과 같은 도시문제에 대응하기 위해서는 여러 가지 교통 서비스와 기술이 필요하다. 가장 즉각적인 해결 방안으로는 실시간 교통정보 제공을 통해 사용자가 혼잡하지 않은 도로로 우회할 수 있도록 지원하는 것인데, 이러한 정보 제공만으로는 교통 혼잡을 근본적으로 해결하기 어렵다. 따라서 스마트 시티의 도로 교통 시스템은 실시간 교통량을 파악하여 교통신호를 제어함으로써 원활한 교통 상황을 유도한다. 이로써 도로 확장이나 신규 도로 건설 등에 들어가는 비용을 절감하고, 차량 정체로 인한 환경오염도 완화할 수 있다. 스마트 시티는 도로 상황 외에도 주차 관련 정보를 제공하여 주차 공간 부족 문제를 해결한다. 지금까지는 주차 문제 해결을 위해 주차 공간을 추가로 마련해 왔으나, 스마트 시티는 실시간 주차 정보를 제공하여 주차 공간을 효율적으로 사용할 수 있도록 돕는다. 특히 불법 주차로 인한 불편을 해소하기 위해 다양한 기술이 활용되고 있다. 일례로 고양 스마트 시티에서는 주변 도로 교통 혼잡, 스쿨 존 보행자 교통사고 등, 불법 주정차로 인한 문제를 해결하기 위해 도로 경계석 또는 보행자 펜스에 주정차 감지 센서(지자기), 태양광 패널(전지), 경고 버저, LED 전광판 등을 설치하여 불법 주정차 여부를 판단하고, 전광판과 비콘, 버저 등을 활용하여 불법 주차 운전자에게 경고하는 서비스를 실행하고 있다(남덕영, 2017). 이외에도 스마트 시티에서는 도시 곳곳의 행사 정보나 기상 정보에 따른 교통 수요 예측 정보를 제공하여 사용자들이 대중교통을 이용하도록 유도함으로써 교통 혼잡을 줄일 수 있다(한승욱, 2017).

출처: 강연수, 2017

그림 Ⅳ-42 스마트 시티의 주요 교통 서비스 구성도

자율 주행 자동차 적용 기술 자율 주행 자동차 상용화를 위한 기술 개발이 가속화되고 있다. 안전한 자율 주행을 위해서는 주행 전반에 대한 복합적인 기술이 필요한데, 선행 연구에 따르면 크게 환경 인식, 위치 인식 및 맵핑, 판단, 제어, 인터랙션 기술이 적용된다(안경환 외 3, 2013).

공유 이동 수단의 지능화 차량 증가로 인한 교통 혼잡을 해소하기 위해서는 도시 사용자들이 자가용보다 대중교통이나 카 쉐어링 등, 공유 이동 수단을 자주 이용하도록 독려해야 한다. 이를 위해 스마트 시티는 대중교통에 교통 데이터를 연계하여 버스 정류장 또는 지하철역 등을 지능화하는 방안을 도입하고 있다. 지능화된 정류장은 대중교통 수단의 위치와 혼잡 여부, 도착지까지의 시간 등 대중교통을 이용하는 데 필요한 다양한 정보를 제공함으로써 사용자 편의성을 높이고, 궁극적으로는 개인 차량보다 대중교통 이용을 증가시키는 효과를 얻을 수 있다. 또한, 스마트 시티는 자동차와 자전거 등 이동 수단을 공유 서비스 형태로 제공하여 교통 혼잡을 완화하고자 한다.

표 IV-6 자율 주행 기술 구성 요소

기술	설명
환경 인식	- 레이다, 라이다, (스테레오) 카메라 등의 센서 사용 - 정적 장애물, 동적 장애물(차량, 보행자 등), 도로 표식(차선, 정지선, 횡단보도 등), 신호등 신호 등을 인식
위치 인식 및 맵핑	- GPS/INS(Inertial Navigation System), Encoder, 기타 맵핑을 위한 센서 사용 - 자차의 절대·상대 위치 추정
판단	- 목적지까지의 경로 계획 - 장애물 회피 경로 계획 - 주행 상황별 행동 판단(차선 유지, 차선 변경, 좌우 회전, 저속 차량 추월, 유턴, 비상 정지, 갓길 정차, 주차 등)
제어	- 주어진 경로를 추종하기 위해 조향, 가·감속, 기어 등 액추에이터 제어
인터랙션	- HVI(Human Vehicle Interaction)를 통해 운전자에게 경고 및 정보 제공, 운전자로부터 명령 입력 - V2X(Vehicle to X) 통신을 통해 인프라 및 주변 차량과 주행 정보 교환

출처: 안경환 외 3, 2013

특히 기존 공유 이동 수단에 IoT, 인공지능(AI) 기술 등을 접목하여 사용자와 운행 기록에 관한 데이터를 수집·분석하고, 이를 기반으로 사용자 건강 상태 체크, 이동 수단 대여·반납·결제 지원 등 개인화된 서비스를 제공함으로써 사용자의 이용 편의성을 증대시키고, 이용률을 높인다(남덕영, 2017).

스마트 거리(안전 및 방범) 스마트 시티는 도로 및 교통 현장에서 발생할 수 있는 사건·사고의 예방 및 신속한 대응을 위해 다양한 센서와 기술을 활용한다. 대표적인 예로 스마트 가로등이 있다. 스마트 가로등은 도시 내 촘촘한 가로등 망을 이용하여 구축한 시스템으로, 안전 및 방범 기능 강화와 도시 에너지 절감, 효율적인 유지 보수에 기여한다(ITFIND, 2018). 스마트 가로등에는 에너지 절약형 LED 조명, 환경 센서, CCTV, 데이터 전송 장치 등의 기술이 적용되는데, 스마트 가로등은 이러한 센서와 기술을 통해 에너지 절약, 대기 환경 정보 수집, 보행자 통행량 및 밀집도 분석, 가로등 고장 자동 모니터링 등이 가능하다(남덕영, 2017). 특히 CCTV 영상은 사고, 고장 차량 발생 등 돌발 상황을 감지하고, 이를 도시 관제 시스템이나 관련 기관으로 전달할 수 있으므로 신속하고 체계적인 대응을 가능하게 하며, 도시 안전 강화에 도움을 줄 수 있다. 또한, 가로등에서 수집되는 다양한 데이터와 모니터링 정보는 사회적 약자를 위한 안심 서비스를 제공하는 데에도 활용할 수 있다(이재용, 2017). 이처럼 스마트 시티에서는 도시 전반의 안전 강화를 위해 도로와 교통 시스템에 다양한 기술을 적용하고 있다.

(4) 스마트 도로 및 교통 구축 사례

자율 주행 택시 '웨이모(Waymo)'

2017년 출시된 구글 지주회사인 알파벳의 '웨이모(Waymo)'는 자율 주행 자동차를 활용한 대표적인 상용화 사례다. 웨이모 CEO인 존 크래프칙(John Krafcik)의 인터뷰에 따르면, 웨이모는 미니 밴을 개조한 것으로, 세계 최초 상용화 로봇 택시다. 실제로 웨이모는 구글에 속해 있을 때부터 10년 가까이

출처: waymo

그림 Ⅳ-43 자율 주행 택시 웨이모

자율 주행 기술을 개발해 왔으며, 이들의 자율 주행 기술은 현존 최고 수준으로 평가받고 있다. 이러한 기술력을 바탕으로 알파벳은 최초의 자율 주행 택시 웨이모를 출시하며 차량 공유 서비스 시장을 선점해 나가고 있다(이형민, 2018).

웨이모 측은 자율 주행 택시 서비스 초기에는 보조 운전자가 탑승하지만, 최대한 개입을 줄이고, 추후 보조 운전자도 없는 완전 자율 주행 서비스를 운영할 계획이다. 최근 웨이모는 미국 애리조나주 160km 반경에서 기존 테스트 고객이었던 400여 명을 대상으로 웨이보 원을 운행했다. 이용 방법은 탑승을 원하는 사용자가 스마트폰 앱에 목적지 입력 후 웨이모를 호출하는 방식이며, 요금은 5km(약 15분) 주행에 7.59달러(약 8,500원)이다. 만일에 대비해 보조 운전자가 탑승하지만, 모든 조작은 웨이모가 하는 것이 원칙이다. 웨이모는 복잡한 도로를 피해 돌아가거나 웨이모 호출에 걸리는 시간, 저렴하지 않은 요금 등 아직 개선이 필요한 부분이 있지만, 상당 수준의 자율 주행 공유 자동차 서비스를 제공하며 관련 업계에 큰 자극제가 되고 있다.

세종특별자치시 '스마트 거리'

세종시는 스마트 거리 구축을 위해 스마트 가로등, 스마트 횡단보도, 실시간 주차 정보, 카 쉐어링 · 전기차 충전소, 공공 자전거, BIT(버스 정보 안내) 서비스를 구축하였다. 스마트 가로등은 사물인터넷(IoT) 기반으로 가로등 주변의

출처: 세종 스마트 시티 홈페이지

그림 Ⅳ-44 스마트 도로조명

출처: 세종 스마트 시티 홈페이지

그림 Ⅳ-45 스마트 횡단보도

밝기, 차량 및 사람의 움직임과 통행량 같은 동적인 도로 상황을 감지하며, 이를 기반으로 가로등의 조도 및 동작이 제어된다. 이를 통해 도시 공간의 빛 공해를 감소시키고, 운전자의 안전을 향상할 수 있도록 했다.

또한, 스마트 횡단보도는 보행자가 있는 경우에만 보행 신호를 주어 불필요한 신호 대기시간을 감소시키고, 보행자가 없는 경우에는 차량 주행 신호만 점등하여 교통 흐름을 원활하게 함으로써 사용자의 편리성 및 신속성을 증대시켰다. 이외에도 실시간 주차 정보를 제공하여 운전자가 주차장을 찾는 데 필요한 시간을 절감할 수 있도록 하였으며, 자동차와 자전거를 대상으로 공유 및 대여 서비스를 제공하여 이동 수단에 대한 사용자들의 니즈(Needs)를 충족시켰다. 또, 대중교통 이용 시 사용자에게 대중교통의 위치 및 도착 예정 시간을 실시간으로 제공함으로써 대중교통 이용의 편리성을 높였다.

대전광역시 '스마트 안전'

대전시는 '스마트 시티 통합 센터'와 '스마트 시티 시민 안전 5대 연계 서비스'를 구축하고, 최신 ICT 기술이 접목된 '지능형 CCTV'를 활용한 서비스 사업을 실행하고 있다. 구체적으로는 다양한 도시환경을 학교·학원가, 골목, 상업 시설 밀집 구역, 공원, 주차장 등으로 분류하고, 해당 환경에 적합한 상황별 시나리오를 구성하여 '맞춤형 CCTV 시스템'을 구축하는 방식으로 진행했다. 예를 들어, 골목길은 여성 및 사회적 약자의 안심 귀가를 목적으로 하고, 상업 시설이 밀집된 지역은 취객 및 사고 감시를 목적으로, 전통시장처럼 화재에 취약한 건물이 많은 지역은 화재 예방을 목적으로 CCTV를 활용하는 방식이다.

지능형 CCTV 구축을 위해, 스마트 도시 통합 센터는 관련 업체와 협력하여 스마트 검색 및 이상 음원 감지 시스템이 탑재된 CCTV를 도입했다. 스마트 검색은 사람과 차량 크기에 따라 속도·방향·색상별 검색이 가능한 기술이며, 이상 음원 감지 시스템은 비명이나 충돌음과 같은 이상 음원을 식별할 수 있는 기술로, 이상 음원이 감지되는 즉시 관제 센터로 실시간 CCTV 영상이 전송되어 신속한 대응이 가능하다. 이를 통해 범죄의 골든타임을 확보하고, 시민이 체

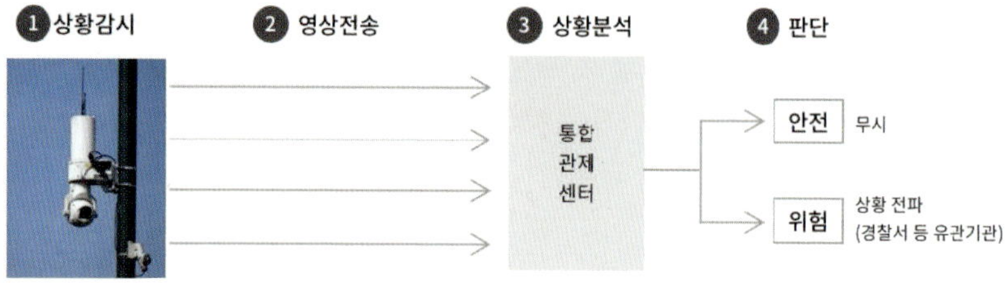

출처: 한양대학교 TDRC

그림 Ⅳ-46 지능형 CCTV의 개념

6) 스마트 홈

한국스마트홈산업협회(KASH)는 스마트 홈을 '주거 환경에 IT를 융합해 국민 편익과 복지를 증진하고, 안전한 생활이 가능하게 하는 인간 중심적 스마트 라이프 환경'으로 정의하고 있다. 이와 비슷하게, 한국정보통신기술협회(TTA)는 스마트 홈을 '지능형 정보 생활 기기가 네트워크로 연결되어 사람과 상호작용하고, 인간 중심 서비스 환경에서 실감 생활 서비스를 제공하는 기술'로 정의한다. 이처럼 관련 기관마다 스마트 홈을 정의하는 데 있어 다소간 차이가 있지만, 종합해 보면 스마트 홈은 빠르게 성장하는 ICT 기술이 주거 환경에 접목된 현상을 의미한다고 볼 수 있다(이학준, 2015).

스마트 홈은 스마트폰, 웨어러블 기기처럼 다른 기기를 연결하고, 컨트롤 할 수 있는 스마트 기기를 기반으로 한다. 최근 스마트폰과 같은 단말기 외에도 TV, 에어컨 등 가전제품에도 인공지능을 탑재하는 등, 가정 내 스마트 기기가 보편화됨에 따라 스마트 홈 산업도 급격히 성장하고 있다.

(1) 스마트 홈의 공간 구성 요소

사물인터넷(IoT) 기반의 스마트 홈은 가전, 조명, 에너지, 공조 시스템, 엔터테인먼트 등 다양한 홈 기기를 컨트롤 하는 '스마트 홈 솔루션'과 각종 홈 서비스를 포괄하는 개념이다. 따라서 스마트 홈의 구성 요소에는 스마트 가전제품을 비롯해 홈 네트워크, 헬스케어, 보안, 에너지 관리 등이 모두 포함되며, IoT 기술 기반의 스마트 홈 주요 구성 요소는 다음과 같이 정리될 수 있다.

표 Ⅳ-7 IoT 기반 스마트 홈 주요 구성 요소

스마트 가전 기기	모바일
스마트 계량기	터치스크린
스마트 그리드	홈 오토메이션
클라우드 컴퓨팅	컨트롤 & 보안 시스템
허브	스마트 온도조절기
센서 네트워크	헬스케어

출처: 이학준, 2015

스마트 홈 디바이스와 통신 기술 스마트 홈은 서버를 통해 가정 내 센서와 장비들이 연결되어야 하므로, 스마트 홈 사물인터넷 서비스를 제공하기 위해서는 기본적으로 스마트폰 앱과 스마트 기기, 클라우드, 어플리케이션, 통신 기술이 필요하다. 또한, 가정 내 기기 사이의 연동 이외에도 외부에서 컨트롤이 가능해야 하므로, 장거리 통신 기술도 필요하다(ITFIND, 2017). 스마트 홈의 기기들은 사용자의 편의, 안전, 보안, 에너지 관리 등 홈 솔루션의 제어를 담당하며, 사용자와 관련된 데이터를 수집하기도 한다. 최근에는 사용자의 동작을 감지하는 모션 센서, 소비 전력량 측정이 가능한 스마트 플러그 등이 개발되면서 사용자 데이터 수집 범위가 더 확대되었다. 이와 함께 인공지능(AI) 스피커와 같은 스마트 홈 디바이스가 다양해지면서, 사용자에게 맞춤형 홈 서비스를 제공하기 위해 센서·기기에서 수집된 사용자 정보 및 데이터를 분석·활용하는 기술이 활발히 연구되고 있다. 특히 머신러닝, 인공지능 기술이 스마트 홈에 접목되며 기존에 없던 새로운 홈 서비스가 가능해지고 있다. AI 스피커가 대표적인 예로, 음성만으로 집 안의 기기 제어는 물론, 쇼핑이나 스케줄 관리까지 가능해 스마트 홈의 허브로 자리 잡고 있다. 이러한 인공지능 기술은 가전제품이

표 Ⅳ-8 스마트 홈 기술 구성

구분	구성 요소	설명
솔루션/디바이스	클라우드 서버	- 클라우드에 위치하며 사용자 및 디바이스를 관리하고 연동하는 기능 제공. 스마트 홈 서비스 제공자에 의해 관리됨.
	게이트웨이	- 인터넷을 통해 디바이스를 클라우드 서버와 연결해 주는 장치로서 허브(Hub)라고 불리기도 함. - 디바이스와 통신하기 위한 통신 프로토콜(Z-Wave, ZigBee, Blueteeth, Wi-Fi 등)과 클라우드 서버와 통신하기 위한 통신 프로토콜(CoAP, MQTT, XMPP 등)을 선택적으로 지원.
	디바이스	- 온도 센서, IP 카메라 등과 같이 집 안에 설치되는 'Things'으로서 센서 및 소형 엣지 디바이스 혹은 최근 IoT를 지원하는 스마트 홈 융합 가전 등으로 구성.
	스마트폰 앱	- 사용자가 스마트폰에 설치하여 디바이스들로부터 정보를 입수 받거나 디바이스들을 제어할 수 있는 인터페이스를 제공.
통신 기술	저전력 장거리 통신	- LoRa, LTE-NB, SigFox 등과 같은 저속, 저전력, 장거리 통신 기술로서 일반적으로 옥외용 디바이스들에서 사용됨.
	저전력 IP 통신	- 스마트 홈 GW와 클라우드 서버 사이에 통신하기 위한 프로토콜로서 CoAP, XMPP, MQTT 등이 사용됨.
	저전력 RF 통신	- 스마트 홈 GW와 디바이스 간에 사용되는 Bluetooth, Z-Wave, ZigBee 등과 같은 저전력 RF 통신 프로토콜로서 IP 통신 비지원 .

출처: ITFIND, 2017

나 가구에도 적용돼 사용자가 평소 선호하는 온도로 유지하는 에어컨, 사용자의 신체 정보를 인식해 스스로 높낮이를 조절하는 가구 등, 사용자 편의를 위한 다양한 서비스 제공을 가능하게 하고 있다.

스마트 홈 로봇 서비스. 이러한 디바이스 기반 제어 서비스 외에도, 가정용 로봇을 통해 스마트 홈에서의 사용자 경험을 확대하려는 노력이 계속되고 있다. 인간 중심 서비스를 제공한다는 스마트 홈 개념에 맞게, 가사 노동을 줄여 주는 가정용 로봇 개발이 활발히 이루어지고 있다. 요리를 해 주는 셰프 로봇이나 세탁물을 개켜 주는 로봇, 반려동물과 소통하며 먹이를 주는 케어 로봇 등, 로봇을 통해 사용자 편의를 도모하는 다양한 서비스도 지속적으로 개발되고 있다.

표 Ⅳ-9 국내 인공지능 스피커

SK Telecom	누구 (NUGU)		음악 재생, 쇼핑, 배달 주문, IPTV 등과 연계한 음성 비서 서비스 제공
KT	기가 지니 (GIGA Genie)		가정 내 기기와 연동해 도어락, 가스 안전, 실내 공기 질 체크, 열림 감지 서비스 제공. 함께 탑재된 홈캠을 통해 실시간 모니터링 및 대화 가능
NAVER	클로바 (Clova)		상황에 맞는 음악 추천, 스마트 홈을 통한 기기 제어, 사용자 맞춤 명령어 지정 등 서비스 제공
KAKAO	카카오 미니 (Kakao mini)		추천 음악 재생, 카카오톡과 연계한 메시지 전송 스마트 홈을 통한 기기 제어, 배달 주문 등의 서비스 제공

출처: 각 사

(3) 스마트 홈에 따른 기대 효과

스마트 홈에 기대하는 주요 효과는 에너지 사용량의 모니터링을 통한 에너지 절감, CCTV 등의 양방향 소통을 통한 안전 확보, 스마트 헬스케어를 통한 건강 증진, 사용자 중심의 환경 구현을 통한 주거 편의성 향상 등이 있다.

에너지 절감 스마트 홈에 설치되는 다양한 센서는 사용자의 스마트폰과 연동하여 실시간으로 에너지 사용량을 확인할 수 있도록 돕는다. 또한, 전기, 수도, 온수 등의 사용량이나 사용 시간 등의 패턴을 파악할 수 있으며, 월별 에너지 사용 계획을 설정하면 실시간 알림을 통해 에너지를 합리적으로 소비할 수도 있다. 이러한 에너지 사용 패턴은 지자체 차원에서도 에너지 발전량, 정수 시기 등을 조절하는 데 활용할 수 있다. 이외에도, 스마트 홈에 장착된 스마트 온도 조절 장치를 가정 내 냉난방 기기와 연동하여 사용자가 원하는 일정 수준의 실내 온도로 자동 조절할 수 있으며, 이를 통해 불필요한 냉난방 비용을 절감할 수 있다. 이처럼 스마트 센서를 통한 효율적 에너지 사용은 에너지 절감과 더불어 사용 요금 절약, 사용자 편의 향상 등의 긍정적 효과를 가져올 것이다.

안전 확보 홈 시큐리티(security) 서비스는 가장 대표적인 스마트 홈 서비스이다. 기존에는 사업장이나 기업이 방범 및 보안 차원에서 공공의 목적으로 CCTV를 설치하는 경우가 대부분이었으나, 최근 편의성을 높인 클라우드 CCTV가 등장하면서 가정에도 CCTV를 설치하는 경우가 많아졌다. 클라우드 CCTV의 경우 설치가 간단하며, 별도의 저장 장치 필요 없이 클라우드에 저장되므로 가격 부담도 적다. 또한, 언제 어디서나 실시간으로 모니터링할 수 있고, 양방향 소통도 가능하므로 CCTV를 통해 아이나 반려동물과 대화도 가능하다. 특히 움직임이나 소리 등 특정 이벤트가 있을 때 알림을 받거나, 해당 시점의 영상 클립을 보관하는 등의 설정도 가능해 스마트한 모니터링을 할 수 있다. 이와 같은 가정 CCTV를 바탕으로 침입 감지 및 출동 서비스 제공은 기본이고, 스마트폰으로 자녀의 귀가 사실을 알려 주거나, 현관문 앞을 배회하는 수상한 사람을 감지하고, 레이더와 영상 분석을 이용해 정확한 침입 상황을 판별하여 경찰에 신고해 주는 등, 다양한 홈 시큐리티 서비스를 제공하는 것이 가능해졌다. 한편으로 CCTV 외에도 연기 경보기, 화재 감지기 등의 센서는 사고 발생 위치와 원인을 알려 줘 재난에 신속하게 대처하고 피해 확산을 막도록 돕는다. 홈 시큐리티 서비스들은 도난이나 주거 침입과 같은 범죄 예방 효과가 있으며, 어르신이나 반려동물의 상태도 파악할 수 있어 사용자의 안전을 확보할 수 있을 것으로 기대되고 있다.

건강 증진 건강 스마트 홈에 설치된 각종 센서는 실시간으로 사용자의 동선, 활동량, 수면 패턴 등의 데이터를 수집 및 분석하여 사용자의 건강 변화를 감지하고, 전문의 상담을 추천하거나 필요한 운동을 추천하는 등 사용자가 필요한 조치를 할 수 있도록 돕는다. 센서는 침대 매트리스, 체중계, 디지털 거울 등 집 안 곳곳에 배치될 수 있고, 센서들은 네트워크를 통해 서로 연결되어 사용자의 상태를 파악한다. 이러한 상시인지(always-aware) 서비스는 계속 늘고 있다.

이처럼 스마트 홈의 헬스케어는 기존 웨어러블 또는 모바일 헬스 기기를 통한 건강 관리와는 다르게, 가정 내 스마트 센서 네트워크를 이용해 사용자를 상시 인지하고, 수집한 데이터를 분석하여 활용한다. 웨어러블 헬스 기기의 경우 단순히 데이터를 보여 주는 것에 그치는 경우가 많다. 그러나 스마트 홈 헬스케어는 데이터 분석을 통해 제때 약을 챙겨 먹을 수 있도록 알려 주거나, 건강 변화가 있는 경우 전문가 상담을 유도하고, 위급 상황에는 자동으로 119에 연락하는 등 사용자를 위한 더 적극적인 헬스케어를 가능하게 할 것으로 보인다.

주거 편의성 향상 스마트 홈 서비스는 사용자의 스마트 라이프 환경을 위해 기술보다는 사용자 중심의 관점에서 접근되고 있으며, 가정 내 사용자의 노동을 줄이고 안전 및 관리의 걱정을 줄일 수 있도록 생활 밀착형 서비스를 개발하는 데 초점을 맞추고 있다(김민상, 2018). 앞서 언급한 각종 홈 센서, 가정용 로봇과 같은 스마트 홈 구성 요소들은 사용자의 가사 노동을 줄이고, 자동으로 온도를 조절하며, 건강을 관리해 주는 등, 집 전반에서 사용자의 편익을 높여 줄 수 있을 것이다.

(5) 스마트 홈 구축 사례

I&C의 로보틱 디자인 퍼니처(Robotics Design Furniture)

일본의 가구 회사 I&C는 2013년부터 주방, 화장실, 침실의 가구 높이나 배치 등을 전동으로 바꿀 수 있는 'Robotics Design Furniture'를 개발하고 있다. 최근에는 사용자가 직접 스위치를 눌러 가구를 조정하는 것에서 나아가, AI를 통해 자동으로 형태를 조정하는 방식의 AI 가구 개발을 모색 중이다. AI 가구는 축적된 데이터를 바탕으로 신장별 최적의 가구 높이를 산출한 뒤, 안면 온도 인식 시스템으로 사람의 신장을 파악해 가구 스스로 높낮이를 조정하게 된다. 이러한 AI 가구는 어른과 아이로 구성된 가족이나 휠체어를 타는 사용자가 있는 집에서 유용하게 사용될 수 있다.

에코비(Ecobee)의 스마트 온도 조절 장치

캐나다 회사인 에코비(Ecobee)는 아마존의 인공지능 비서인 알렉사와 연동되어 음성으로 작동할 수 있는 스마트 온도조절기다. 에코비의 스마트 온도 조절 장치를 사용하면 집 안 전체의 온도를 일정하게 유지할 수 있을 뿐만 아니라, 도착 예정 시간을 설정해 두면 해당 시간에 맞추어 냉난방 시스템을 가동해 주기도 한다. 또, 사용자가 외출하는 시간과 집에 있는 시간을 파악해 필요한 때에만 공조 시스템을 작동시킬 수 있어, 에코비의 스마트 온도 조절 장치를 사용하면 냉난방 비용을 최대 23%까지 절감할 수 있다. 알렉사가 내장되어 온도 조절 기능 외에도 알렉사로 활용할 수 있다. 또한, 집 안의 스마트 제품들을 제어할 수 있는 애플(Apple)의 홈킷(HomeKit)을 지원하여, 애플의 '시리(Siri)'를 통해서도 음성 명령으로 작동시킬 수 있다.

네스트(Nest)의 '네스트 프로텍트(Nest Protect)'

기존 연기 경보기, 화재 감지기 등은 연기나 열을 감지했을 때 큰 소리로 알람을 울리는 데 그쳤다. 그러나 이런 경우, 화재 상황을 대처할 수 있는 인력이

출처: Ecobee

그림 Ⅳ-47　에코비의 스마트 온도 조절 장치

출처: Nest

그림 IV-48 Nest Protect

없다면 알람은 큰 도움이 되지 못한다. 이와 같은 문제점에서 착안한 최근 스마트 연기 탐지기는 가정 내 알람 외에도 사용자가 설정한 다른 사람의 스마트폰으로도 경고음을 울려 화재가 발생했음을 알려 준다. 또, 상황에 따라 다른 조명 색상을 나타내므로 현재 상황을 쉽게 파악할 수 있고, 위험 발생 위치와 감지된 것이 무엇인지 음성으로 안내해 준다. 에코비와 마찬가지로 애플 홈킷과 연동할 수 있고, 스스로 배터리와 센서를 체크해 앱 또는 조명으로 나타내기 때문에 관리가 쉽다. 화재 상황에서 사용자가 앞을 볼 수 있도록 비상 조명을 켜 주는 기능도 있어 사용자들에게 스마트한 연기 탐지기로 인정받고 있다.

몰리로보틱스의 '로보틱 키친(Robotic Kitchen)'

요리는 누군가에게 즐거움이 되기도 하지만, 요리를 별로 좋아하지 않는 사람에게는 매 끼니 식사를 준비하는 것이 일종의 노동으로 느껴지기도 한다. 이에 다양한 기업에서 요리하는 번거로움을 덜어 주기 위한 가정용 요리 로봇을 개발하고 있는데, 그중 영국의 몰리로보틱스(Moley Robotics)는 세계 최초로 자동 요리 로봇을 선보인 기업이다. 이들이 개발한 '로보틱 키친(Robotic

출처: Moley Robotics

그림 Ⅳ-49 몰리로보틱스의 '로보틱 키친(Robotic Kitchen)'

Kitchen)'은 주방 벽면에 로봇 팔을 배치한 형태로, 사람 손 구조를 하고 있어 정교한 동작이 가능하다.

식 재료를 써는 것을 물론, 국자로 냄비를 젓거나 생선회를 뜰 수도 있다. 이 로봇은 자동화 시스템은 통해 음식 재료와 조리 기구를 배치해 놓고 시작 버튼만 누르면 손쉽게 작동시킬 수 있다. 요리 후에는 음식물 처리와 식기 세척기 가동, 주방 청소 등 뒤처리도 해 준다. 특히 로보틱 키친은 스마트폰 앱과 연동할 수 있어 사용자가 앱에서 원하는 메뉴와 시간을 설정해 두면 알아서 해당 시간에 맞추어 음식을 조리할 수도 있다.

콜리브리(Kolibree)의 '아라(Ara)'

프랑스 스타트업 기업인 '콜리브리(Kolibree)'는 CES 2017에서 인공지능 기술을 적용한 칫솔인 '아라(Ara)'를 선보였다. 아라는 AI와 함께, 학습 알고리즘을 갖춘 저전력 프로세서 칩이 내장되어 있어 사용자의 양치 습관을 분석할 수 있다. 이뿐만 아니라 3D 모션 센서, 가속도 센서, 자기 센서 등의 다양한 센서를 활용하여 더 정확하게 사용자의 양치 습관을 분석할 수 있다. 이를 통해 개인의 구강 상태를 파악하고, 맞춤형 피드백을 제공해 주어 사용자가 최적화된 양치 습관을 갖도록 돕는다. 다양한 센서 외에도 아라는 자체 메모리를 내장해 별도의 저장 장치 없이도 데이터를 저장할 수 있고, 스마트폰과 연결해 동기화하는 것도 가능하다.

아라처럼 가정 내에서 사용자가 자주 사용하는 도구나 기기 등에 헬스케어 기능을 적용하는 사례가 늘고 있다. 이미 매트리스, 욕실 거울, 체중계 등에 센서 및 인공지능 기술을 적용하여 사용자의 생체 정보를 인식할 수 있도록 한 컨셉 제품들이 발표되고 있다. 각각의 제품들은 서로 연동되어 활용될 것으로 보이며, 이를 통해 앞으로는 별도의 진료나 검사 없이 집에서 실시간으로 건강 상태를 모니터링할 수 있을 것으로 전망된다.

도시 공간을 구성하고 있는 개별 공간의 기능과 특성에 따라 사용자의 경험과 니즈를 파악하여 공간을 조성하고 구축하려는 노력이 활발히 진행되고 있다. 이처럼 도시 공간을 사용하는 사용자들이 생활에서 불편함 없이 편리하고 효율적인 활동이 가능하도록 하기 위해서는 스마트 기술을 도입하는 것에서 더 나아가 사용자를 이해하고, 사용자가 공간에서 마주하게 될 경험에 대해 고찰하는 것이 필요하다.

V

성공적인 스마트 스페이스 정착을 위한 문화, 그리고 제도

1. 세대 변화와 일하는 문화의 변화
2. 스마트 오피스 활성화를 위한 제도의 이해
3. 공간 혁신의 확대와 스마트 스페이스로의 도약

V. 성공적인 스마트 스페이스 정착을 위한 문화, 그리고 제도

'인터넷', '스마트폰', 'SNS' 등, 새로운 기술과 혁신적인 서비스가 시장에 도입되어 확산되기까지는 기술뿐만 아니라 서비스를 받아들이는 사용자의 문화 형성, 제도적 뒷받침 등이 필수적이다. 원격 근무(Tele-Work)부터 스마트 오피스까지 사무 공간과 업무 프로세스의 혁신은 오랜 기간 논의되어 왔지만, 지금처럼 큰 관심을 받지 못했다. 그러나 4차 산업혁명에 기인한 기술 변화와 더불어, 일하는 사람과 방식의 변화로 최근 스마트 오피스 도입과 확산에 대한 필요성이 더욱 강조되고 있다. 본 절은 스마트 오피스의 성공적인 정착을 위해 이해해야 할 사회 및 문화 변화 현상과 스마트 팩토리, 스마트 시티 등의 사례를 통해 스마트 스페이스로의 도약을 위해 요구되는 주요 제도를 소개한다.

1. 세대 변화와 일하는 문화의 변화

1) 조금은 다른 디지털 세대에 대한 이해

급격한 기술 발전에 맞추어 사회 환경 변화도 빠르게 나타나고 있다. 빠르게 변화하는 상황만큼 세대 간 격차도 더 커지고 있으며, 직장 내 세대 차이로 인한 문제도 빈번하게 발생하고 있다. 한 직장에서 흔히 '요즘 애들'과 '꼰대' 라고 불리는, 서로 다른 세대가 함께 일하게 되면서 세대 간 갈등은 더욱 이슈가 되고 있으며, 세대 차이 극복법에 대한 관심도 증가하고 있다. 서로 다른 가치관이 대립되고 있는 상황에서 원만한 해결책을 찾을 방법은 무엇일까? 일하는 사람과 방식, 사무 공간의 급속한 변화가 이루어지고 있는 현 시점에서 서로 다른 세대에 대한 이해와 시대 변화에 맞는 사고 전환은 매우 중요하다.

일반적으로 문화적 맥락의 세대(Generation)의 개념은 같은 시대를 살며 같은 문화를 경험한 사람들을 일컫는다. 특정 기간 출생하여 인생을 살아오며 동일한 사건과 이벤트를 경험함으로써 비슷한 가치관과 신념을 갖게 된 사람들을 세대로 이해할 수 있다. 현대 사회는 점차 고령화 사회로 진입하고 있고, 과거와 비교하면 더욱 다양한 세대가 함께 생활하고 일하고 있다. 노령 인구 증가에 따라 정년은 점차 늘어나고 있다. 한국은 세계에서 가장 빠른 속도로 고령화가 진행되고 있는 국가 중 하나로, 이미 전체 인구 대비 65세 이상 고령 인구 비율이 14% 이상인 고령 사회에 진입하였다.

2017년을 기점으로 한국의 법적 정년은 60세로 연장되었고, 2019년 현재는 50~60대와 20대까지 다양한 세대가 한 직장 내에서 함께 일해야 하는 상황을 마주하고 있다. 한 세대를 특정하는 명확한 기준은 없으며, 국가별로 세대를 구분하는 기준 연도가 다르기도 하다. 한국에서는 일반적으로 '베이비붐 세대(1955~1963년생), X세대(1970~1980년생), 밀레니얼 세대(1981~1996년생), Z세대(1997년 이후 출생)로 구분한다(삼정KPMG 경제연구원, 2019a). 베이비붐 세대와 밀레니얼 세대의 경우 서로 다른 가치관과 특성으로 세대 간 문제를 더욱 심하게 겪고 있다.

현재 사회의 주 활동 계층은 20~30대를 구성하는 1980년대 초반부터 2000년대 초반에 출생한 밀레니얼 세대와 Z세대이다. 2019년 한국 전체 인구수 대비 밀레니얼 세대의 비율은 약 22.2%, Z세대는 약 21.7%로 나타났다. 이들 세대가 전체 인구의 40% 이상을 차지하고 있다(삼정KPMG 경제연구원, 2019a). "요즘 애들은 건방지고, 예의 없다", "요즘 세대는 회사에 대한 충성심이 없다"

라며, 함께 일하기 어려운 세대라고 불평만 하고 있기에는 이 세대가 차지하는 비중과 사회적 영향력이 더욱 커졌다. 이제 사회의 주인공이 되어 가는 새로운 세대를 이해하고 함께 협업하는 것이 필수적인 상황이다. 태어나면서부터 디지털 기기를 손에 쥐고 자란 밀레니얼 세대와 Z세대는 아날로그 환경을 경험해 온 기성세대와 가치관, 사고방식, 생활 방식 전반에서 차이가 있다. 업무 방식과 관련된 이 세대의 특징을 살펴보면 다음과 같다.

(1) 밀레니얼 세대

어린 시절부터 컴퓨터, 인터넷, 스마트폰을 차례대로 겪으며 디지털 환경 속에 살아온 밀레니얼 세대는 디지털 문화를 형성한 세대이다. 디지털 기기에 익숙한 이 세대는 휴대폰, 노트북 등의 다양한 디지털 기기를 사용하며 시간과 장소에 상관없이 자유롭게 일하는 '디지털 노마드족'으로 지칭된다(천혜선, 2018). 디지털 노마드(Digital Nomad)의 개념은 프랑스 경제학자인 자크 아탈리가 1997년 저서 <21세기 사전(원제 Dictionnarie du 21e Sie'cle)>에서 '21세기는 디지털 장비를 갖고 떠도는 디지털 노마드 시대'라고 처음으로 소개하였다. 최근의 디지털 노마드족은 스마트폰이나 태블릿과 같은 디지털 장비를 활용하여 장소에 구애받지 않고, 유목민(Nomad)처럼 여기저기 이동하며 업무를 보는 이들을 일컫는 개념으로 사용되고 있다. 이는 인터넷의 보급과 기술의 발전으로 가능해진 일과 삶의 한 형태로, 여행에 열광하는 밀레니얼 세대가 추구하고 하는 삶의 방식이다.

이 세대는 시간과 공간에 관계 없이 어디에서든 일에 몰입할 수 있는 세대로, 자유롭고 디지털 친화적인 공간이 더욱 익숙하고 편하게 느껴지는 공간이다. 이 세대는 사무실이나 독서실 등 정형화된 공간에서 일하기보다 함께 이야기하고 토론할 수 있는 공간을 선호하는 특징을 가지고 있다. 사무실뿐 아니라 자기가 앉은 곳 어디에서나 하고 싶은 때, 하고 싶은 일을 한다. 최근 이슈가 되고 있는 카페에서 공부하고 일하는 '카공족', 카페를 오피스로 이용하는 '코피스족' 등이 이들 세대를 대변한다. 자유롭게 일할 수 있는 곳이 밀레니얼 세대의 특성에 맞는, 업무하고 싶은 공간인 것이다. 이렇듯 자유롭게 일하고 싶어 하는 특징을 가진 밀레니얼 세대는 업무 공간과 방식의 변화를 필요로 하고 있다. 디지털 노마드족의 업무 방식은 결국 '원격 근무(remote work)'의 형태이다. 이러한 업무 형태는 장소의 구애를 받지 않을 뿐 업무 시간, 할당 업무량 등은 철저하게 완수해야 하는 등 일반적인 회사의 업무와 다르지 않다. 다만 밀레니얼 세대는 새로운 방식으로 원하는 장소에서 일하고 싶어 하는 것이다.

밀레니얼 세대가 추구하는 업무 방식을 대변하는 또 다른 개념은 바로 '워케이션(work + vacation)'이다. 워케이션은 시간과 장소에 구애받지 않고 즐기며 일하는 문화를 의미한다. 여행을 선호하는 세대인 밀레니얼 세대는 기존의 업무 방식을 거부하고 여행하면서 일할 수 있는 자유로운 삶을 선호한다(문재윤, 2015). '한 달 살기' 등으로 대변되는 이 세대의 여행 방식을 살펴보면, 이들은 여행이 아니라 끊임없이 이동하며 새로운 세상에서 살아 보는 것이 일반적인 세대라고 할 수 있다. 워케이션이 일과 휴식의 구분이 없는 삶이 될 수 있다는 우려도 있지만, 자유롭게 일하기를 바라는 밀레니얼 세대에게는 가장 선호하는 업무 방식일 수 있다.

어릴 적부터 디지털 문화를 접해 온 밀레니얼 세대는 인터넷, SNS 등의 디지털 기술을 활용한 생산적이고 창의적인 업무 형태를 추구한다. 매일 같은 시간에 출근하여, 몇 시간을 일했는가를 통하여 업무에 대한 평가를 받는 것은 비생산적이라고 생각하는 세대이다. 이들은 스스로 자신을 개발하기 위하여 노력하고 많은 경험을 추구한다. 디지털 세상에서 더욱 많은 정보를 접하고 다양한 문화를 겪으며, 스스로 원하는 것을 하고 싶어서 하는 세대이다. 또한, 이들 세대는 평생 한 직장에서 정규직으로 다니며 일할 수 있다는 생각을 하지 않는다. 오히려 의미 없는 일에 시간 낭비를 하거나, 하고 싶지 않은 일에 매달리고 싶지 않다는 생각으로 스스로 일할 시간과 장소를 결정할 수 있는 프리랜서, 창업 등의 새로운 도전에 망설이지 않는다.

이런 세대에게 안정적인 직장, 공간을 제공하는 것이 더는 인센티브가 될 수 없다. 세대 변화는 역량 있는 인재들이 원하는 업무 방식을 제공하는 기업에 몰리는 등의 현상으로 나타난다. 이 같은 현상은 한국에서도 빠르게 나타날 것이다. 기업은 기존 업무 환경과 근무 방식을 고수한다면, 능력을 갖춘 인재를 빼앗기는 결과를 초래할지도 모른다.

(2) Z세대

이제 곧 사회의 주류가 될 Z세대는 기존 세대와 뚜렷하게 다른 특징을 보인다. Z세대는 밀레니얼 세대의 다음 세대로, 일반적으로 1990년대 중반에서 2010년대 초반까지 출생한 세대를 일컫는다. 1999년생은 한국 나이로 21세, 고등학교 졸업 후 바로 사회에 진출했다면 베이비부머와 함께 일하고 있을 수 있는 Z세대이다. 2018년, Z세대 중 성인 비중이 50%를 넘어서며 이후 Z세대가 사회 및 경제의 주력 세력으로 성장할 것으로 기대되고 있다(현대경제연구원, 2018).

밀레니얼 세대와도 큰 차이를 보인다는 Z세대는 태어난 순간부터 디지털 환경에 노출되고 유년 시절부터 스마트폰을 사용하였다. 신기술에 민감하고 소셜 미디어에 대한 친근감과 활용력이 높은 '디지털 원주민(digital native)'이라 불리는 세대이다. 이 세대는 TV보다 스마트폰에 익숙하고 스마트폰, TV, 노트북, 태블릿 등 여러 개의 멀티 디바이스를 활용하는 역량이 뛰어나고, 텍스트보다 이미지나 동영상을 선호하는 특징을 가진다.

Z세대는 주로 스마트폰을 통해 의사소통한다. 유년기에 가장 많이 접한 친근한 기기가 스마트폰이기 때문에 동영상 시청, 인터넷, SNS 활동 등 대부분의 미디어 소비 활동은 모바일 기기를 통해서 한다. 실제로 한 조사에 따르면 Z세대의 전체 미디어 사용 활동 중, 모바일 기기를 통한 활동은 70%의 높은 비율로 나타났다(현대경제연구원, 2018). 이는 이전 세대와 비교하여 매우 높은 수준으로 Z세대의 모바일 기기에 대한 높은 의존도를 보여 준다.

이러한 Z세대의 특징은 업무 방식에서도 나타난다. 전국 17개 시도에 거주하고 있는 1970~1999년생 남녀 600명을 대상으로 한 세대별 업무에 대한 인식 조사의 주요 결과에서도 모바일 기기에 대한 선호를 확인할 수 있다(대학내일 20대 연구소, 2019). 이 조사에서는 합리적이라 생각하는 의사소통 방식에서 일대일 대면 대화 방식을 제외하고, 젊은 세대일수록 모바일 메신저와 사내 메신저를 선호하는 결과가 나타났다. 90년대생은, 전화 통화를 선호하는 70년대생, 상대적으로 사내 메신저를 선호하는 80년대생과 비교하여 카카오톡 등 개인 모바일 메신저를 통한 커뮤니케이션을 선호하는 것으로 나타났다.

Z세대의 또 다른 특징은 '개인·현재·가치' 중심적이라는 것이다. 이 세대가 열광하는 인생 모토는 일과 삶의 균형을 뜻하는 '워라밸(Work and Life Balance)'과 한 번뿐인 삶을 의미하는 '욜로(YOLO, You Only Live Once)'라는 신조어에서 알 수 있다. Z세대는 과거 세대와 비교하여 물질적으로 풍요로운 삶을 경험하였지만 동시에 경기 침체, 청년 취업난 등을 겪고 있는 세대로 어떻게 될지 모르는 내일이나 불확실한 미래를 대비하는 것에 집중하지 않는다. 이들은 현재의 삶을 더욱 중요하게 여기고 의사 결정을 내리는 특징이 두드러진다. 주 52시간 근로 제도, 최저임금제도 등의 정책적 변화를 겪고 있는 이 세대는 사회·경제적인 성공보다는 개인의 여유 있는 삶을 중요한 가치로 생각하고, 돈을 좀 덜 받더라도 워라밸을 추구할 수 있는 직업을 선택하는 경향이 있다. Z세대의 인식에 관한 한 조사에 따르면 '삶의 여유'를 가장 많은 이들이 삶의 추구 가치로 선택하였으며, 일과 삶의 균형이 직업을 선택하는 데 가장 중요한 기준으로 나타났다(나스미디어, 2018). Z세대는 돈을 벌기 위해 나를 희생하며 일하는 세대가 아니라는 것을 이해해야 한다.

업무에 대한 세대별 인식 비교에 관한 조사에서도 야근, 주말 근무 등을 해서라도 맡은 일을 해야 한다는 인식은 다른 세대와 비교하여 90년대생에게 훨씬 낮게 나타났다(대학내일 20대 연구소, 2019). 또한, 개인의 업무 성과에 대한 보상에 관심이 상대적으로 낮게 나타났다.

밀레니얼 세대와 Z세대는 지금 당장, 바로 오늘 행복하기 위하여 여유를 추구하고 여가 생활을 하거나 여행을 떠나는 세대이다. 개인의 삶이 중요한 이들 세대에게 경제적 보상에 따른 개인의 희생, 회사에 대한 헌신 등을 요구하는 기존 근로 문화나 제도는 견딜 수 없는 감옥같이 느껴질 것이다. 기업들은 향후 생산 활동의 주체로서 사회경제를 이끌어 나갈 밀레니얼 세대와 Z세대의 특성을 이해하고, 이들과 함께 일하기 위하여 기존 업무 공간, 근로 문화를 비롯한 관련 제도의 혁신적인 변화를 시도해야 할 때이다.

2) 일과 삶의 균형을 추구하는 사회

(1) 일과 삶의 균형, 워라밸(Work and Life Balance)

젊은 세대에서 시작된 '워라밸(일과 삶의 균형, Work and Life Balance)'의 가치가 사회 전반으로 확산되고 있다. 밀레니얼 세대와 Z세대가 사회 활동의 주요 세대로 등장하며 업무를 바라보는 가치관에 변화가 나타나고 있다. 주당 근로시간을 52시간으로 단축시킨 제도적 변화는 근무시간 중 생산성을 강화하고 시간을 적절하게 배분하여 일과 개인 삶의 균형을 추구할 수 있다는 사회적 분위기를 형성시키고 있다. 그렇다면 워라밸은 무엇인가? 워라밸은 일과 삶의 균형(Work and Life Balance)을 줄인 용어로 일과 일 외의 개인 삶의 영역인 여가, 가족 등에 시간과 노력을 균형 있게 분배하여 삶에 만족하는 상태를 의미한다. 워라밸의 등장 배경은 급격한 환경 변화와 세대의 가치관 변화로 설명할 수 있다(국민권익위원회, 2018).

워라밸을 추구하는 사회적 분위기와는 반대로, 수준 높은 ICT 인프라가 갖추어지며 언제, 어디서나 일을 할 수 있는 환경이 조성되었지만, 역설적으로 구성원들은 하루 중 언제라도 회사 일로 연락을 받게 되고, 더욱 많은 업무량과 업무 시간을 감당하게 되었다. 특히 한국은 유난히 강도 높은 업무 시간을 기록하고 있다. 2016년 OECD 조사 결과에서도 한국은 회원국 중 두 번째로 높은 업무 시간을 기록했다. 그러나 밀레니얼 세대와 Z세대는 이러한 업무 환경과 대조적으로 업무에 대하여 변화한 가치관을 가지고 있다. 지속되는 경기 침체와 저성장 환경에서 기업들의 구조 조정은 더욱 빈번해졌고, 청년들의 취업난은 더욱 심각해졌다. 이러한 경험에서 새로운 세대는 평생

직장을 기대하고 있지 않으며, 조직에 대한 충성심은 약해졌다. 이들은 또한 나, 개인을 중요하게 여기는 가치관을 가지고 있다. 이러한 변화의 상황에서 구성원들이 가진 기업과 조직에 대한 신뢰와 만족도, 몰입도는 점점 하락하고 있으며, 이는 조직의 성과 하락, 성장 정체로 연결되는 상황으로 나타나고 있다. 이와 같은 문제에 대한 해결책으로 워라밸이 부상하고 있으며, 정부도 일과 삶의 균형이 있는 사회로의 변화를 위하여 적극적으로 움직이고 있다.

(2) 일과 삶의 균형을 위한 정부의 움직임

세대 변화와 함께 워라밸을 추구하는 사회로 변화하고 있지만, 워라밸의 실현은 개인의 노력만으로는 어렵다. 과거에도 일과 삶의 균형을 위한 다양한 시도가 있었지만, 가시적인 성과를 거두지 못했다. 개인적인 일로 휴가를 쓰거나, 남들보다 일찍 퇴근하기 위해서는 동료와 상사의 눈치를 보아야 했다. 여전히 "칼퇴할 수 있냐?"는 "상사가 퇴근을 해야 나도 가능하다."라는 답변으로 돌아온다. 지금까지는 워라밸을 실천하는 데 필요한 인프라나 제도가 없었고, 개인의 삶을 중요시하는 사회적 인식이 낮고 합의가 되지 못한 상황이었다. 일과 삶의 불균형은 과도한 업무와 긴 업무 시간에 기인한다. 회사를 위해 오랜 시간 일하는 것을 미덕으로 여겨 온 오랜 관행은 개인의 삶을 즐기는 것을 추구하는 요즘 세대에게는 비상식적인 문화인 것이다. 돈보다는 일과 삶의 균형을 추구하는 세대에게는 매우 중요한 문제이고, 일과 삶의 균형을 실천할 수 있도록 개인, 기업, 사회가 모두 함께 노력해야 한다. 무엇보다 사회적 합의를 만들고, 제도적 변화를 일으키기 위해서는 정부가 나서서 주도적인 역할을 해야 한다.

최근 정부는 주 52시간 근무 제도[1]를 시작으로 일과 삶의 불균형을 해결하기 위한 인식 개선과 제도 확산을 위한 적극적인 움직임을 보이고 있다. 정부에서 추진하고 있는 '일·생활 균형 캠페인'[2]은 진정한 휴식과 개개인의 삶의

1 정부는 2018년 7월 1일부터 종사자 300인 이상 사업장을 대상으로 주 52시간 근무 제도를 도입함.
2 http://worklife.kr/website/index/m1/campaign_point2_3.asp

질을 향상시키기 위한 대표적인 노력이다. 고용노동부는 '일·생활 균형 캠페인을 일하는 방식과 문화를 개선하여 근로자가 마음껏 능력을 발휘할 수 있도록 하고, 기업의 생산성과 경쟁력을 높이면서 일과 생활의 균형을 찾아가는 캠페인'으로 정의한다. 오래 일하지 않기, 똑똑하게 일하기, 제대로 쉬기라는 3개의 주요 핵심 분야를 선정하고 인식 개선을 위한 캠페인과 관련 제도를 기업에 확산시키는 데 집중하고 있다.

표 V-1 일·생활 균형 3대 핵심 분야

핵심 3분야	내 용
오래 일하지 않기	정시 퇴근하기 (불필요한 야근 줄이기, 가족과 함께 하는 저녁 실천하기 등)
	퇴근 후 업무 연락 자제 (근무시간 외 전화·문자·카톡 자제, 퇴근 직전 업무 지시 자제 등)
	업무 집중도 향상 (근무시간 중 사적 용무 자제, 집중 근무시간 활성화 등)
똑똑하게 일하기	똑똑한 회의·보고 (꼭 필요한 회의만 효율적으로, 회의 일정 안건 사전 공유, 메모, 구두·영상 보고 활용 등)
	명확한 업무 지시 (무엇을·왜·언제까지·어떻게 검토해야 하는지 구체적 방향 제시 등)
	유연한 근무 (업무 질과 성과로 평가, 시차출퇴근, 원격·재택근무, 시간선택제 등)
제대로 쉬기	연가 사용 활성화 (연가 사유 묻지 않기, 자유로운 연가 사용 분위기 조성 등)
	건전한 회식 문화 (회식에 대한 인식 바꾸기, 회식 일정 사전 공유, 문화 회식 활성화 등)
	쉴 권리 지켜 주기 (임신기 근로 기간 단축 확대, 출산 휴가·육아 휴직 자유로운 사용 분위기 조성, 여가 생활 지원 등)

출처: 일·생활 균형 캠페인 홈페이지

구체적으로 살펴보면, 장소를 바꾸어 업무 환경을 전환하고 유연한 사고를 확대하는 자율 좌석제 시행, 시간과 장소에 구애 없이 소통 가능한 스마트 회의 시스템 구축 등과 같은 새로운 업무 환경에 관한 내용을 포함한다. 모두 같은 시간에 출퇴근하고 사무실에 있어야 일을 열심히 한다는 인식을 전환

표 V-2 일·생활 균형 캠페인 참여 장려 활동

'일과 가정의 양립'을 넘어 '일과 생활의 균형'을 위해 기존 일家양득 캠페인을 '일·생활 균형 캠페인'으로 변경하여 진행합니다.

구분	기존	변경
명칭	일家양득 캠페인	일·생활 균형 캠페인
로고		
내용	**핵심 5분야** - 생산성과 업무 효율성 제고 - 유연 근무 활용도 높이기 - 불필요한 회식·야근 줄이기 - 육아 부담 나누기 - 알찬 휴가·자기 계발 지원	**핵심 3분야** - 오래 일하지 않기 - 똑똑하게 일하기 - 제대로 쉬기
참여 주제	참여 기업, 제휴 기업	참여 기업, 제휴 기업 외 파트너 기업 신설
유효기간	없음	참여 승인일로부터 2년
참여 확인서	없음	승인 시 참여 확인서 수여

출처: 일·생활 균형 캠페인 홈페이지

하기 위한 근로 문화 혁신을 위한 내용을 포함한다. 그중 일·생활 균형을 저해하는 요소로 꼽히는, 길 위에 버려지는 시간인 통근 시간을 해결해야 할 중요한 문제임을 강조하며, 기업의 유연한 근무 제도의 도입을 적극적으로 장려한다. 실제로 한국 직장인들의 평균 통근 시간은 58분으로 OECD 국가의 평균 시간 28분의 2배에 달하는 시간이다. '지옥철', '교통 지옥'으로 대변되는 한국의 출퇴근 시간은 업무 생산성에 악영향을 미칠 수 있으며, 시차출퇴근제, 선택 근무제, 재택·원격 근무제 등의 제도를 활용하여 근무시간을 조정하는 유연 근무제가 대안이 될 수 있다. 정부는 일·생활 균형 캠페인에 참여하는 기업을 홈페이지에 등재하고, 소속 근로자에게는 제휴를 통한 할인 혜택을 제공하는 등, 제도 확산을 위한 캠페인을 통해 기업의 참여를 적극 장려하고 있다.

2. 스마트 오피스 활성화를 위한 제도의 이해

1) 스마트한 공간에서 스마트하게 일하기

워라밸이 일과 삶의 균형이란 가치를 내포하는 용어라면, 스마트 워크는 개인이 시간과 장소에 구애받지 않고 업무를 수행할 수 있도록 하는 업무 방식을 뜻하는 용어이다. 일하는 방식의 변화는 업무 환경의 변화와 혁신을 요구한다. 흔히 스마트 오피스를 일하는 공간의 혁신으로 이해하기 쉽지만, 스마트 오피스는 공간 변화에 그치는 것이 아닌 일하는 방식의 변화, 조직 문화의 변화를 포함한다,

스마트 오피스 개념과 유사하지만 일하는 방식의 변화를 포함하는 개념인 스마트 워크(Smart Work)는 급격한 기술 발전과 일하는 방식 변화의 트렌드 속에서 전 세계적으로 주목받고 있다. 스마트 워크란 '똑똑하게 일한다'는 뜻으로 불필요한 낭비 요인을 제거하여 보다 효율적이고 창의적으로 업무를 수행하는 것을 의미한다. 과거 '열심히 일한다(Work Hard)'는 개념을 넘어서서 기존의 업무 관행에서 벗어나 새로운 방식으로 일한다는 의미를 내포한다. 즉, 경영 혁신 활동을 통한 자율 출근 제도, 집중 근무 제도, 결재 프로세스 단순화, 회의 시간 단축 등의 개념을 포함한다.

기술적인 관점에서 스마트 워크는 시간과 공간의 제한을 받지 않는 업무 공간의 구현을 의미한다. 즉, 기술을 활용하여 개인이 원할 때 업무를 수행할 수 있는 유연한 업무 환경을 제공하는 것을 뜻한다. 이러한 맥락에서 스마트 워크는 '유연한 노동(Flexible Working)'이라는 용어로 오랜 시간 논의되어 왔다(정보통신산업진흥원, 2011).

스마트폰 보급률이 90%를 상회하고, 디지털 기술과 ICT 인프라의 발전으로 모든 것이 연결되면서, 과거와 비교하였을 때 혁신적인 방식으로 업무 수행이 가능해졌다. 이러한 환경에서 똑똑하게 일하자는 개념에서 '스마트 워크'가 다시 주목받고 있다. 사람과 모든 기기, 사물이 인터넷에 접속되는 사물인터넷(Internet of Things) 환경이 구현되고, 4차 산업혁명을 시작으로 사

물의 연결 범위와 연관 산업이 더욱 확대되며 일하는 방식과 일하는 공간, 삶을 영위해 나가는 방식에 대한 근본적인 변화에 더욱 관심이 증가하고 있다. 이제 기존에 논의되어 온 스마트 워크의 개념과 특징에 대해 구체적으로 살펴보도록 하자.

(1) 스마트 워크 개념

스마트 워크에 대한 명확한 정의는 없지만, 일반적으로 ICT 기술을 이용하여 시간과 장소에 얽매이지 않고 언제 어디서나 편리하고 효율적으로 일하는 방식을 의미한다(한국여성정책연구원, 2011). 다양한 유연 근무 제도와 함께 장소에 구애받지 않는 근무 방식인 원격 근무(Tele work) 등의 장소적 개념을 포괄한다. 고용노동부의 스마트 워크 확산을 위한 노동관계법령 가이드라인에 따르면 스마트 워크는 '근로자가 근로시간의 전부 또는 일부를 자택, 사용자가 제공하는 별도의 사무실 또는 특정되지 않은 장소에서 정보통신 기기를 이용하는 등의 방법으로 근무하는 것'으로 정의하고 있다. 이는 스마트 기기와 ICT 인프라를 활용하여 기존 정해진 시간에 고정적인 장소에서 업무를 수행하던 방식과는 다른 '업무 공간의 확장', '근무시간의 유연화'의 특징을 포함한다.

(2) 스마트 워크 유형

일반적으로 스마트 워크란 시간과 장소가 정해진 기존의 근무 방식에서 벗어나 ICT 기술을 활용하여 다양한 형태로 근무하는 방식을 의미한다. 기술을 활용하여 언제 어디서나 편리하고 똑똑하게 업무를 수행할 수 있는 방식으로, 스마트 워크의 유형은 연구자나 기준에 따라 다양하게 구분된다. 그러나 일반적으로 근무 장소의 특징에 따라 모바일 오피스, 재택근무(홈 오피스), 원격 근무(스마트 워크 센터), 직장 근무(스마트 오피스) 등으로 구분할 수 있다(김꽃마음, 2011).

출처: 한국여성정책연구원, 2011

그림 V-1 스마트 워크의 유형

모바일 오피스는 외부에서 근무하는 상황에 스마트폰 등 모바일 단말기를 활용하여 이동 중에 혹은 이동 현장에서 업무를 처리할 수 있는 방식이며, 재택근무는 자택에 업무에 필요한 시설과 장비를 구비하고 근무하는 방식으로 홈 오피스라고도 불린다. 스마트 워크 센터 근무는 주거지 인근에 위치한 워크 센터나 전용 시설에서 근무하는 방식이다. 스마트 오피스는 직장 내에서 업무 효율성을 현재보다 높일 수 있도록 구현된 스마트 업무 환경에서 근무하는 방식을 뜻한다. 최근 많은 기업들은 경영 환경 변화에 대응하고, 구성원들의 업무 효율 향상을 위하여 스마트 워크 도입을 검토하고 있다. 고용 노동부는 일하는 장소를 다양하게 해 주는 재택, 원격 근무의 형태는 장소에 따라 혹은 실시 빈도에 따라 재택형, 위성 사무실형 원격 근무, 이동형 원격 근무, 상시형, 수시형 등과 같이 구분하기도 한다.

(3) 스마트 워크 도입 배경과 현황

스마트 워크의 개념적 논의는 1980년대 후반 원격 근무(Tele Work) 방식에

표 V-3 재택·원격 근무 형태

형태		개념
일하는 장소 (근무 장소)	재택형	근호자가 정보 통신망을 활용하여 가정에서 일하는 형태
	위성 사무실형 원격 근무 (스마트 워크 센터형)	개인 좌석이 정해져 있지 않은 공통의 장소 또는 집에서 가까운 거리에 있는 공공 근무 장소에서 일하는 형태
	이동형 원격 근무 (모바일 워크형)	장소나 시설에 구애받지 않고 원격 접속이 가능한 기기를 활용하여 일하는 형태
실시빈도	상시형	사무실에는 거의 출근하지 않고 대부분의 업무를 자택. 위성 사무실 또는 모바일로 일하는 형태
	수시형	재택 원격 근무를 하는 빈도·시간이 주 1~2회, 오전 또는 오후에만 근무하는 등 미리 정해진 사무실에서의 근무 빈도·시간에 비하여 적은 형태

서 시작되었다. 선진국들은 IT기술의 발전에 따른 일하는 방식의 변화에 대한 논의와 함께 제도적 변화를 위하여 힘써 왔다. 많은 국가들은 저출산·고령화 시대의 노동력 확보, 에너지 절감, 환경문제 해결 등의 다양한 이유로 스마트 워크 도입을 적극 추진하였다. 그러나 한국에서는 스마트 워크에 대한 사회적인 관심이 높지 않았으며, 공공 기관과 일부 대기업을 중심으로 도입이 논의되어 왔다. 그러나 급격한 인구 구조의 변화에 따른 생산 가능 인구 감소(저출산, 고령화 등), 사회경제적 침체에 따른 실업률 상승, 문화적 변화로 인한 일과 삶의 조화에 대한 요구에 대응하기 위하여 스마트 워크의 도입은 필수적인 상황이 되었다.

스마트 워크에 관한 기존 연구들은 스마크 워크 방식이 근로자의 일과 가정의 양립 그리고 기업 생산성을 향상시키는 효과가 있음을 밝혀 왔다. 기업 운영비 감소, 이직률 감소, 특히 근로시간의 유연성을 제공하는 스마트 워크는 경력이 단절되는 문제를 겪고 있는 여성 인력을 노동시장에 유입할 수 있게 한다. 그러나 여전히 많은 기업의 관리자들과 근로자들은 스마트 워크에 대한 부정적 인식과 불안감을 가지고 있다. 업무가 제대로 이루어지지 않을 것이라는 불신, 인사상 불이익에 대한 불안감 등을 가지고 있으며, 아직까지 제도적으로 준비되어 있다고 생각하지 않는다. 실제로 대다수의 기업들이 아직까지 접근성이 높은 곳에 스마트 워크 센터가 구축되어 있지 않다.

한국정보화진흥원에서 진행한 '2018년 스마트 워크 실태 조사'는 아직까지는 저조한 국내 기업의 스마트 워크 도입 현황을 보여 준다(한국정보화진흥원, 2018). 한국정보화진흥원은 2018년 전국 17개 광역시도의 5인 이상 민간 사업체 종사자 1,700명과 5인 이상 사업체 216개 기업을 대상으로 스마트 워크 실태 조사를 수행하였다. 조사 결과에 따르면 국내 기업 종사자들의 스마트 워크에 대한 인지도는 매우 증가하였으나, 스마트 워크 이용률은 크게 증가하지 않은 것을 확인할 수 있다.

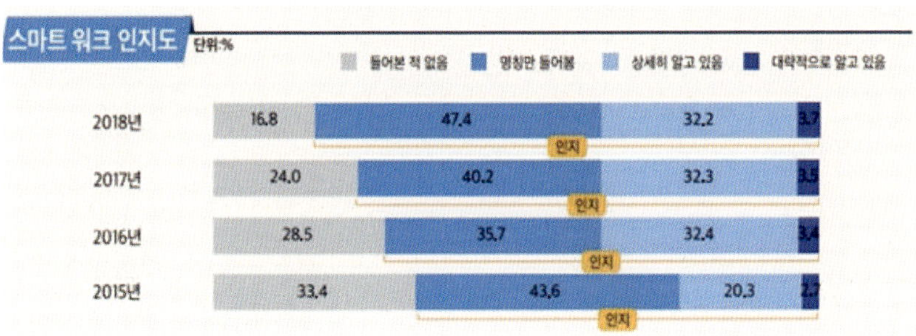

출처: 한국정보화진흥원, 2018

그림 V-2 국내 기업 종사자의 스마트 워크 인지도

일부 기업들은 일·생활 균형을 중시하는 새로운 세대에 적합한 업무 환경 구현, 근무 만족도 향상을 통한 생산성 극대화를 목표로 스마트 워크 도입을 적극적으로 시도하고 있다. 하지만 스마트 워크 도입 운영 의향 조사에 따르면 여전히 90% 이상의 비율로 스마트 워크 도입과 운영 의향이 없다는 응답 결과를 보였다.

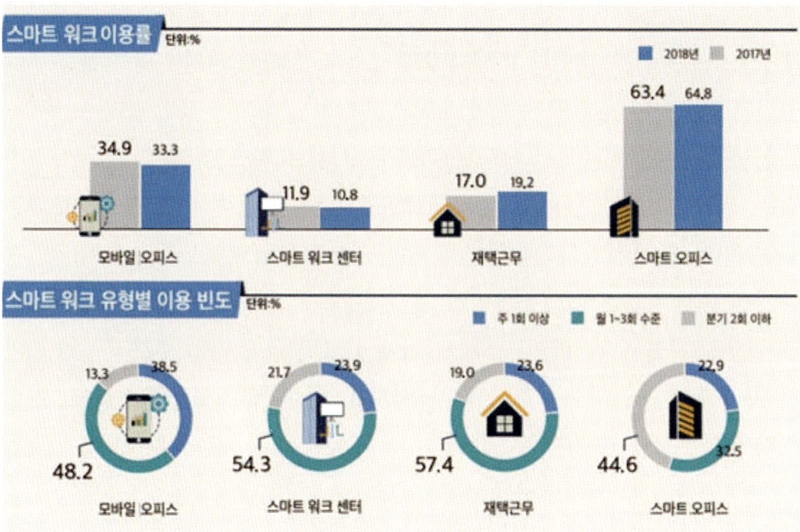

출처: 한국정보화진흥원, 2018

그림 V-3 국내 기업 종사자의 스마트 워크 이용률 및 이용 빈도

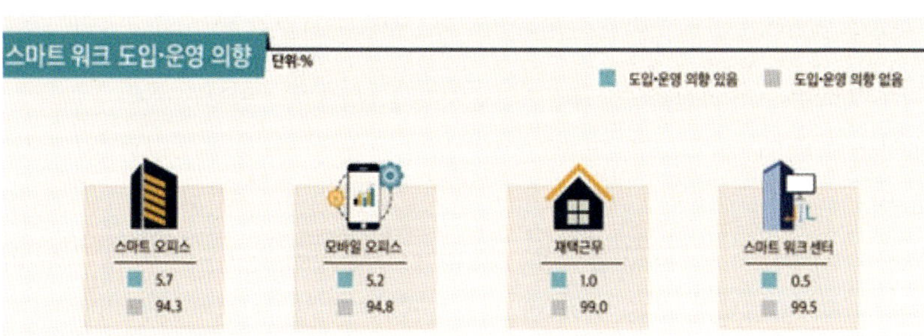

출처: 한국정보화진흥원, 2018

그림 V-4 국내 사업체의 스마트 워크 유형별 도입 운영 의향

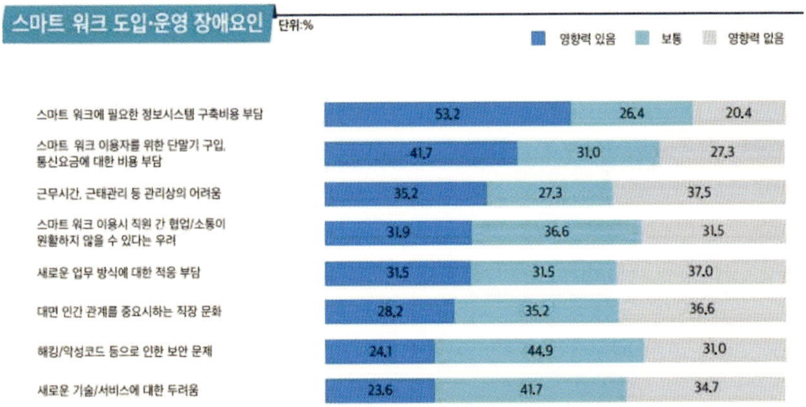

출처: 한국정보화진흥원, 2018

그림 V-5 국내 기업의 스마트 워크 도입·운영 장애 요인

이들은 스마트 워크에 필요한 정보시스템 구축, 단말기 구입, 통신 요금에 대한 비용을 도입과 운영에 장애가 되는 중요한 요인으로 인식하고 있었다. 또한 스마트 워크 업무 방식의 효과와 문화적 변화에 대한 불확실성을 염려하고 있는 것으로 보인다. 여전히 국내 기업들은 스마트 워크는 도입·관리 비용이 소요되고, 시스템이 없으면 도입하기 어려운 제도로 인식하고 있다.

그러나 현재 나타나고 있는 사회·경제·문화적 변화에 대응하기 위해서는 스마트 워크 도입을 미루기 힘들다. 그렇다면 스마트 워크가 활성화되기 위해서는 무엇이 필요할까? 다수의 전문가들은 미국·유럽·일본 등에서 스마트 워크가 빠르게 자리 잡을 수 있었던 중요한 요인으로 정부의 주도적인 역할을 강조한다. 주요 선진국들은 실제로 '저출산 대응', '여성·고령 인력 활용', '일·생활 균형' 등을 위해 정책적으로 스마트 워크 정착을 지원하고 있다(조성일, 2018). 미국은 스마트 워크 도입과 보급을 위하여 2010년 '텔레워크 촉진법'을 제정하고 연방 정부를 중심으로 공공 부문에 스마트 워크 보급을 적극적으로 추진하였고, 2016년 기준 공무원의 22%가 원격 근무제를 활용하고 있다.

유럽의 경우 네덜란드가 대표적인 사례로, 수도인 암스테르담 주변에 스마트 워크 센터 100여 개를 구축하여 운영하며, 공공 기관뿐만 아니라 민간 기업도 활용할 수 있도록 개방하고 있다. 영국은 2014년부터 스마트 워크를 시간선택제·재택근무제 등 14가지 세부 유형으로 구분해 근로자가 원하는 일하는 방식을 신청하도록 제도화하였다. 이러한 정부의 적극적인 지원하에 민간 기업들의 참여로 스마트 워크가 빠르게 확산되었으며, 미국의 경우 근무를 하는 직원이 2016년 43%, 유럽은 2015년 기준 직원 절반 가량(44%)이 근무시간을 자유롭게 선택하여 일하고 있다(조성일, 2018).

결국, 스마트 워크가 활성화되기 위해서는 국가 차원의 적극적인 관심과 지원이 중요하다. 최근 국내에서도 공공 부문을 중심으로 스마트 워크 활용이 증가하고 있으며, 국가 차원에서 스마트 워크 도입에 대한 인센티브 강화, 일·생활 균형을 중요시하는 사회적 분위기 조성을 위한 캠페인을 진행하고 있다. 다음 절에서는 이와 관련한 정부의 주요 제도에 대하여 자세히 살펴보도록 한다.

2) 스마트한 업무 환경 확산을 위한 근로 제도

최근 기업들의 '일하는 방식의 혁신'에 대한 논의가 활발하게 이루어지고 있다. 2018년 7월부터 시행된 '주 52시간 근로제'를 비롯하여 '워라밸(Work and life balance)'을 추구하는 구성원들의 요구와 제도적 변화가 빠르게 확산되고 있기 때문이다. 개인의 삶의 질을 높이고자 하는 사회적 열망에도 불구하고 지난 몇 년간 한국은 실질적인 조직 개선이나 변화를 이루지 못했다.

맥킨지의 한국 기업 문화 조직 진단에 따르면, 국내 기업들이 추진하고 있는 대부분의 활동들은 '가족의 날', '정시 퇴근 방송', '소통 행사' 등 캠페인성 활동에 치우쳐 있다(대한상공회의소, 2018). 일부 제도적 변화도 '강제 소등', '집중 근무시간 운영' 등 강제적 조치들이 대부분인 현실이다. 이러한 구조적 변화 없이 혁신만을 외치는 것은 오히려 피로감을 가중시킨다는 비판적인 의견도 있었다. 그러나 최근 정부는 노동시간 단축을 위한 다양한 제도를 적극 추진하고 있으며, 일과 삶의 균형에 합의하는 사회적 분위기 조성을 위하여 노력하고 있다.

(1) 노동 생산성 향상을 위한 지원 확대

정부는 2016년 기준 연간 노동시간이 2,052시간, OECD 국가 중 2위로 장시간 노동을 하는 나라로 꼽힌 현 한국의 상황을 중요한 문제로 인식하고 있다. 장시간 노동은 근로자의 건강권, 휴식권을 훼손하고 삶의 질을 저하시킬 뿐 아니라 기업 경쟁력 약화를 초래할 수 있다.

이러한 문제의 해결을 위해 근로 방식, 업무 환경 변화의 필요성에 대한 사회적 공감을 이끌어 내기 위한 노력과 함께 1) 생산성 향상 지원, 2) 일하는 방식 개선, 3) 근무 혁신 인센티브제 도입, 4) 유연근무 활성화 지원 등 노동시간 단축, 생산성 향상을 위한 기업의 근로 문화 변화에 대한 지원을 확대하

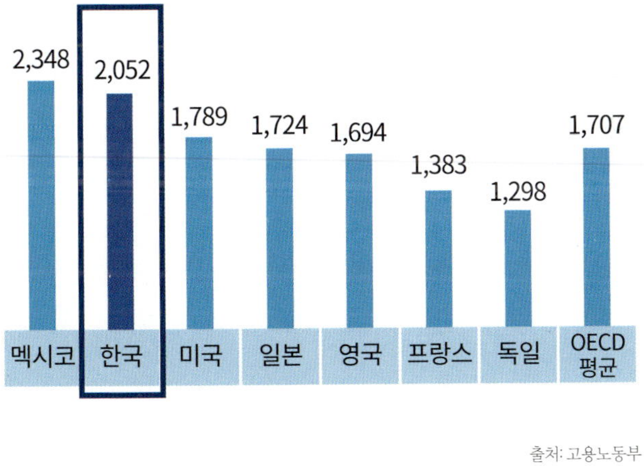

출처: 고용노동부 홍보자료, 2018

그림 V-6 2016년 OECD 주요국 연간 노동시간

고 있다. 주요 추진 내용은 다음과 같다(고용노동부 홍보자료, 2018).

- 생산성 향상 지원: 일터 혁신 컨설팅 지원, 중소기업 생산성 향상 지원, 스마트 공장 구축 등 지원
- 일하는 방식 개선: 근로조건 자율 개선 지원(근로 여건 취약 사업장의 근로조건 자율 개선 지원 규모를 확대, 노동시간 준수 관련 교육 규모 확대)
- 근무 혁신 인센티브제 도입 : 근무 혁신 실천 기업에 대한 인센티브 부여 제도 도입('19~, 세제 지원, 근로 감독 면제, 컨설팅 우선 지원 등)
- 유연근무 활성화 지원: 간접 노무비 지원(유연근무 활용 1인당 주 5~10만 원 최대 1년간 지원, 유연근무제 매뉴얼 제작 및 배포)

(2) 근무시간 유연화를 위한 주요 제도[3]

'유연근무제(Flexitime)'란 근로자가 개인 여건에 따라 근무 장소와 시간을 조절할 수 있는 제도다. 유연근무제의 유형은 근무시간을 자율적으로 조정하는 제도인 시차출퇴근제, 탄력근무제, 집중시간제 등이 있으며, 일하는 장소를 선택할 수 있는 제도로는 재택근무제, 모바일 근무제(모바일 오피스), 원격근무제(스마트 워크 센터) 등이 활용되고 있다. 즉, 직원 스스로 본인의 업무와 상황의 특성에 맞게 업무 효율성이 높은 시간대에 자유롭게 근무를 할 수 있도록 하는 근무시간 유연화와 본인의 업무 특성에 맞게 몰입할 수 있는 장소에서 일할 수 있도록 하는 근무 장소의 다양화를 가능하게 하는 것이 유연근무제이다.

국내에는 1990년대 말 IBM, P&G, 유한킴벌리 등 외국계 기업들을 중심으로 처음 유연근무제가 도입되었으며, 아직까지 국내의 유연근무제 도입 비율은 주요 선진국과 비교하여 매우 낮은 수준이다. 하지만 최근 스마트폰, 태블릿 등 각종 스마트 기기의 보급이 확대되고, ICT인프라의 고도화로 인한 클라우드

3 본 절은 일·생활 균형 캠페인 홈페이지 참고, http://worklife.kr/website/index/m2/support2.asp

시스템 환경이 보편화됨에 따라 굳이 회사라는 고정된 장소가 아니더라도 업무 수행이 가능해졌고, 최근의 젊은 세대들은 금전적 인센티브와 같은 전통적인 동기부여 요인이 아닌 조직에 대한 믿음, 개인에 대한 인정과 일과 삶의 균형 등에 더 큰 가치를 두고 있기 때문에 유연근무제를 활용하여, 근무 방식과 환경의 변화를 시도해야 하는 것이다. 기업이 도입하기 위하여 검토할 수 있는 국내 주요 유연근무제도는 다음과 같다.

고용노동부는 유연근무제도를 일하는 시간과 장소에 따라 크게 5가지로 분류하여 제시하고 있다. 우선 시간을 유연하게 사용할 수 있도록 하는 주요 제도들은 일반적으로 탄력근무제로 불리기도 한다.

탄력근무제란 주 40시간을 기본 근무시간으로 하여 근무시간을 탄력적으로 운용할 수 있게 하는 제도이다. 즉, 종업원들이 육아, 자기 계발, 가사 분담 등에 대한 부담에서 자유로울 수 있도록 조직 분위기를 조성하기 위하여 근무시간을 자율적으로 정할 수 있도록 한 것이다.

표 V-4 유연근무제도 종류

일하는 시간을 유연하게	시차출퇴근제	주 5일 근무, 1일 8시간, 주 40시간 근무를 준수하면서 출퇴근 시간을 조정하는 제도 **예시** 출근 시간대 07:00~10:00, 퇴근 시간대 16:00~19:00로 운영하여 근로자가 필요에 따라 출퇴근 시간을 선택 (1일 8시간 근무 준수)
	선택근무제	평균 근로시간이 주 40시간을 초과하지 않는 범위에서 1주 또는 1일 근무시간을 자유롭게 조정하는 제도 **예시①** 월~목요일에만 10시간씩 근무(주 40시간) **예시②** 월, 금요일은 5시간 근무, 화~목요일은 10시간 근무(주40시간)
	재량근무제	업무 특성상 업무 수행 방법을 근로자의 재량에 따라야 하는 경우 사용자와 근로자가 합의한 시간을 근로시간으로 보는 제도 (법에서 정한 업무에 한정-근로기준법 시행령 제 31조) **예시** 연구 개발, 정보처리 시스템 설계·분석, 취재, 디자인 등
일하는 장소를 유연하게	재택근무제	근로자가 회사에 출근하지 않고 집에서 근무하는 제도 **예시** 월·화·금요일은 사무실로 출근, 수·목요일은 집에서 근무
	원격근무제	주거지, 출장지 등과 가까운 원격 근무용 사무실에서 일하거나 사무실이 아닌 장소에서 모바일 기기를 이용하여 근무하는 제도 **예시** 본사 이전으로 출퇴근 시간이 길어진 직원이 주거지와 가까운 위성 사무실이나 스마트 워크 센터에서 근무

- 시간출퇴근제: 주 5일 동안 하루 8시간을 근무하며 주 40시간 근무를 준수하지만, 출퇴근 시간을 자유롭게 조정할 수 있는 유형
- 선택근무제: 평균 근로시간이 주 40시간을 초과하지 않는 범위에서 근무시간을 자유롭게 조정할 수 있는 유형
- 재량근무제: 업무 특성상 출퇴근 의무 없이 프로젝트 수행 등으로 주 40시간을 인정하기도 하며, 사용자와 근로자 간에 합의한 시간을 근로시간으로 보는 유형, 주로 연구 개발, IT 방송 등 법에서 정한 업종에 도입 가능한 제도
- 원격근무제: 주거지, 출장지 등이 가까운 원격 근무용 사무실에 출근하여 일하거나, 사무실이 아닌 장소에서 모바일 기기를 이용하여 근무하는 유형. 주 1일 이상 주거지와 근거리 원격 근무 센터에서 근무
- 재택근무제: 근로자가 정보 통신 기기 등을 활용하여 사업장이 아닌 주거지에서 업무 공간을 마련하여 근무하는 유형. 주 1일 이상 근로자의 주거지에서 주어진 업무를 수행하는 방식

(3) 제도 확산을 위한 노력

주 52시간 근무 제도를 시작으로 한국 기업들은 노동시간 단축은 피할 수 없는 현실이 되었다. 이에 많은 기업들이 시간, 비용 등을 이유로 강제로 PC를 셧다운하거나, 집중근무시간제, 회의 시간 제한 제도 등 근무시간 조정을 위하여 강제성이 있는 방법을 중심으로 대응해 왔다. 그러나 더욱 효율적인 대응은 유연근무제도를 활용해 근무시간을 조정하는 것이다. 이제 다양한 방식으로 일할 수 있는 환경이 구축되었고, 정부의 지원도 확대되고 있다. 유연근무제 도입의 지원금을 확대하고, 재택 원격 근무 인프라를 설치하는 비용을 직접 지원하기도 한다. 기업들은 이러한 사회적 변화와 정책적 지원의 기회를 활용하여 혁신을 시도해야 한다. 기존의 기업 문화와 근로 제도를 고수한다면 급변하는 경영 환경에 대응하지 못하고, 실력 있는 인재를 놓치는 결과를 초래할지 모른다. 기업들은 근로시간 단축에 치중한 단순한 변화를 시도하기보다, 향후 변화하는 환경에 대한 이해를 바탕으로 앞으로 가야 할

표 V-5 유연근로시간제 관련법

유 형	내 용	적합 직무
탄력적 근로시간제 (근로기준법 제 51조)	일이 많은 주(일)의 근로시간을 늘리는 대신 다른 주(일)의 근로시간을 줄여 평균적으로 법정 근로시간(주 40시간) 내로 근로시간을 맞추는 근무 제도	계절적 영향을 받거나 시기별(성수기·비수기) 업무량 편차가 많은 업종 등
선택적 근로시간제 (근로기준법 제52조)	일정 기간(1월 이내)의 단위로 정해진 총 근로시간 범위 내에서 업무의 시작 및 종료 시각, 1일 근로시간을 근로자가 자율적으로 결정할 수 있는 제도	근로시간(근로 일)에 따라 업무량의 편차가 발생하여 업무 조율이 가능한 소프트웨어 개발, 사무 관리(금융거래·행정 처리 등), 연구, 디자인, 설계 등
사업장 밖 간주근로시간제 (근로기준법 제58조 제 1·2항)	출장 등의 사유로 근로시간의 전부 또는 일부를 사업장 밖에서 근로하여 근로시간을 산정하기 어려운 경우에 소정 근로시간 또는 업무 수행에 통상 필요한 시간을 근로한 것으로 인정하는 근무 제도	근로시간 대부분을 사업장 밖에서 근로하는 영업직, A/S 업무, 출장 업무 등
재량 근로시간제 (근로기준법 제 58조 제3항)	업무의 성질에 비추어 업무 수행 방법을 근호자의 재량에 위임할 필요가 있는 업무로서, 사용자가 근로자 대표와 서면 합의로 정한 근로시간을 근로한 것으로 인정하는 제도	근로기준법 시행령 제 31조 및 관련 고시에서 정하는 업무에 한함 1. 신상품·신기술 연구 개발. 인문 사회과학·자연과학 연구 2. 정보처리시스템 설계 또는 분석 3. 신문, 방송 또는 출판사업의 기사, 취재 편성 또는 편집 4. 의복·실내장식·공업 제품·광고 등의 디자인 또는 고안 5. 방송 프로그램·영화 등 제작 사업에서의 프로듀서나 감독 6. 회계·법률 사건·납세·법무·노무 관리 특허 감정 평가 등의 사무에 있어 타인의 위임·위촉을 받아 상담·조언·감정 또는 대행을 하는 업무
보상휴가제 (근로기준법 제57조)	근로자 대표와 서면 합의를 통해 연장·야간·휴일 근로에 대하여 임금을 지급하는 대신 유급 휴가로 부여하는 제도	업무를 완료한 이후에는 일정 기간 휴식 기간을 가지는 직무, 다른 인력으로 하여금 대체 업무 수행이 가능한 연구·교육 등의 직무

출처: 고용노동부, 2018, 유연근로시간제 가이드

방향을 놓치지 않아야 한다.

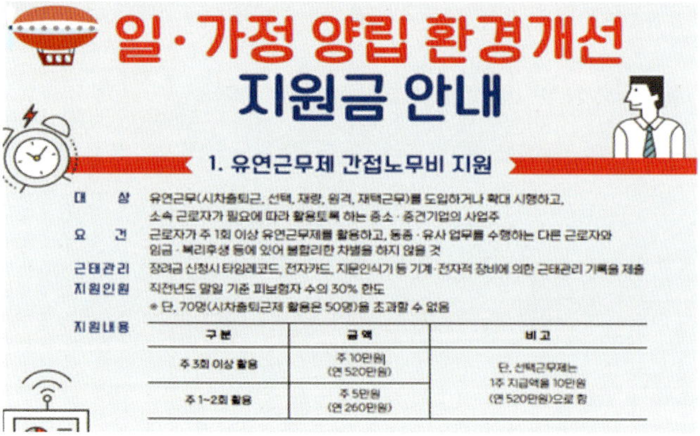

일·가정 양립 환경개선 지원금 안내

1. 유연근무제 간접노무비 지원

대상: 유연근무(시차출퇴근, 선택, 재량, 원격, 재택근무)를 도입하거나 확대 시행하고, 소속 근로자가 필요에 따라 활용토록 하는 중소·중견기업의 사업주

요건: 근로자가 주 1회 이상 유연근무제를 활용하고, 동종·유사 업무를 수행하는 다른 근로자와 임금·복리후생 등에 있어 불합리한 차별을 하지 않을 것

근태관리: 장려금 신청시 타임레코드, 전자카드, 지문인식기 등 기계·전자적 장비에 의한 근태관리 기록을 제출

지원인원: 직전년도 말일 기준 피보험자 수의 30% 한도
* 단, 70명(시차출퇴근제 활용은 50명)을 초과할 수 없음

지원내용:

구분	금액	비고
주 3회 이상 활용	주 10만원 (연 520만원)	단, 선택근무제는 1주 지급액을 10만원 (연 520만원)으로 함
주 1~2회 활용	주 5만원 (연 260만원)	

출처: 고용노동부, 2017

그림 V-7 정부의 유연 근무 활용 지침

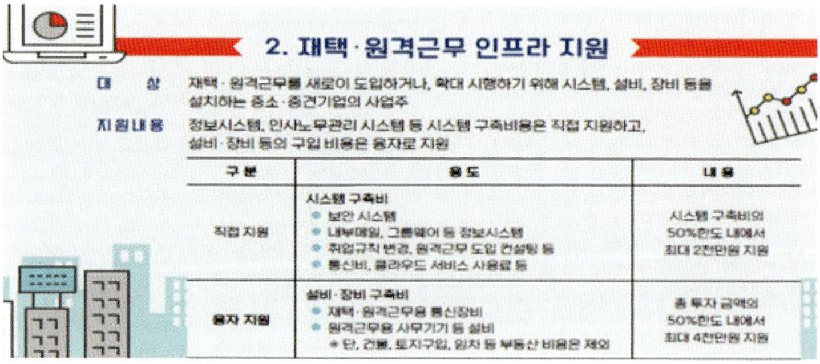

2. 재택·원격근무 인프라 지원

대상: 재택·원격근무를 새로이 도입하거나, 확대 시행하기 위해 시스템, 설비, 장비 등을 설치하는 중소·중견기업의 사업주

지원내용: 정보시스템, 인사노무관리 시스템 등 시스템 구축비용은 직접 지원하고, 설비·장비 등의 구입 비용은 융자로 지원

구분	용도	내용
직접 지원	시스템 구축비 • 보안 시스템 • 내부메일, 그룹웨어 등 정보시스템 • 취업규칙 변경, 원격근무 도입 컨설팅 등 • 통신비, 클라우드 서비스 사용료 등	시스템 구축비의 50%한도 내에서 최대 2천만원 지원
융자 지원	설비·장비 구축비 • 재택·원격근무용 통신장비 • 원격근무용 사무기기 등 설비 * 단, 건물, 토지구입, 임차 등 부동산 비용은 제외	총 투자 금액의 50%한도 내에서 최대 4천만원 지원

출처: 고용노동부, 2017

그림 V-8 정부의 재택·원격 근무 인프라 지원

3. 공간 혁신의 확대와 스마트 스페이스로의 도약

1) 공간의 스마트화와 연결의 확대: 스마트 스페이스

2019년 주목받는 기술 트렌드로 스마트 스페이스를 제시한 가트너(Gartner)

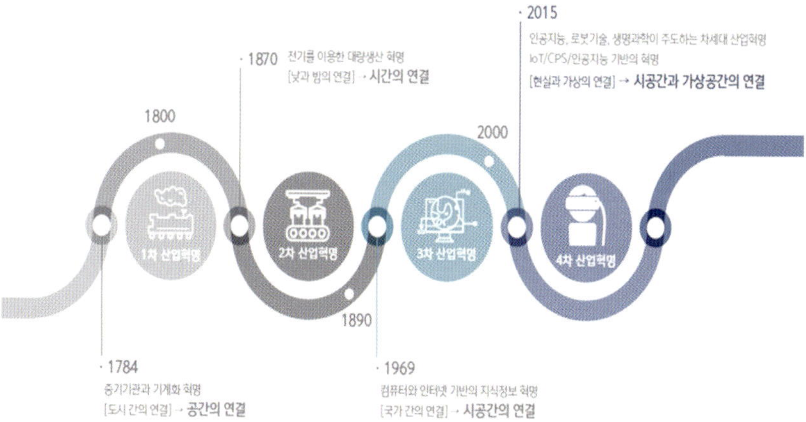

출처: 부산 에코델타 스마트 시티 시행계획, 2019, 12p

그림 V-9 4차 산업혁명과 초연결 시대의 도래

는 스마트 스페이스를 인간·기술 기반 시스템이 연결된 지능형 생태계에서 상호 작용하는 물리적 또는 디지털 환경이라고 설명하였다. 즉, 비즈니스, 인력, 프로세스, 서비스 및 사물 등 여러 비즈니스 요소를 하나의 플랫폼으로 결합하여 더욱 유연하게 협업이 가능하고, 몰입할 수 있는 자동화된 서비스를 경험할 수 있는 공간을 제공하는 개념으로 설명한다(Mayur, 2019).

스마트 스페이스의 구체적인 정의나 범위는 제시되어 있지 않지만, 우리는 스마트 스페이스를 4차 산업혁명으로 대표되는 디지털 트랜스포메이션이 산업과 사회 전반에 적용되며 공간 혁신과 스마트화, 사물과 사람의 연결 범위가 확대되며 나타난 개념으로 이해할 수 있다. 컴퓨터와 정보화로 인터넷 기반 사회, 자동화 생산 체계 구현 등으로 대변되었던 3차 산업혁명을 넘어서 4차 산업혁명은 혁신적인 기술을 통해 초지능, 가상화, 초연결의 사회를 의미하며, 사회에 변화를 가져오는 속도와 연관 범위에 근본적인 차이를 가지고 있다.

4차 산업혁명 시대의 공간의 연결과 혁신은 첨단 기술과 네트워크를 기반으로 오피스, 병원, 빌딩 등 물리적인 공간 간의 연결을 넘어서 교통 인프라, 산업,

사람 등 다양한 요소가 네트워크를 통해 연결되고 상호 작용하게 되는 환경으로 나타나고 있다. 즉, 물리적인 공간의 목적과 특징에 따라 구분되던 공간들의 연결 범위가 확대되고, 디지털 기술을 통한 혁신과 하나의 플랫폼으로 통합되는 스마트 스페이스 환경으로 변화하고 있는 것이다.

공간의 스마트화, '스마트 스페이스'는 결국 기존 산업이나 서비스에 혁신을 이루어 내는 디지털 트랜스포메이션(Digital Transformation)의 구현이다. 디지털 트랜스포메이션이란 디지털 정보 기술을 통해 비즈니스 모델과 서비스 구조에 혁신을 시도하고 기존과는 전혀 다른 방식과 접근으로 새로운 가치를 창출하는 활동을 포함하는 개념으로 볼 수 있다(김시정 외, 2017).

스마트 스페이스는 4차 산업혁명의 핵심인 지능 정보 기술(모바일, 클라우드, 빅데이터, 인공지능, 사물인터넷)을 통한 공간의 연결과 혁신 활동을 포함하는 개념으로 이해할 수 있다. 스마트 오피스, 스마트 빌딩, 스마트 병원, 스마트 시티 등의 네트워크 기반의 연결된 공간을 포함한다. 즉, 스마트 스페이스는 사물인터넷(Internet of Things) 기반 공간의 혁신 활동이 이루어지는 산업 전반으로 확대될 수 있다.

전 세계적으로 디지털 트랜스포메이션에 대한 관심이 집중되면서, 기업과 산업을 비롯하여 한국 정부도 4차 산업 환경에 대응하고 산업의 경쟁력을 강화하기 위하여 다양한 분야에 디지털 트랜스포메이션을 통한 혁신을 추진하고 있다. 스마트 팩토리와 스마트 시티 분야는 현재 정부가 주도적으로 추진 중인 대표적인 산업이다. 스마트 팩토리는 가장 전통적인 산업인 제조업의 공간, 비즈니스 프로세스 등 전반의 구조 변화와 혁신을 통하여 경기 침체와 산업 성장 정체 등의 문제를 해결할 해결책으로 주목받고 있다. 또한 모든 것이 연결되어 있어 데이터 분석을 통하여 도시가 가진 문제를 해결하고, 시민들이 원하는 가치를 제공하는 스마트 시티는 궁극적으로 모든 것이 연결되는 스마트 스페이스의 상위 단계이다.

일반적으로 스마트 시티의 개념은 자동화된 공공 서비스가 구현되어 있는 도시로 대중화되어 있다. 하지만 최근의 스마트 시티는 스마트 홈, 스마트 팩토리와 같은 별도의 개념들을 모두 포함하며 도시 전체의 교통, 물류, 인프라, 업무 공간 등이 통합되어 생산성을 향상시키고 최적화된 도시로 보아야 한다. 스마트 스페이스로 통합된 스마트 시티는 개인의 여가와 취미 생활 등, 일상생활뿐 아니라 회사 업무 등에 대한 지원과 통합적인 인프라를 제공하는 환경이다. 스마트 팩토리, 스마트 시티를 포함하는 스마트 스페이스의 특징은 바로 사람, 기계 등의 산업 시설과 도시 인프라 등이 연결되어 영상, 음성을 비롯한 스마트 공간에서 생성되는 다양한 데이터가 교환되고 분석되어 공간에 대한 새로운 가치를 제공하고 혁신을 이루어 내는 것을 지향한다는 것이다. 첨단 네트워크 환경 기반의 스마트 공간에서 생성된 데이터를 AI 기술을 활용하여 분석하고 사람과 공간에 대한 새로운 경험과 가치를 제공하게 된다. 오늘날의 디지털 정보 기술의 확산은 급속도로 진전되고 있어, 스마트 스페이스는 궁극적으로 사회, 정치, 경제, 문화 등 사회 전 영역과 개인의 전반적인 문제 해결을 위한 서비스를 제공하는 공간으로 구현되고, 그 범위는 계속해서 확장될 것이다. 이러한 과정에서 공간의 스마트화에 대한 이해와 스마트 스페이스로의 도약을 위해 필요한 사항에 대한 사고와 준비가 필요하다. 다음의 스마트 팩토리와 스마트 시티 사례를 통해 공간의 변화와 혁신에 대하여 좀 더 구체적으로 알아보자.

(1) 스마트 팩토리(Smart Factory)

오늘날의 제4차 산업혁명은 사무실에서 일하는 오피스 공간과 일하는 방식의 변화뿐만 아니라, 제조업을 비롯한 전통 산업에도 공간의 혁신과 변화를 가져왔다. 4차 산업혁명의 진행에 따라 기존의 하드웨어 및 제품 중심의 제조업 생산방식과 산업구조에 변화가 일어나고 있다.

스마트 팩토리는 초자동화, 초연결성, 초지능화의 특징을 갖는 사이버 물리 시스템(Cyber Physical Systems, 이하 CPS)을 기반으로 제품 생산 과정 전반에 통신 및 시스템에 연결되는 스마트화가 진행된 공간 혁신 플랫폼이다. 제조업의 스마트화와 혁신이 진행되며 제조업의 서비스화 및 플랫폼 기반 다양한 비즈니스 모델의 발굴이 가능해지고 있다. 이는 스마트 스페이스 관

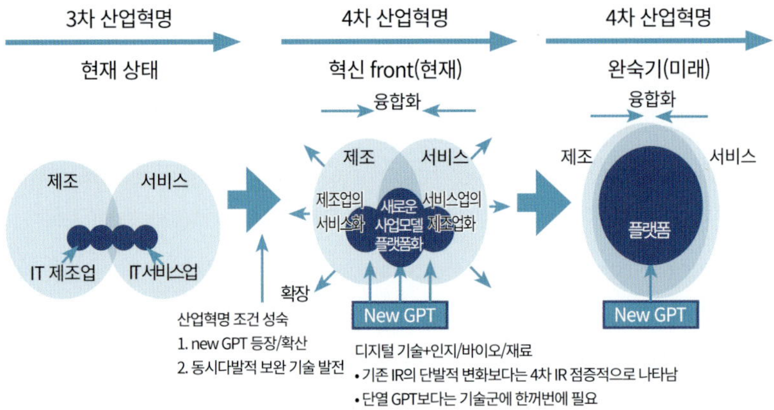

출처: 산업연구원, 2017b

그림 V-10 4차 산업혁명과 산업의 변화

점에서 공간의 변화(생산·제작 공정 변화)와 비즈니스 모델의 혁신(제조 서비스화)으로 구분해 볼 수 있다.

가) 생산·제작 환경의 변화

오늘날 제조업이 경쟁력을 갖추기 위해서는 소비자가 원하는 제품을 맞춤형으로 빠르게 제작해야 한다. 스마트 팩토리는 생산 제조 공정에 혁신 기술 도입을 통하여 유연한 생산 시스템 환경을 갖추고, 소비자의 취향에 맞는 제품을 즉각적으로 생산할 수 있는 환경을 구현해야 한다. 즉, 제조업에서 디지털 트랜스포메이션 구현의 가장 첫 단계는 제조 과정의 변화와 혁신이라고 할 수 있다.

제조업 분야의 4차 산업혁명을 의미하는 '스마트 제조'는 장비 및 제품 등 가능한 모든 것이 네트워크에 연결되는 환경에서 생태계 전반에 혁신을 가져오는 것을 포함한다. 생산 프로세스 변화와 최적화뿐 아니라 공장 내부의 (설비·반제품·작업자)와 공장 외부(고객·조달·유통·재고 부문)의 네트워크화가 이루어지고, 제조 생태계 전반에 최적화가 달성 가능해지는 것을 의미하는 것이다(산업연구원, 2017a).

4차 산업혁명의 주요 핵심 기술들과 산업 가치 사슬 간의 관계 및 영향력을 살펴보면 4차 산업혁명이 제조 영역에 크게 영향을 미칠 것으로 나타나고 있다(산업연구원, 2017). 4차 산업혁명의 핵심 기술 대부분이 스마트 팩토리의 주요 기반 기술이며, 특히 해당 기술들은 제조업 패러다임에 많은 변화를 가져올 것으로 예상된다. 제조업 프로세스 중 생산과 제작 단계의 변화가 가장 먼저 이루어지고, 플랫폼 표준화 및 데이터 분석 및 활용은 제작 공정 내의 네트워크화가 구현되어 데이터가 축적된 이후에 가능할 것으로 예상되고 있다. 이미 생산 및 제작 단계에 ICT 인프라와 3D 프린팅 등의 기술을 통하여 제품 제조 공정 혁신 및 비즈니스 모델을 혁신한 사례가 등장하고 있다. 3D 프린팅 기술은 제조업과 정보 통신 기술의 융합을 통해 새로운 형태의 산업과 서비스 창출이 가능하게 하며, 누구나 개인 맞춤형 생산 및 거래가 확산될 수 있도록 기여한다. 제품 설계, 시제품 제작, 제조·생산, 유통 등의 과정에서 데이터가 생산되어 이를 중심으로 통합되는 제조 공정을 구성하게 될 것이다.

표 V-6 4차 산업혁명 주요 핵심 기술과 가치 사슬 간 관계와 영향력

가치 사슬 / 핵심 기술	원료 · 조달	R&D	디자인	제조	물류	마케팅	서비스
AI		⊙	⊙	⊙	⊙	⊙	⊙
IoT				⊙	⊙		⊙
빅데이터	⊙	⊙	⊙	⊙	⊙	⊙	⊙
모바일				⊙	⊙		⊙
클라우드				⊙	⊙		⊙
3D 프린팅				⊙			
CPS				⊙			
NT · BT				⊙			

출처: 산업연구원, 2017b

3D 프린팅 기술의 발달은 시제품 제작 및 소량 양산이 가능하게 하는 기술로, 적은 비용으로 소비자의 수요에 대응한 다품종소량생산이 용이해지게 하여 개인, 벤처, 중소기업들이 소규모 자본으로 생산이 가능하게 한다.

① 3D 프린팅 기술을 통한 맞춤형 깔창 제작: SOLS 사례

미국의 젊은 여성 창업가 키건 쇼웬버그(Kegan Schouwenburg)가 창업한 SOLS 사는 고객의 개별 요구에 맞는 맞춤형 신발·깔창을 제작하는 업체로 전 세계 300여 개의 도시에 1만 켤레 이상을 판매하는, 3D 프린팅 기술을 이용한 스타트업의 대표적인 성공 사례이다. SOLS는 3D 프린팅을 이용하여 고객의 요구에 맞도록 신발 크기 및 골격을 데이터화하고 매핑하여, 고객 맞춤형 신발과 깔창을 생산 가능하도록 하는 'SIZE RIGHT'라는 시스템을 개발하였다. SOLS는 모바일 앱을 개발하여 모바일을 통한 고객 서비스를 제공한다. 고객이 애플리케이션을 통해 발 사진을 찍어 보내면, 소비자의 몸무게와 발 모양 등에 맞추어 맞춤형으로 깔창을 제조하는 것이다. 이 외에도 SOLS Flex를 통하여 발과 허리의 고통을 교정하기 위한 깔창을 사용하는 고객에게 개인화된 깔창을 직접 제공하는 비즈니스 모델을 만들었다.

3D 프린팅 기술을 깔창 제조업에 접목시켜 대량 생산하던 기존 제조업과 다르게 소비자 맞춤형의 소량 생산을 하고, 모바일 기술을 접목한 애플리케이션 서비스 제공을 통하여 소비자 지향적인 사업이 될 수 있도록 서비스를 확장하였다. 제작 프로세스의 스마트화는 무엇보다 제품 제작을 위한 물리적 자산과 공간의 부담을 낮추어 주었다. 맞춤형 깔창 제작을 위해 매장이나 클리닉에 방문해야 했던 고객의 번거로움을 없애 주고, 기업도 오프라인 매장이 필요 없고, 대량 생산을 위해 필요한 물리적 공간이 축소되는 것이다.

② 서계동 코워킹 팩토리(Co-Working Factory) 사례

서울역 패션허브 프로젝트의 일환인 서계동 코워킹 팩토리(Co-working factory)와 패션메이커 스페이스(Fashion maker space)는 서울역 일대 도시 재

• 3D 프린팅을 위한 앱 실행

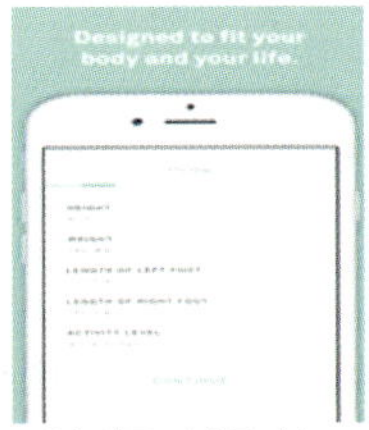

• 신장, 체중, 기타 특징과 생활 습관에 관한 정보를 입력

• 발의 사진을 찍어 업로드

• 사진을 이용하여 3D 프린팅 모델을 위한 데이터 변환

• 개인화된 신발과 깔창 제작

출처: techcrunch 홈페이지

그림 V-11 SOLS 제품 프로세스

생 활성화 지역인 용산구 서계동 만리시장 2층의 낙후된 공간을 리모델링해 개방형 실습 공간을 조성한 사례이다. 서울역 인근 산업인 봉제 공장, 대학, 지역 주민이 협력하여 새로운 사업 영역을 발굴하고 브랜드를 만들어 나가는 프로젝트로 서울시 공공재생과, 한국봉제패션협회, 숙명여자대학교 등이 진행하고 있다.

코워킹 팩토리와 패션메이커 스페이스라는 봉제 공간과 디자이너 공간을 구성하여 봉제인, 신진 디자이너, 봉제업 종사 지역 주민과 바이어 등, 패션과 관련하여 누구나 협업과 교류를 할 수 있는 공간을 구성하였다(숙명여자대학교 블로그, 2018). 코워킹 팩토리는 봉제 공동 작업장을 구성하여 시제품 제작 지원, 초급 봉제인들이 숙련 기술을 익힐 수 있도록 돕는 공간이다. 패션메이커 스페이스는 패션 산업에 관심 있는 청년들이 함께 배우고 만들어 나가는 공

출처: (사) 한국봉제패션협회 홈페이지, http://www.ksfa123.or.kr/

그림 V-12 서울역(力) 패션허브 프로젝트: 코워킹 팩토리

간으로 교육, 실습 등 교육 커리큘럼을 진행하는 등의 공간으로 활용된다. 유사 분야의 종사자 간 교류뿐 아니라, 3D 프린팅, IT 융합 관련 테크놀로지 장비들을 구비하고, 이를 지원해 주는 공간이다. 이 프로젝트를 통해 구성된 공간과 브랜드들은 디자인에서 샘플, 봉제까지 원스톱 생산하는 시스템을 구축해 보고자 구성된 협동조합이다(최정윤, 2019).

목적은 예비 창업가, 신진 디자이너의 제품 제작, 프로토타입 제작, 상품 촬영 등 창업 활동을 할 수 있는 공간을 구성하여 청년층의 의류 제조업 산업 유입을 촉진하는 것이다. 이를 통해 디자인부터 봉제까지 가능한 인력들이 협업하는 방식으로 업무를 배우고 기술을 익혀 향후 샘플 제작 등이 한 번에 가능한 시스템을 구축하는 것을 목표로 한다. 코워킹 팩토리는 개인 브랜드를 만든 디자이너를 배출하였으며, 봉제패션협동조합과 신진 디자이너가 협력하여 독특한 옷을 고품질로 소량 생산하는 등의 성과를 거두고 있다. 시설이 노후화되고 시장이 침체되었던 만리시장 공간의 변화, 코워킹 팩토리와 패션메이커 스페이스는 오래된 경력에서 오는 노하우와 최신 기술의 결합, 그리고 다양한 이해 관계자의 협력을 통해 봉제 산업의 육성과 혁신을 시도한 사례이다. 단순히 제작 공정의 스마트화와 생산성 향상을 위한 공간의 스마트가 아닌, 변화한 환경에 적응하고 다양한 이해 관계자의 협업을 통한 가치 창출이 가능한 디지털

출처: 패션메이커스 홈페이지(http://www.fashionmakers.kr/about_fmspace.view)

그림 V-13 패션메이커 스페이스

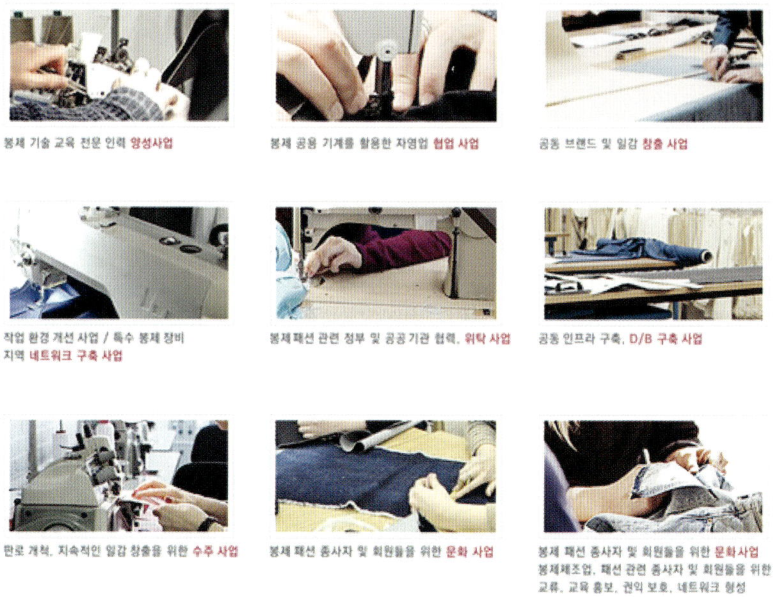

출처: (사) 한국봉제패션협회 홈페이지, http://www.ksfa123.or.kr/

그림 V-14 봉제 산업의 코워킹 팩토리 프로젝트

환경을 갖추는 것을 지향해야 한다.

나) 제조 서비스화

4차 산업혁명은 기존 제조업에 큰 변화를 가져왔다. 대량생산에서 소규모 맞춤형 생산으로의 변화뿐 아니라, 물리적 자산, 공간도 소유에서 공유로 패러다임을 변화시켰다. 그중 서비타이제이션(Servitization)이라 불리는 제조업의 서비스화는 ICT 기술을 활용하여 기존 제품 생산, 조립 등에 집중되어 있던 사업의 영역을 타산업과 융합을 통하여 새로운 서비스를 창출하거나 제품과 서비스를 융합하는 비즈니스 활동을 포함하는 개념이다. 제품의 가격 경쟁력이 중요하던 시대에서 새로운 혁신과 변화를 통한 가치 창출, 경쟁력 강화가 필요한 시대로 변화하였다.

가격 경쟁력을 갖춘 제품을 많이 팔아 수익을 창출하는 것이 아닌, 새로운 서비스를 제공하는 비즈니스 모델이 더욱 중요해지고 있는 것이다. 급박하게 변화하는 경쟁 환경에서 경쟁력을 갖추기 위해서는 사용자들의 니즈를 파악하고 새로운 경험을 제공하는, 제품과 서비스가 결합된 비즈니스 모델이 필요하다. 이러한 흐름에서 제조업은 생산 과정의 디지털화뿐만 아니라 타산업과의 융합, 산업 간 경계가 점차 붕괴되고 협력이 중요해지고 있다. 이러한 환경 변화에 맞추어 점차 제품 제작을 위하여 물리적 자산이 중요하던 시대에서 공장이 없어도 물건을 생산할 수 있는 시대로 변화하였고, 3D 프린팅 기술, ICT 기술 등을 활용하며 공유 제조 플랫폼이 더욱 부각되고 있다. 1980년대 초반에서 2000년대 초반에 출생한 밀레니얼 세대의 등장은 이런 공간(Space)의 변화와 공유를 더욱 촉진시켰다. 소유하지 않아도 괜찮고, 함께 쓰면 된다는 가치관을 가진 밀레니얼 세대는 기존 세대와 다르게 고정적인 공간이 아닌 필요에 따라 유동적으로 공간을 사용하며, 기술을 통해 물리적인 공간의 제약을 극복한다. 이들은 소유보다 공유를 통한 경험을 중요하게 생각하는 세대이다. 이들 세대는 함께 일하고 협업하는 코워킹 스페이스를 환영한다. 다음의 다시-세운프로젝트는 첨단 기술의 활용뿐 아니라 오랜 경험으로 기술을 보유한 장인들과 아이디어를 가지고 있는 청년 사업가들의 협업을 통한 제조업의 혁신을 보여주는 사례이다.

① 다시-세운프로젝트

다시-세운프로젝트는 세운상가 일대를 도시 제조업의 혁신지로 만들기 위한 서울시 도시 재생 사업이다. 그중 세운 메이커스 큐브는 '다시-세운 프로젝트'의 2층, 3층에 마련된 입주 공간으로, 제조업 관련 청년 스타트업과 예술가 그룹들이 입주해 있다. 이들은 세운상가 일대의 기술 장인, 상인들과 함께 교류, 협력하는 공간이다.

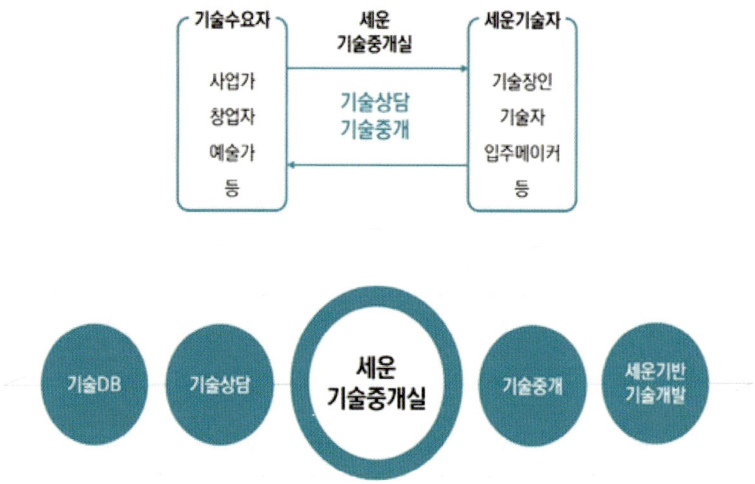

출처 : 다시세운 홈페이지

그림 V-15 세운 기술 중개 프로그램 개요

이 공간에서 기술 장인들의 실력과 디지털 기술, 젊은이들의 아이디어를 결합하여 새로운 형태의 제조업을 시도하며, 참신한 제품을 개발하고 시제품을 제작 지원하는 사업 등을 진행한다. 예를 들어 '세운 기술 중개 프로그램'은 기술적 해법이 필요한 사람들에게 관련 정보를 제공하고, 세운상가에 있는 각 분야의 전문가들과 연결하여 기술적인 문제 해결을 중개하는 기술 코디네이팅 프로그램이다. 과거 제조업의 기지였던 세운 상가에서 오랜 경력을 갖춘 전기전자 분야의 기술자, 개발품 제작 및 전문 수리업자 등, 20년 이상의 경력을 쌓은 기술 장인들을 세운 마이스터로 선정하고, 이들이 가지고 있는 고유 기술과 전문성을 청년 사업가들과 공유하며, 4차 산업혁명에 대응하는 제조 혁신의 밑거름을 제공해 주고 있다. 이러한 변화는 청년층이 주도하는 스타트업, 벤처기업들의 입주와 코워킹을 통해 더욱 가속화되고 있다. 메이커스 큐브에는 아이디어를 실현하여 제품을 제작하고 개발할 수 있는 공간들이 있다. 대표적으로 팹랩서울(Fab Lab/Fabrication Laboratory)은 3D 프린터, 레이저 커터, CNC 조각기 등, 전문 장비를 보유한 공간 및 디지털 장비 공유 업체이다. 디지털 제작 장비를 이용해 누구나 자신의 아이디어를 구현할 수 있게 돕는다.

팹랩은 MIT 미디어랩에서 시작되어 아이디어를 현실화할 수 있게 다양한 디지털 제작 장비를 공유하는 공간을 뜻한다. 현재 세계 100여 개 국 1,200개소가 운영되고 있으며, 세운상가에 입주하여 장비 교육과 공간 공유를 하고 있다. 이 외에도 입주자들이 의견을 교류할 수 있는 세운 파트너 라운지, 시제품 작업을 할 수 있도록 장비들과 공구를 공유하는 공간, 시제품을 전시하는 공간, 누구든지 방문하고 아이디어를 구현해 볼 수 있도록 도서관, 카페 등의 공간도 구성되어 있다. 예를 들어 세운부품도서관은 세운상가에서 구할 수 있는 부품들을 직접 볼 수 있고, 해당 부품으로 만든 제품을 직접 체험할 수 있도록 구성되어 있다. 세운 메이커 시티는 다양한 사람들이 많은 이야기와 지식을 교류할

출처: 서울정보소통광장 홈페이지

그림 V-16 세운부품도서관

수 있도록 공간을 구성하고 공유함으로써, 새로운 가치를 창출하고 상생하는 사례로 볼 수 있다.

앞서 살펴본 사례들을 통해 제조업의 혁신, 제작 과정의 스마트화 등, 스마트 팩토리로 대변되는 제조업 관련 분야의 수많은 변화와 혁신들은 단순한 공간의 변화뿐 아니라 함께 일하는 사람들의 협력, 지자체, 관련 기관 및 정부의 지원 사업 등이 있어 가능했다는 것을 알 수 있다. 이는 스마트 스페이스로의 도약을 위해서는 새로운 문화와 공간을 받아들일 수 있는 문화가 조성되고, 변화를 촉진하는 정부의 제도와 지원이 중요하다는 것을 시사한다.

(2) 스마트 시티

전 세계적으로 스마트 시티의 조성은 선택이 아닌 필수적인 사업으로 여겨지고 있다. 지능 정보 통신 기술 기반의 스마트 도시는 현재 도시가 가지고 있는 많은 문제를 해결하고 4차 산업혁명 시대의 산업 경쟁력 강화와 새로운 성장 동력이 되어 줄 수 있을 거란 기대를 받고 있다. 전미기술협회(CTA) 예측에 따르면 2025년까지 지구상 88개의 스마트 시티가 조성될 것이며, 2050년까지 전 세계 인구의 70%가 스마트 시티에 거주할 것이라고 한다. 2016년 1월 다보스포럼을 계기로 4차 산업혁명 기술이 구현되는 궁극적인 공간으로서 스마트 시티에 대한 관심이 집중되어 왔지만, 여전히 스마트 시티에 대한 명확한 정의와 내용은 규정되어 있지 않다. 하지만 첨단 기술을 활용하여 도시가 가진 근본적 문제를 해결하는 도시, 시민에게 새로운 가치를 제공하는 도시라는 것에 대해서 대부분의 학자들과 전문 기관이 동의하고 있다. 스마트 시티는 과거 인프라 확보 중심의 도시문제 해결 방식에서 벗어나, 시민이 원하는 서비스를 예측적으로 제공하는 스마트한 문제 해결 방식으로 패러다임이 변화하고 있다.

지난 수십 년간, 전 세계적으로 도시화가 급속히 이루어지며 주요국의 도시들은 다양한 문제를 가지고 있다. 한정된 공간에 인구가 밀집됨에 따라 나타나는 인프라 부족, 교통 혼잡, 도시 시설의 노후화 등의 문제가 신규 인프라 공급과 물리적 방식을 통한 해결이 한계에 도달하며 스마트 시티가 더욱 주목받고

출처: 부산 에코델타 스마트 시티 시행 계획, 2019, 10p

그림 V-17 도시문제 해결의 패러다임 변화

있는 것이다(한상목, 2018[4]). 한국 정부도 인공지능, 빅데이터, IoT 등과 같은 지능 정보 기술들을 도시에 접목시켜 도시가 가진 문제를 해결하고, 국가의 주요 성장 동력이 되어 줄 분야로 스마트 시티에 힘쓰고 있다.

스마트 시티는 과거의 인프라 구축 중심이었던 U-City와 근본적으로 다르다. 교통, 빌딩, 에너지 등 다양한 플랫폼이 통합적으로 연결되어 데이터가 공유되어야 하고 이를 위해서는 시민, 기업, 관련 지자체들의 적극적인 참여와 협력이 이루어지는 생태계가 조성되어야 한다. 즉, 스마트 시티의 도시 계획은 지금까지의 도시 계획과는 다르게 문제 해결 중심의 도시 계획에서 벗어나 미래를 예측하고 대응하며, 인문, 사회, 환경, 주민 참여까지 포용하는 공간 계획을 지향하게 된다. 각 도시의 디지털 트랜스포메이션을 통한 공간 혁명은 모두가 연결되어 새로운 변화를 가져오는 구조가 될 것이다.

한국은 2000년대 초반 U-City 사업부터 정부 주도의 대규모 신도시 개발 사업을 추진해 본 경험이 있고, 세계적으로 수준 높은 ICT 인프라를 가지고 있어 스마트 시티 분야를 선도할 수 있을 것이다. 한국 정부는 이를 위해 4차 산

4 한상목(2018), 4차 산업혁명의 종합플랫폼, 스마트 시티

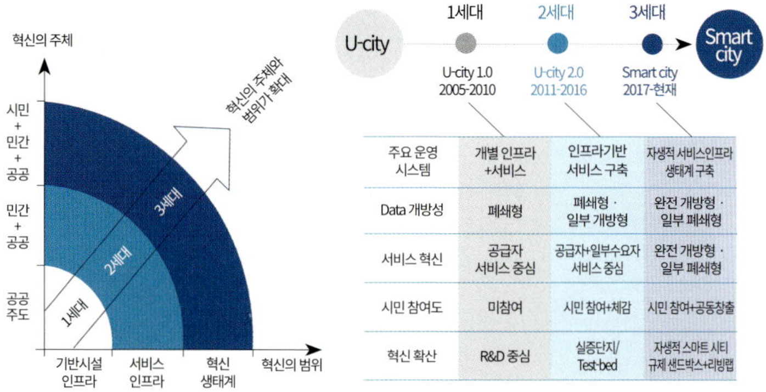

출처: 부산 에코델타 스마트 시티 시행 계획, 2019, 15p

그림 V-18 스마트 시티로의 패러다임 변화

업혁명을 선도하고 국가의 주요 성장 동력이 되어 줄 13개 분야 중 하나로 스마트 시티를 선정하였다. 세종시 5-1 생활권, 부산 에코델타시티 등 2곳을 스마트 시티 시범 도시로 선정하여 정부, 민간, 시민의 협력을 통한 스마트 시티 협력 모델 관련 사업을 추진 중이다. 세종시 5-1 생활권, 부산 에코델타 시티는 도시 설계, 시공, 스마트 시티 주요 기술 적용 등 전반에 4차 산업혁명 기술 구현에 집중하고, 관련 서비스의 실증과 상용화를 함께 추진하게 된다. 이를 위하여 LH(한국토지주택공사), K-Water(수자원공사) 등과 주요 공공 기관과 함께 스마트 도시 구축을 추진하며, 규제 샌드박스 등을 적용하여 신기술을 적용한 서비스의 연구 개발 및 실증 사업을 추진할 수 있도록 하는 등, 정책과 예산을 집중적으로 지원한다(류종현, 2018).

가) 부산 에코델타 스마트 시티(Eco Delta Smart City)[5]

부산은 국가 스마트 시티 시범 도시로 선정되어 기존의 도시가 가진 문제를 해결하고 시민들에게 새로운 가치를 제공하는 것을 목표로 스마트 시티 조성

5 본 절은 부산 에코델타 스마트 시티 시행 계획 참고

을 추진하고 있다. 기후변화와 도시화로 인하여 발생하는 교통, 에너지, 환경오염 등의 문제와 인구 감소, 일자리 감소 등으로 인해 발생하는 도시문제를 해결함과 동시에, 변화하는 4차 산업혁명 시대에 대응하는 플랫폼의 역할을 목표로 스마트 시티 조성을 추진하고 있다. 부산은 세 개의 하천을 중심으로 생태 환경과 4차 산업혁명의 주요 기술이 어우러진 도시라는 특징을 갖는다. 부산 에코델타 시티는 부산시 강서구 일원에 약 360만 평의 면적에 2023년까지 조성될 계획으로, K-Water와 함께 부산이 가진 수자원 문제를 해결하는 플랫폼을 조성한다. 부산 에코델타 시티 중, 스마트 시티 국가 시범 도시 약 66만 평 3,380세대 거주를 목표로 하고 있다.

표 V-7 부산 에코델타 스마트 시티 국가 시범 도시 개요

면 적	2.2㎢ (66만 평) *헬스케어 클러스터 등 포함 시 2.8㎢(약 85만 평)
계획 인구	8,500명 (3,380세대)
장 점	주거, 상업, R&D 등 주요 도시 기능이 집약되어 다양한 첨단 기술 적용 용이

출처: 부산 에코델타 스마트 시티 시행 계획, 24p

표 V-8 부산 에코델타 스마트 시티 실현 전략

비 전	사람, 자연, 기술이 만나 미래의 생활을 앞당기는 글로벌 혁신 성장 도시		
기본 방향	1) 일과 휴식이 공존하는 사람 중심의 도시	2) 사람과 자연이 공생하는 도시	3) 시민이 공감하는 4차 산업혁명 기술의 도시
계획 목표	5년 더 건강하게 사는 도시 Work & Life Balance 50:50	신재생 에너지 Plus 20% 도시 Recycle 100% 도시	1년에 124시간을 절약하는 도시 28,000개의 일자리 창출
핵심 과제	1. 기술을 담는 스마트 공간 계획 - 스마트 라이프, 스마트 연결 등 스마트 도시로서의 공간 계획 2. 기술 실현의 기반인 클라우드 플랫폼 - 디지털 도시 플랫폼, 증강 도시 플랫폼, 로봇 도시 플랫폼 3. 시민의 삶을 바꿀 10대 혁신 과제 - 로봇 활용 생활 혁신, 배움-일-놀이 융합 사회 외 10대 혁신 과제 4. R&D 및 기업 육성 등 미래에 대한 준비 - 혁신 산업 생태계 조성, R&D 플러그인 도시 5. 시민 참여로 완성되는 도시 - 스마트 시티 1번가, 리빙랩 네트워크 6. 글로벌 협력 도시		

출처: 부산 에코델타 스마트 시티 시행 계획, 24p

부산 엘코델타 스마트 시티는 1) 일과 휴식이 공존하는 사람 중심의 도시, 2) 사람과 자연이 공생하는 도시, 3) 시민이 공감하는 4차 산업혁명 기술의 도시라는 기본 방향 아래 6대 핵심 과제를 추진하고 있다.

부산 스마트 시티의 주요 혁신 과제 중 시민이 가정, 일, 자기 계발을 병행할 수 있는 '배움(LEARN)-일(WORK)-놀이(PLAY) 융합 사회', 이른바 LWP가 주요 과제로 포함되어 있다. 배움, 일 놀이가 공간적·제도적으로 융합되어 새로운 사회를 구현하는 것을 목표로 하며 이를 위한 스마트 시티 환경 조성을 목표로 한다. LWP를 위하여 LWP 인프라 구축, 스마트 워크 및 일자리 창출, 생활 속 학습, 즐거운 도시 등을 주요 과제로 선정하고 있다. 이중 LWP 인프라 구축과 스마트 워크 및 일자리는 스마트 오피스의 활성화와 공유 공간, 미래형 스마트 업무 환경 등의 내용을 포함한다. 과제의 주요 내용은 다음의 표와 같다.

표 V-9 부산 에코델타 스마트 시티: LWP 인프라 구축 주요 내용

목 표	배움-일- 놀이를 유연하게 수용하고 확장할 수 있는 인프라 마련
LWP 융합 커뮤니티 공간 조성	• 아파트 단지에서 LWP 커뮤니티 센터를 조성하여 도서관, 워크 센터 등 주거와 배움, 일, 놀이를 융합하는 복합 공간으로 활용 • 실외에서도 학습과 업무가 가능하도록 스마트 공원 조성
메이커 스페이스 구축	• 주민 혼자서 다양한 경제활동을 할 수 있도록 종합 메이커 스페이스*를 '스마트 혁신 센터' 내에 설치 • 5대 혁신 클러스터에도 분야별 메이커 스페이스 센터를 조성하여 주민에게 제공 * 3D 프린터, 공동 주방 등 다양한 공동 설비가 구비된 자유 작업 공간으로 시민들의 창업 활동 지원
LWP 활용 기반 조성	• LWP 시설 및 프로그램 운영을 위해 기본 플랫폼과 각종 콘텐츠 개발 관련 정부 지원 사업 등과 연계하고 챌린지 방식을 통해 민간 주도로 개발 • LWP 운영은 리빙랩과 연계하여 주민 주도로 추진하고, 시범 도시 입주민에게 집중적인 체험 교육 및 시범 사업 등을 통해 LWP 공간 활용을 활성화

출처: 부산 에코델타 스마트 시티 시행 계획 106p, 참고 재구성

표 V-10 부산 에코델타 스마트 시티: 스마트 워크 및 일자리 주요 내용

목 표	급변하는 스마트 시대 근무 환경에 맞는 새로운 경제활동 모델 제시
미래형 스마트 근무 시스템 도입	· LWP 시설을 활용하여 출퇴근 없이 일하는 스마트 근무 확대 · 현재의 스마트 워크는 혼자 일하는 업무 중심이지만, LWP는 디지털 어시스턴트, 가상·증강 회의 등 스마트 기술을 적용하여 협업과 조직 활용이 필요한 업무까지로 확대 · *부산시 및 산하 공공 기관, 기업 등 대상 LWP 참여 기관 모집 및 시범 사업으로 추진
1인 생산, 마이크로 비즈니스	· 차세대 지능형 메이커 스페이스를 구현하여 주민들의 1인 생산 및 마이크로 비즈니스 활성화 · 로봇, 증강현실 및, AI 등 스마트 기술을 접목한 미래형 메이커 스페이스 구축 * 정부 R&D 사업으로 지능형 메이커 스페이스 개발 사업 추진 · 1인 생산, 마이크로 비즈니스, 사업자들에게 사업 운영에 필요한 회계, 판매, 고객 관리 등 지원 서비스를 제공
사회적 경제와 일자리	· 스마트 기술과 관리 기법을 적용한 새로운 형태의 일자리 창출 · 시범 지구 내에서 발생하는 데이터를 사회적 경제와 연계하여 공동체 기반의 공익적 사업으로 육성

출처: 부산 에코델타 스마트 시티 시행 계획 106p, 참고 재구성

스마트 시티 내의 공간 구성을 통하여 시민의 워라밸을 가능하게 하려는 부산 에코델타 시티 추진 계획 내용을 살펴보면 결국 이것이 스마트한 공간 구성, 민관 협력, 관련 제도의 수립을 전제로 하고 있음을 알 수 있다. 부산 스마트 시티의 인프라 조성과 시범 사업이 원활하게 추진되기 위해서는 기술 관련 제도 개선뿐 아니라, 스마트 워크와 같은 근로 문화 변화를 위한 제도의 검토와 개선도 이루어져야 한다.

나) 데이터와 인공지능의 도시: 세종 스마트 시티[6]

세종 국가 시범 도시의 마스터 플래너인 정재승 교수는 세종 스마트 시티를 '도시에서 벌어지는 모든 현상과 움직임, 시민들의 행동들을 데이터화하여, 이를 인공지능으로 분석하고 시민들의 삶의 질과 행복, 도시의 지속 가능성을 높

6 본 절은 '세종 스마트 시티 국가 시범 도시 총괄 계획단(2019), 세종 스마트 시티 국가 시범 도시 시행계획' 참고

이는 맞춤형 예측 서비스를 제공하는 플랫폼으로서의 도시'로 정의하였다(정재승 외, 2019). 따라서 제4차 산업혁명 기술 적용을 통하여 사용자인 시민 중심으로 도시를 설계하고 운영, 관리가 되는 미래형 도시의 구현을 목표로 한다.

표 V-11 세종 5-1 스마트 시티 시범 도시 사업 개요

위 치	세종시 합강리 일원
면 적	2,741천㎡ (83만 평)
계획 인구	22,585명(9,000세대)
사업 기간	2017.07.~2021.12

세종 스마트 시티의 특징은 백지 상태의 부지에서 도시 계획, 인프라 구축, 시범 도시 조성이 이루어진다는 것이다. 따라서 스마트 기술의 적용과 데이터

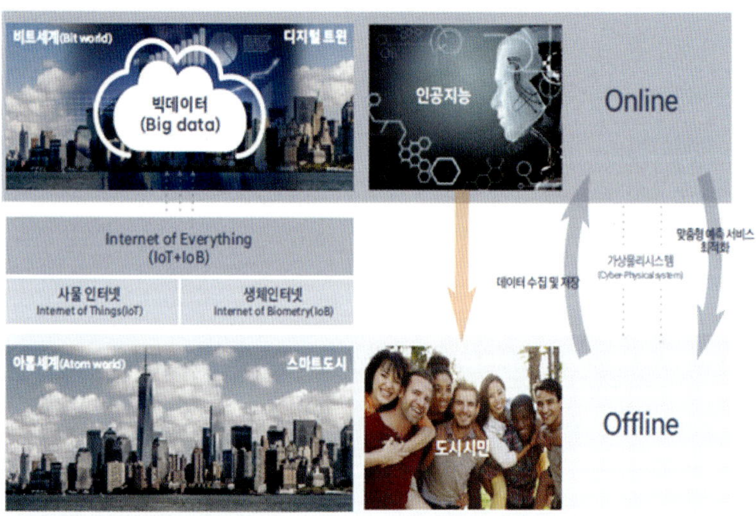

출처: 세종 국가시범도시 기본 구상안 4p

그림 V-19 제4차 산업혁명 체감 도시

연동 등이 이루어지는 혁신 인프라 구축이 도시 조성 초기 단계부터 가능하다는 이점을 가지고 있다. 세종 스마트 시티는 시민의 행복을 높이고, 창조적 기회를 제공하는 지속 가능한 플랫폼으로서의 도시라는 철학 아래 국가 시범 도시 조성을 시작하였다.

주요 가치 구현을 위한 주요 방법으로 모빌리티, 헬스케어, 교육, 에너지 환경, 거버넌스, 문화 쇼핑, 일자리의 7대 혁신 요소를 도출하였다. 도시의 모든 데이터는 7대 혁신 요소별 플랫폼들이 연결되어 수집, 분석이 이루어지고 다시 각 서비스에 활용될 수 있도록 하는 데이터 기반 인공지능 도시 구현을 목표로 하는 것이 세종 스마트 시티의 특징이다. 5-1 생활권과 기존 생활권을 연계하여 인구 20만 이상의 데이터를 장기적으로 확보하여 세종 시민에게 데이터 분석을 토대로 맞춤형 서비스를 제공하는 것을 구상하고 있다.

이러한 인공지능 데이터 분석 기반 맞춤형 서비스를 제공하기 위해서는 사

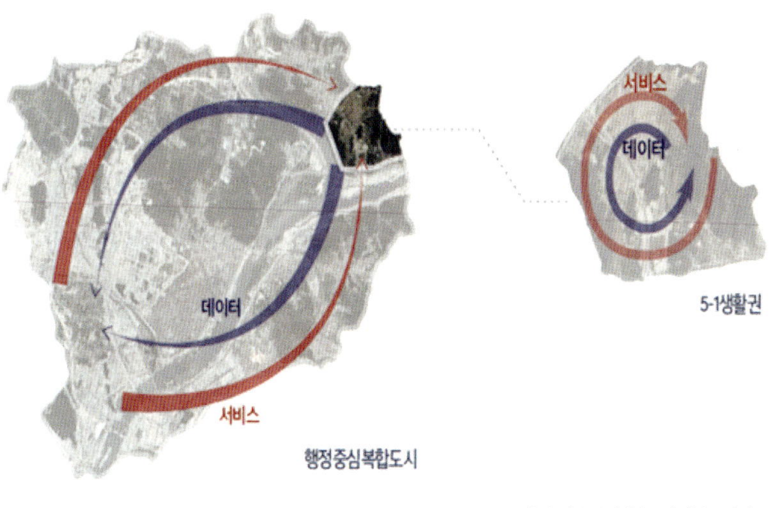

출처: 세종 국가시범도시 기본 구상안 55p

그림 V-20 오픈(개방형) 데이터 허브 및 도시 데이터 분석 센터 구축

물인터넷과 다양한 센서들을 통해 얻은 데이터를 클라우드 시스템이 저장하여 통합 관리하는 것이 필요하다. 이를 머신러닝(Machine Learning) 등의 기법으로 분석하고, 예측 서비스를 제공하는 것이다. 예를 들어, 시민의 수요에 따라 자율 주행 셔틀이 개별 운행될 수 있도록 예측하여 대응하는 등의 서비스가 가능해진다. 이를 위해 디지털 쌍둥이 융복합 플랫폼을 통해 데이터 간 융복합이 일어나고, 새로운 서비스와 창조적 기회가 창출될 수 있다. 세종시는 이러한 데이터 분석 기반 문제 해결과 서비스 구현을 위하여 오픈 데이터, 오픈 거버넌스 기반 도시 운영 모델을 목표로 하고 있으며, 디지털 트윈 플랫폼 구축을 추진할 계획이다. 스마트 시티 건설 과정의 모니터링과 향후 도시문제 해결과 관리를 위한 솔루션인 것이다. 세종시의 데이터 통합 관리 기반 도시 조성 계획을 위해서는 데이터 공유와 분석을 위한 관련 각종 규제가 완화되고, 제도가 필요할 것이다.

앞서 살펴본 스마트 시티와 스마트 팩토리의 공통점은 결국 스마트 공간을 구현하는 기술뿐 아니라, 새로운 서비스를 받아들이는 사람들의 변화, 협력하고 공유하는 문화의 조성, 스마트 서비스를 가능하게 하는 제도적 준비가 필요하다는 것이다.

다음 절에서는 스마트 스페이스 구현을 위해 필요한 준비 사항에 대해서 좀 더 구체적으로 살펴본다.

표 V-12 스마트 시티 관련 법 개정 추진의 예

구분	내용
근거 지원법	기존 '유비쿼터스도시의 건설 등에 관한 법률'(2008. 9) → '스마트도시 조성 및 산업진흥 등에 관한 법률'(2018. 3 시행)로 대체
관련법	· 국토교통부 스마트도시법 개정안(2018. 3) : 빅데이터 기반의 스마트 기술 개발, 스마트 시티 신산업 육성을 위한 각종 규제 해소와 특례 추진, 건폐율·용적률 등 입지 규제 최소화, 민간 창업 지원과 투자 촉진을 위한 '혁신 성장 진흥 구역' 도입 등 · 과학기술정보통신부 '소프트웨어산업진흥법 전부개정안'(2018. 3) : '민간투자형 공공 소프트웨어사업' 조항 신설, 대기업의 공공 소프트웨어 사업 참여 일부 허용

출처: 류종현, 2018

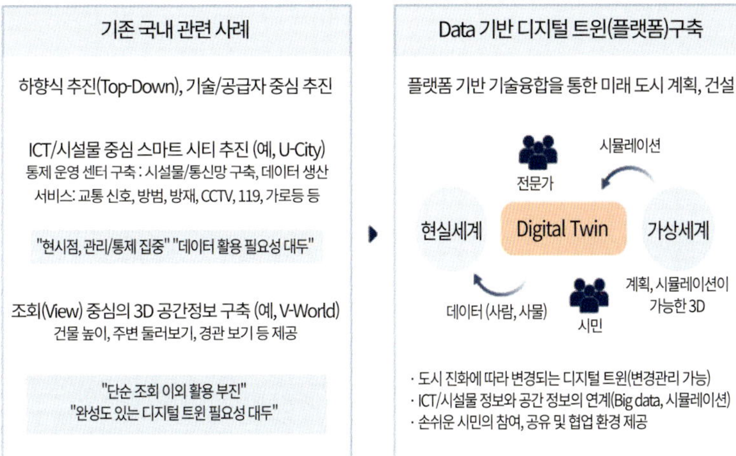

출처: 세종 국가시범도시 기본 구상안 66p

그림 V-21 스마트 시티 디지털 트윈 플랫폼 추진 예시

2) 스마트 스페이스 구현을 위한 제도적 준비 사항

앞서 살펴본 스마트 오피스를 위해 필요한 문화, 스마트 팩토리, 부산과 세종시가 스마트 시티 국가 시범 도시 사례 등에서 서비스의 상용화, 스마트 스페이스로의 도약을 위해서는 제도적인 기반이 필수적임을 확인하였다. 실제로 스마트 시티 추진을 위해서 스마트 시티 근거 지원법과 관련 법 개정이 추진 중이며, 혁신 서비스의 시범적인 추진을 위한 규제 완화의 노력이 이루어지고 있다. 향후 스마트 스페이스 구현과 활성화를 위해 필요한 준비 사항에 대하여 규제 혁신, 데이터 제도 마련, 시민 참여 활성화의 측면에서 살펴본다.

(1) 관련 제도 마련 및 단계적 규제 혁신

정보 통신 기술의 발전과 사회 문화적 변화로 스마트 오피스가 미래의 업무 환경이 될 것이라는 이야기는 더 이상 낯설지 않다. 주 52시간 제도, 워라밸을 장려하는 정부의 정책 기조는 근로자들에게 "나도 이제 자유로운 출퇴근이 가능해지는 것인가."라는 희망을 준다. 하지만 여전히 유연근로시간제나 스마트 워크 제도의 도입과 활용 실적은 저조하다. 이는 변화한 환경에 맞게 근로할 수 있는 근로 제도가 아직 마련되지 못했다는 점이 기인한다.

표 V-13 근로시간 법·제도 애로 사항 및 개선 필요 사항 상위 3순위

순위	애로 사항	개선 필요 사항
1순위	일시적 업무향 증가 대응	근로시간 측정/계산 방법
2순위	업종 또는 직무 특성 고려 특례 인정	일시적 업무량 증가 대응 방안
3순위	근로시간 측정/계산 방법	업종이 아닌 직무 중심 특례 인정

출처: 류성민, 2019

한국의 현행 노동 관련 법으로는 스마트 워크를 하는 근로자가 충실히 일하고 있는가, 어떻게 업무량과 임금을 산정해야 하는가에 대한 문제가 존재한다. 류성민(2019)의 연구에서 유연근로제 도입이 어려운 이유를 살펴보면 근로시간 측정 및 계산 방법은 가장 개선이 필요한 법·제도 애로 사항으로 나타났다. 한국은 스마트 워크를 촉진시키기 위한 법과 제도적 기반이 미흡한 상황이다. 김경태(2019)의 연구에서는 한국에서 공공 부문에서 스마트 워크를 언급한 최초의 법령은 2001. 3. 28. 법률 제6439호로 제정된 전자 정부 구현을 위한 행정 업무 등의 전자화 촉진에 관한 법률 및 2001. 6. 30에 제정된 동법 시행령으로, 이후 법률이 개정되며 스마트 워크 센터 설치와 운영이 가능한 법적 근거를 마련하였다고 하였다. 그러나 스마트 워크 관련 기존의 법령은 대부분 공공 부문에 관한 규정으로 민간 부문에 적용될 수 있는 법령은 제대로 마련되어 있지 않은 상황이라고 지적한다. 민간 부문의 스마트 워크 추진을 위하여 법률 제정이 추진되는 등의 시도는 있었으나, 아직까지 관련 용어에 대한 정의 등이 모호한 상황이다. 스마트 워크, 재택근무, 원격 근무 등 관련 용어도 혼재되어 있는 상황이며 유연근로제 등이 가능하도록 하는 노동법적 근거를 마련하기 위한 준비가 필요하다.

현재 주요 스마트 시티 시범 도시에서 계획하고 있는 혁신 기술과 서비스 들도 대부분 규제에 묶여 있어 활용이 어려운 상황인 것은 마찬가지이다. 과거에도 인터넷 전화(VoIP), IPTV 등 기존의 규제로 적용이 어려운 새로운 서비스가 등장한 경우, 제도적인 준비가 되어 있지 않아 서비스 출시가 지연된 바 있다. 세종 '5-1 생활권'은 특정 지구 안에 일반 차량 통행이 금지되고, 자율 주행차와 세그웨이 등 개인형 모빌리티, 공유 자동차로 구성된 스마트 모빌리티 구현과 헬스케어에 주안점을 두고 있다(노현웅, 성연철, 2019). 이러한 서비스 구현을 위해 개선이 필요한 규정들은 매우 많다. 자율 주행 자동차의 경우 국토교통부, 세종특별시, 행복청, LH 간 협업 체계가 필요하다.

특히 자율 주행 자동차 추진을 위하여 특별법(자율주행자동차 개발 촉진 및 상용화 기반 조성에 관한 법률. 윤관석 의원 등 13인 발의_18.10.26)이 필요하고, 교통, 통신, 개인정보보호법 등 다양한 분야의 개별법이 자율 주행차 추진을 위한 정비가 필요하며, 각 기관별 추진 정책이 상호 연계되어 로드맵이 공유되고 협조 체계 구축이 필요할 뿐 아니라, 관련 특별법의 개정과 규제 검토가 필수적이다.

스마트 모빌리티뿐 아니라 헬스케어 혁신 서비스도 마찬가지다. 원격의료 서비스는 지난 몇 년간 논의되어 온 사항이다. 의료 관련 혁신 서비스는 개인의 의료 정보 보호를 위해 제정되어 있는 여러 법률로 인하여 관련 서비스의 추진이 어려운 대표적인 분야이다. 이러한 문제를 해결하기 위한 단계적 규제 완화가 필수적인 상황이다. 이러한 문제 해결을 위하여 정부는 스마트 시티 시범 도시에 한시적으로 규제를 완화하기 위한 여러 방안을 모색 중이다.

그중 대표적인 것은 규제 샌드박스이다. 규제 샌드박스는 경직된 규제로 어려움을 겪던 공유 경제, 블록체인, 빅데이터, AI 등 4차 산업혁명의 핵심 기술을 시험할 수 있도록 한다. 빅데이터를 비롯 드론, 블록체인 등 다양한 첨단 기술을 적용한 혁신 서비스 실험을 위해서는 규제 샌드박스 적용이 필수적이다.

표 V-14 스마트 모빌리티 분야 관련 규제의 예

절차		주요 기능	관련 규제
공통 사항	① 데이터 수집(ioT)	· 카메라, 레이더, 라이다, 전방 감지 센서 등을 이용해 데이터 수집	· 무선 설비 규칙 · 주파수 분해(V2X의 국제 표준 5.9GHz) · IoT 전용요금 인가제
	② 저장 & 분석	· 데이터 분석해 도로 상황 실시간 파악	· 개인정보보호법(사생활 침해 문제) · 정보통신망법(데이터 국외 반출) · 위치정보법(물리적 서버 위치)
마이크로 모빌리티	③ 가치 창출(A.I)	· 안정적 운행 및 보행자 안전을 위한 자율주행 기능 장착	· 별도 면허 소집 필요 없도록 도로교통법 80조 적용 제외
	④ 최적화(기술융합)	· 자전거도로 통행 허용	· 자전거도로에서도 주행 가능하도록 개선 필요(자전거 이용 활성화에 관한 법률 및 도로교통법 13조, 13조의 2 등 관련 규정)
마이크로 모빌리티-공유차	④ 최적화(기술융합)	· 차고지가 필요 없는 공유 서비스 · 영업소가 필요 없는 공유 서비스 · 등록된 차고지 주차 규제 개선 · 기사 포함된 차량 대여 서비스	· 여객자동차 운수사업법 시행규칙 61조, 별표6의 차고지 확보 기준 · 여객자동차 운수사업법 시행규칙 61조, 별표6의 영업소 및 예약소 설치 요건, 시행규칙 63조의 상시 주차 영업 제한 적용 · 여객자동차 운수사업법 시행령 별표2 차고지외 주차금지 규정 · 여객자동차 운수사업법 시행령 18조(기사 포함 렌터카 서비스 11인승 이상 차종만 가능)
자율주행차	③ 가치 창출(A.I)	· 주행 방향 및 속도 자동 조절 · 자율 주행 허용 구간 확대	· 자동차 튜닝 규정(관련 부품(레이더 등) 설치 어려움) · 자동차관리법 시행규칙(AI 성능시험 및 품질관리 테스트 미흡) · 자율주행차의 이용 허가 신청 및 승인 필요(자동차 관리법 제 27조 1항) · 도로교통법 내 자율 주행 허용 구간 내용 부재 · '세종 5-1생활권'+'행복도시 BRT' 전구간 명시 필요 · 여객자동차 운수사업법 제 3조 1항 3호 (수요 응답형 여객자동차 운송사업의 농어촌 혹은 대중교통부족 인정 지역의 도심지로의 확대)
	④ 최적화(기술융합)	· 운전 스트레스 해소 및 이동성 개선	· 자동차손해배상보상법(운전자 해당여부) · 자동차 성능/기준 규칙(자동차명령조향 기능 등) · 도로교통법의 운전자에 대한 재정의 필요 · 도로교통법 제 50조 6항(합승 금지에 대한 유예 필요) · 스마트 도시법 제 12조 5항 - 대통령령으로 정하는 시행 사업자(자동차 제조업에 대한 사업자 명시 필요) · 스마트 도시법 제 39조 - 국가시범도시에서 연구/개발 목적으로 한정(국가 인증 기준에 충족한 차량으로 변경) - 자율주행차량에 대한 안전 기준 부재(일정 규모 이상의 생산 규모 및 안전 검사(충돌 테스트 등) 인프라를 갖춘 제작사에 한해 참여 제한 필요) - 쉐어링/헤일링 등 모빌리티 서비스 운영 주체 정의 부재(민관 공동 협력 법인 설립에 관한 내용 필요)

출처: 세종 스마트 시티 국가시범도시 시행계획, 2019

표 V-15 헬스케어 분야 관련 규제의 예

절 차	주요 기능	관련 규제
① 데이터 수집 (ioT)	· IoB, IoT를 통한 개인 생체 데이터 정보 수집 (의료 정보, 유전 정보, 건강 기록)	- 클라우드 규제, 물리적 분리, 위치 규제(개인정보 보호법, 공공기간 개인정보법 의료법 제20조, 제 21조, 제23조, 시행규칙 제 16조) - 글로벌 의료 정보 표준 및 상호 운용성 준수
② 저장 & 분석	· 의료 기관 클라우드 도입 · 코호트 DB 구축 · 클록체인 기반 의료 정보 보호 시스템 구축	- 병원 정보 전달(의료법 제 20조, 제21조, 제23조, 시행규칙 제 16조) - 유전자 분석, 생명윤리법 규제 - 의료법, 망분리 규제
③ 가치창출(A.I)	· 개인별(보유 질병, 운동량, 수면) 관리 · 오픈 소스 적극 활용 및 공유 · 개인 생체 데이터 분석을 통한 지시	- 의료 기기 복합 인증 - 신속 인증(의료기기법 제2조, 제6조, 제15조, 제16조, 시행규칙 제24조 외 2) - 의료법 제34조 1항 - 원격의료(의료법 제24조)
④ 최적화 (기술융합)	· 개인별 맞춤 건강 관리 · 매쉬업 스타트업 참여 · 이해 관계자 갈등 조정 · 건강+의료 기기 인허가 분류 개선 · 의료 기기, 의약품 유통 체계 스마트화	- 개인화 의료 분류(국민건강보험법 제4조) - 정부 데이터 개방 - 환자 중심 정책 - 의료기기법 제 2조, 제6조, 제15조, 제16조, 시행규칙 제 24조 외 2, 국민건강보험법 제4조 - 첨단 바이오 의약품 품목 허가 규제

출처: 세종 스마트 시티 국가시범도시 시행계획, 2019

세종 스마트 시티 구상안을 살펴보면 실증 테스트 목적과 시장 출시 목적에 따라 규제 샌드박스를 적용하기 위한 계획을 구분하여 제시하였다. 서비스 구현에 따라 규제가 필요한지에 대한 신속한 검토 및 확인 체계, 관련 법령이 공백인 경우와 개선이 필요한 경우에 대한 대응 체계에 대한 내용을 담고 있다. 세종 스마트 시티뿐 아니라 데이터 분석을 토대로 운영되는 스마트 시티들은 모두 개인 정보 침해 우려와 기존 법체계 충돌이 가장 큰 문제점으로 가지고 있다. 이러한 문제 해결을 위하여 정부는 스마트 시티형 규제 샌드박스 도입 추진을 발표하였다. 그러나 여전히 기존 법·제도와 충돌하는 서비스들이 구체화되는 과정에 이해 관계자 간 갈등이 발생할 가능성이 크다

(노현웅, 성연철, 2019). 향후 다양한 문제가 발생하는 경우 대응하기 위한 제도적 방안에 대한 고민이 필요한 시점이다.

표 V-16 규제 샌드박스 주요 계획안

<table>
<tr><th>구분</th><th>실증/테스트 목적
(구역, 기간, 규모 등 제한)</th><th>시장 출시 목적(구역, 규모 제한
정도가 낮거나 없음)</th></tr>
<tr><td>규제 모호</td><td colspan="2">1. 규제 신속 확인 제도
· 허가 필요 여부, 규제 존재 여부 등을 신속하게 확인
· 사업자 신청→국토부 장관→관계 부처 30일 내 회신</td></tr>
<tr><td>법령 공백/
적용 부적합</td><td rowspan="2">2. 실증을 위한 규제 특례
· 안정성 등을 시험, 검증할 수 있도록 규제 적용 배제(2년 이내, 1회 연장 가능)
· 사업자 신청→국토부 장관→규제특례심의위원회(민관 합동) 결정</td><td>3. 임시 허가
· 시장 출시를 위해 2년 이내 임시 허가 부여(1회 연장, 법 개정이 완료될 때까지 연장된 것으로 간주)
· 사업자 신청→국토부 장관→규제특례심의위원회(민관 합동) 결정</td></tr>
<tr><td>금지/불허</td><td>관련 법령 제·개정 필요</td></tr>
</table>

출처: 세종 스마트 시티 국가시범도시 구상안

(2) 데이터 공유 환경 및 제도 구현

세종 스마트 시티의 핵심도 사물인터넷을 통해 얻은 도시 데이터를 클라우드 시스템 안에 저장하고 통합 관리하면서, 인공지능을 통해 시민 맞춤형 예측 서비스를 제공하는 것이다. 부산 에코델타 스마트 시티 또한 데이터 개방 및 공유 환경 아래 시민들이 제공하는 데이터를 인공지능으로 분석하여 맞춤형 예측 서비스를 제공하는 플랫폼을 구현하는 것을 목표로 하고 있다.

모빌리티, 에너지와 환경, 교육, 헬스케어, 거버넌스, 문화와 쇼핑 등 다양한 분야 전반에 데이터를 통합하여 연결하고 융합 서비스를 제공하고자 하는데, 이 모든 서비스는 결국 데이터 분석을 통해 가능해지는 것이다. 이러한 데이터 기반 도시 운영, Data-Driven 스마트 시티가 최근의 스마트 시티들이 지향하는 바이다.

Data-Driven 스마트 시티란 교통, 에너지, 환경 등의 각 분야에서 발생하는 도시 데이터가 연계되어 도시에 참여하는 이해 관계자 간 건전한 데이터 기반 거래 구조를 형성시켜 도시민의 행복을 증강시키고, 혁신적인 비즈니스가 탄생하는 도시를 의미한다(삼정KPMG 경제연구원, 2019b).

개인이 아침에 일어나서 출근하고 하루의 업무를 보며 퇴근하기까지 하루를 지내며 행동 하나하나는 모두 데이터화되어 가고 있다. 개발자와 사업자들은 이러한 데이터가 수집되어 통합되어 있는 데이터 허브를 활용하여 각종 서비스를 개발할 수 있게 되는 것이다. 이를 위해서는 데이터 분석에 앞서, 분석에 필요한 수많은 데이터가 수집되어 사용할 수 있어야 한다. 그런데 하루에 수많은 데이터가 생성되고 있다는데 활용하는 것이 어려운 이유는 무엇일까? 바로 분야별로 단절되어 있는 도시 데이터를 상호 연계의 한계와 데이터 거래, 공유가 원활하지 못한 문제를 가지고 있기 때문이다.

빅데이터가 등장한 이후 데이터의 단절, 공공 민간 부문의 데이터 공유는 늘 한계점으로 지적되어 왔다. 스마트 스페이스의 진정한 구현을 위해서는 데이터가 실시간으로 수집되어 업데이트 되고 활발하게 거래되는 환경이 구축되어야 한다. 최근 빅데이터의 활발한 공유와 거래를 위해서 시민 개인이 주체적으로 관리하고 소유권을 주장하는 다양한 제도가 논의되고 있다. 그 예로 자신의 정보를 신용이나 자산 관리 등에 능동적으로 활용할 수 있는 My Data Business 관련 제도(2019.1. 경제부총리 주재 제1차 혁신성장위원회의 '데이터 경제-AI 활성화 계획')가 입안되었다. 내 정보를 능동적으로 활용할 수 있게 하는 기반 제도라 볼 수 있다. 세종 스마트 시티의 구성 계획에도 원활한 데이터 공유 플랫폼 구현을 위하여 시민의 데이터 주권을 회복하는 보상 시스템 구축 내용이 포함되어 있다. 개인을 단순히 서비스 이용자, 소비자로 보는 것이 아니라, 데이터와 서비스를 생산하고 동시에 소비하는 주체로 여기는 것이다. 개인에게 데이터 주권을 부여하고 데이터 거래를 위한 보안 기술 개발과 마켓 구현에 관한 사항을 중요하게 포함시켰다.

이와 유사한 개념으로 미국 캘리포니아 주에서 대형 IT기업들의 수익을 소비자와 함께 나누는 '데이터 배당(Data dividend)'에 대한 논의가 시작되었다. 캘리포니아 주지사 개빈 뉴섬(Gavin Newsom)이 구글, 페이스북 등 소비자 개인 정보를 이용하여 수익을 창출한 기업들에게 소비자들에게 값을 지불해야 한다는 취지의 데이터 배당제 도입을 주장한 것이다. 구체적인 방법은 논의되지 않았지만 데이터 수집과 이용에 관한 권한을 개인에게 주어 정보를 활용하는 가치에 대한 인식을 제고시키고, 기업의 데이터 활용 책임을 강화하는 법안이다.

데이터 공유와 활용을 통한 가치 창출을 두고 다양한 제도가 논의되고 있다. 이러한 과정에서는 데이터 형태의 표준화, 실시간 데이터 전송을 지원하는 네트워크 환경 등의 기술적 문제는 많이 해결되었다. 하지만 현실적인 데이터에 포함되어 있는 수많은 개인 정보를 침해하지 않고 활용하는 법적 문제와 데이터가 공유되는 과정에 민감한 개인 정보와 기밀을 보호할 수 있는 보안 취약점 등의 문제 또한 여전히 남아 있다. 과연 무엇이 옳은 방안인가? 데이터 공유와 원활한 거래를 위한 생태계 구축을 위한 제도적 수립 방향에 대하여 다 함께 고민해 보아야 할 시점이다.

(3) 모두가 참여하는 스마트 스페이스 구현

스마트 오피스를 가능하게 하는 유연근로시간제는 회사 업무 및 근로자 개개인의 상황에 맞도록 기존 근무시간과 방식을 다양한 유형으로 운영하는 제도이다.

이러한 근로 제도의 확산에 늘 문제가 되는 것은 '노사간 공감대 형성'이다. 제도적 기반이 마련되어 있다 하더라도 회사의 강제적인 운영보다는 법에서 정한 절차적 요건에 따라 회사 내부의 제도에 대한 검토를 거쳐, 근로자와 합의된 방향이 필요하다.

주 52시간 제도의 경우에도 강제적인 시행으로 오히려 시스템의 눈에 띄지 않는 방법으로 근로시간이 연장된 부정적인 결과를 초래하기도 하였다. 모두가 행복한 스마트 오피스, 스마트 워크 환경 구현을 위해서는 표면적인 제도 도입이 아닌 사내 문화가 바뀌어야 한다. 이를 위해서는 근로자 개개인

들의 인식 개선과 함께 변화하는 근로 환경과 세대 간 업무 성향 차이에 대한 이해가 요구된다.

스마트 시티의 구현도 모두의 참여가 전제된다는 것은 마찬가지이다. 기본적인 도시 조성을 위해서는 최첨단 기술이 필요하지만, 기술만으로 스마트 시티가 조성될 수 없다. AI, 빅데이터, 모바일 기술 등 4차 산업혁명의 핵심 기술이 적용된 서비스들이 구현될 뿐 아니라, 서비스가 제공되고 운영되는 과정에 데이터의 상호 연결, 리빙랩 등을 기반으로 하는 스마트 시티에서는 시민 참여의 중요성이 더욱 강조된다.

성공적인 스마트 시티 구현을 위해서는 개별 분야에서 시민들의 적극적인 참여가 필요하다. 과거 인프라 구축 위주의 u-City에서는 시민들의 참여가 배제되었으나, 모든 것이 연결되어 상호 작용하는 스마트 시티에서는 시민이 주요 이해 관계자이자 참여자이다. 부산, 세종 시범 도시 모두 시민들의 적극적인 참여를 전제로 하고 있다. 부산 스마트 시티의 경우 스마트 11번가 운영을 통해 실시간으로 시민의 의견을 수집하고 리빙랩 구현을 통하여 일상생활에서 실험을 진행한다. 세종 스마트 시티는 정기적인 아이디어톤

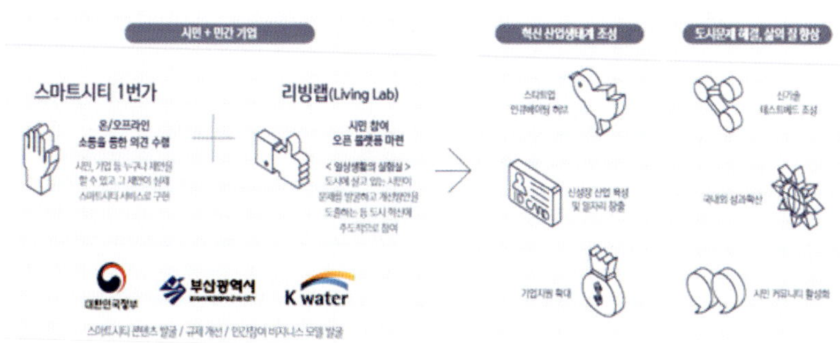

출처: 부산 스마트 시티 기본 구상안, 81pp

그림 V-22 부산 에코델타 스마트 시티의 시민 참여 혁신

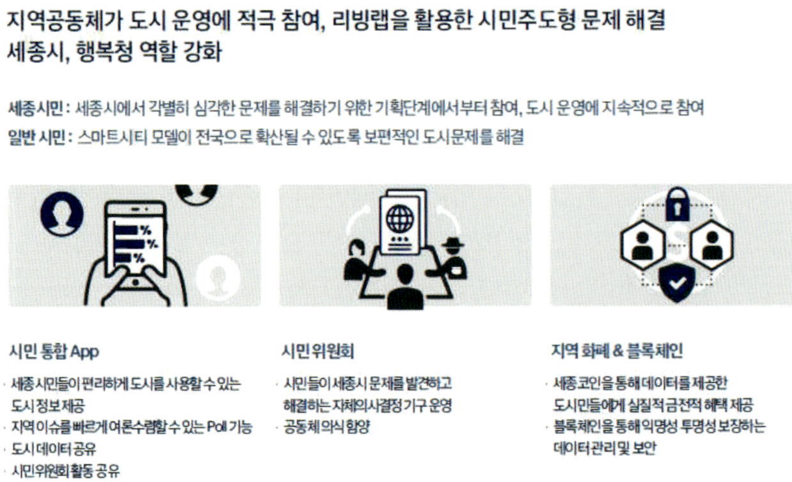

출처: 세종 국가시범도시 기본 구상안 55p

그림 V-23 세종 스마트 시티: 시민과 공동체의 참여

(Ideathon), 헤커톤(Hackathon) 개최를 계획하고 있다. 또한, 시민 통합 앱과 리빙랩을 활용하여 도시가 가진 문제를 시민이 주도적으로 해결할 수 있는 플랫폼을 구성할 계획을 가지고 있다. 세종 5-1 스마트 시티는 기존 공급자 위주의 도시 운영에서 벗어나, 시민의 주도적인 참여가 직접 도시문제를 해결하는 온·오프라인 플랫폼을 목표로 하고 있다.

아무리 좋은 기술이나 서비스도 많은 사람들이 함께 사용할 때 가치가 배가된다. 첨단 기술의 결합체인 '스마트 스페이스'도 결국 공간을 사용하는 개인들의 자발적인 노력과 참여, 협력이 이루어질 때 경쟁력을 가질 수 있다. 미래에 등장할 수많은 스마트 기술이 공간에 적용되고, 보다 많은 창조적 기회를 만들어 내고 가치를 실현하기 위해서, 우리 모두의 적극적인 참여와 이해가 필요하다.

참고문헌

국외 문헌

1) 단행본

Donald Norman. *The Design of Everyday Things.* (1988).

ENISA. *Smart Airports: How to Protect Airport Passengers from Cyber Disruptions.* (2016).

Foertsch, C. *First Results of Global Coworking Survey.* (2011).

Peter Morville. *Ambient Findability: What We Find Changes Who We Become. O'Reilly Media.* (2005).

Rosenfeld, L., & Morville, P. *Information Architecture for the World Wide Web. O'Reilly Media.* (2002).

2) 학술논문

Altomonte, S., Schiavon, S., Kent, M. G., & Brager, G. Indoor Environmental Quality and Occupant Satisfaction in Green-certified Buildings. *Building Research & Information*, 47(3), (2017). 255-274.

Anderson, C., Bailey, C., Heumann, A., & Davis, D. Augmented Space Planning: Using Procedural Generation to Automate Desk Layouts. *International Journal of Architectural Computing*, 16(2), (2018). 164-177.

Andriopoulos, C. Determinants of Organisational Creativity: A Literature Review. *Management Decision,* 39(10), (2001). 834-841.

Banbury, S. P., & Berry, D. C. Office Noise and Employee Concentration: Identifying Causes of Disruption and Potential Improvements. *Ergonomics*, 48(1), (2005). 25-37.

Cha, K. J., & Cha, J. S. The Common Challenges to the Successful Implementation of Smartwork Program. *International Journal of Multimedia and Ubiquitous Engineering, 9(2)*, (2014). 127-132.

Cheng, B., Longo, S., Cirillo, F., Bauer, M., & Kovacs, E. Building a Big Data Platform for Smart Cities: Experience and Lessons from Santander. *In 2015 IEEE International Congress on Big Data* (pp. 592-599). IEEE. (2015).

Curry, E., Derguech, W., Hasan, S., Kouroupetroglou, C., & ul Hassan, U. A Real-time Linked Dataspace for the Internet of Things: Enabling "pay-as-you-go" Data Management in Smart Environments. *Future Generation Computer Systems*, 90, (2019). 405-422.

Davis, D. *Evaluating Buildings with Computation and Machine Learning.* (2016).

Franklin, M., Halevy, A., & Maier, D. From Databases to Dataspaces: A New Abstraction for Information Management. *ACM Sigmod Record*, 34(4), (2005). 27-33.

Frontczak, M., Schiavon, S., Goins, J., Arens, E., Zhang, H., & Wargocki, P. Quantitative Relationships between Cccupant Satisfaction and Satisfaction Aspects of Indoor Environmental Quality and Building Design. *Indoor Air*, 22(2), (2012). 119-131.

Gandini, A. The Rise of Coworking Spaces: A Literature Review. *Ephemera*, 15(1), (2015). 193.

Hongisto, V., Haapakangas, A., Varjo, J., Helenius, R., & Koskela, H. Refurbishment of an Open-plan Office–environmental and Job Satisfaction. *Journal of Environmental Psychology*, 45, (2016). 176-191.

Katsikakis, D. Flexible Architecture for Evolving Work Practices. *Architectural Design*, 87(5), (2017). 68-75.

Kim, J., & De Dear, R. Workspace Satisfaction: The Privacy-communication Trade-off in Open-plan Offices. *Journal of Environmental Psychology*, 36, (2013). 18-26.

Koo, C., Shinb, S., Gretzelc, U., Hunterd, W. C., & Chunge, N. Conceptualization of Smart Tourism Destination Competitiveness. *Asia Pacific Journal of Information Systems*, 26(4), (2016). pp. 561-576.

Kwon, M., Remøy, H., & Van Den Dobbelsteen, A. User-focused Office Renovation: A Review into User Satisfaction and the Potential for Improvement. *Property Management*. (2019).

Law, E., Roto, V., Vermeeren, A. P., Kort, J., &Hassenzahl, M. Towards a Shared Definition of User Experience. *In CHI'08 Extended Abstracts on Human Factors in Computing Systems* (pp. 2395-2398). ACM. (2008).

Ornetzeder, M., Wicher, M., & Suschek-Berger, J. User Satisfaction and Well-being in Energy Efficient Office Buildings: Evidence from Cutting-edge Projects in Austria. *Energy and Buildings*, 118, (2016). 18-26.

Pine II, B.J. & Gilmore, J.H. Welcome to the Experience Economy. *Harvard Business Review*, (1998). 97-105.

Raguseo, E., Gastaldi, L., & Neirotti, P. Smart Work: Supporting Employees' Flexibility through ICT, HR Practices and Office Layout. In Evidence-based HRM: A Global Forum for Empirical Scholarship. *Emerald Group Publishing Limited*. (2016).

van der Aalst, W. M., Bichler, M., & Heinzl, A. *Robotic Process Automation.* (2018).

Wenge, R., Zhang, X., Dave, C., Chao, L., & Hao, S. Smart City Architecture: A Technology Guide for Implementation and Design Challenges. *China Communications*, 11(3), (2014). 56-69.

Zaki, M. Digital Transformation: Harnessing Digital Technologies for the Next Generation of Services. *Journal of Services Marketing*. (2019).

3) 웹사이트

G Smart 홈페이지. http://www.g-smattglobal.com/goods/lists

Gartner. (2018.10.15.). Gartner Top 10 Strategic Technology Trends for 2019, https://www.gartner.com/smarterwithgartner/gartner-top-10-strategic-technology-trends-for-2019

Greenroofs.com (2017.10.09.). Greenroofs.com Project of the Week for October 9, 2017: Zoku (Metro Pool Building) Roof Garden https://www.greenroofs.com/2017/10/09/greenroofs-com-project-of-the-week-for-october-9-2017-zoku-metro-pool-building-roof-garden

Inscape Design. Framery. http://inscapedesign.co.kr/framery-o

KLM (2019.01.28.). KLM Connects People through Live Hologram Bar. https://news.klm.com/klm-connects-people-through-live-hologram-bar

Knight Interactive 홈페이지. http://www.knight-interactive.com/Tommy-Hilfiger-The-Digital-Showroom

Kolibree 홈페이지. https://www.kolibree.com

Mayur Pitamber (2019). Why Smart Spaces is One Trend to Watch in 2019. https://www.uk.insight.com/en-gb/learn/articles/2019-02-01-why-smart-spaces-is-one-trend-to-watch-in-2019

ORI 홈페이지. https://oriliving.com

PAL Robotics 홈페이지. http://pal-robotics.com/en/home

PSFK (2017.06.14.). VR Pen Gives Design Professionals A Precise Tool For 3D Drawing, https://www.psfk.com/2017/06/vr-pen-gives-design-professionals-a-precise-tool-for-3d-drawing.html.

Supremainc 홈페이지. https://www.supremainc.com/ko/main.asp

국내 문헌

1) 단행본

신동희 휴머니타스 테크놀로지. 커뮤니케이션북스. (2013).

김한 Smart Office Model Generation: 혁신기업의 위대한 선택 스마트 오피스 모델의 탄생. 디자인그룹아침. (2016).

김한 4차 산업혁명 혁신기업의 위대한 선택 스마트 오피스 성공사례, 유한킴벌리. 디자인그룹아침. (2017).

2) 학술논문

강민성 「지능정보사회의 혁신기술 동향: 가트너의 Top 10 Strategic Technology Trend 2019 보고서를 중심으로. 정보통신정책연구원 동향」, 30(20), (2018). 17-31.

강연수 「스마트 시티와 교통부문 대응전략」. 『한국교통연구원 월간교통, 228, (2017)』 21-26.

강철희, 문호수 「재생건축공간을 활용한 스마트 오피스디자인 계획에 관한 연구」. 『한국실내디자인학회 학술대회논문집』 (2016). 35-40.

계보경 「Smart Learning-사회와 학습의 소통 공간으로서의 미래학교」. 『대학교육』 (2011). 20-25.

구철모 「4차 산업혁명과 스마트관광도시」. 『한국관광정책』 65, (2016). 65-72.

구철모, 김정현, 정남호 「스마트관광 생태계의 이론화와 활용」. 『Information Systems Review』 16(3), (2014). 69-87.

구철모, 신승훈, 김기헌, 정남호 「스마트 관광 발전을 위한 사례 분석 연구」. 『한국콘텐츠학회논문지』 15(8), (2015). 519-531.

김경태 「스마트워크와 노동법-스마트워크의 개념과 대응법제의 현황을 중심으로」, 『사회법연구』 37, (2019). 347-402.

김미연, 최진원 「지능형 오피스 내의 유비쿼터스 제품과 서비스 디자인 요구사항에 관한 연구」. 『대한건축학회 논문집』 21(12), (2005). 73-80.

김미영, 문정민 「커뮤니티 활성화를 위한 도시공공공간 특성 분석」. 『한국실내디자인학회 논문집』 20(6), (2011). 291-299.

김민설 「스마트 시티(Smart-City)의 지속가능한 지하공간 계획에 관한 연구」. 『한국공간디자인학회 논문집』 13(6), (2018). 325-333.

김민주, 정승현 「국내 스마트 시티 서비스 적용 경향 분석」. 『한국콘텐츠학회논문지』 19(2), (2019). 194-203.

김세영 「사용자 경험을 위한 인터랙션 공간디자인 표현에 관한 연구」. 『한국실내디자인학회논문집』 21(4), (2012). 48-56.

김세웅 「NUI 발전 동향에 따른 스마트 모바일 리모콘 앱 UX/UI 연구」. 『디자인지식저널』 29, (2014). 83-92.

김시정 「지속가능한 스마트 시티 구현을 위한 과제」. 『월간 공공정책』 158, 31-33.

김용, 박현태 「워크스마트 Work Smart를 위한 사무공간의 변화」. 『국방과 기술』 438, (2015). 112-117.

김종표 「LCC 기법을 이용한 리모델링의 경제성분석: 오피스빌딩의 운영관리비를 중심으로」, 『중앙대학교 석사학위논문』 (2003).

김주선, 김문덕 「유목적 업무환경의 변화에 따른 스마트 오피스의 공간 특성에 관한 연구」. 『한국실내디자인학회 학술대회논문집』 14(1), (2012). 51-57.

김평기 「리모델링을 고려한 오피스 빌딩의 설계개선 방안에 관한 사례연구: 리모델링 공사의 공종별 비용분석을 중심으로」, 『중앙대학교』 (2005).

김희재, 나건 「크리에이티브한 업무환경을 위한 스마트 워크 업무 공간 디자인 특성 연구: 탈경계성 업무 공간 디자인을 중심으로」. 『산업디자인학연구』 10(4), (2016). 21-30.

남덕영 「국내 스마트 시티 구축사례: 고양시 사례를 중심으로」. 『건축』 61(12), (2017). 23-26.

류성민 「유연근로제도 실태조사 결과 및 정책적 시사점」. 『노동리뷰』 (2019). 9-24.

박세정 「스마트 워크를 실현하는 스마트 오피스의 공간프로그램과 특성」. 『한국실내디자인학회 학술대회논문집』 (2014). 144-149.

박유경, 유성민 「IoT 기반의 스마트 시티 기술 서비스 분석」. 『한국정보기술학회지』 13(2), (2015). 31-37.

박유미, 최경란 「공간 경험을 통한 공간과 오브제의 상호작용-인간의 인지적 체계 중심으로」. 『기초조형학연구』 9(2), (2008). 401-411.

서경석 「카 쉐어링(Car Sharing)의 현재와 우리가 주목해야 할 미래」. 『오토저널』 40(9), (2018). 26-28.

서정균 「스마트 오피스의 구축」. 『설비저널』 (2018). 47(3), 58-62.

신동재, 김준교 「사용자 경험(UX) 디자인 요소를 활용한 동물원 브랜드 가치 평가 지표 개발: 서울동물원을 중심으로」. 『한국콘텐츠학회논문지』 13(3), (2013). 87-98.

신효섭, 박희재「스마트워크 업무환경 개념 및 전기설비」. 『조명전기설비』 32(5), (2018). 37-42.

안희자「공유경제 활성화의 이슈와 쟁점-공유숙박의 제도화 논의」. 『한국관광정책』 75, (2019). 86-90.

오승원「오피스빌딩 리보델링 프로젝트의 경제성 분석방법에 관한 연구」, 『중앙대학교』 (2002).

원종욱「사물인터넷(IoT) 환경을 위한 스마트홈 UX디자인 활용방안 연구」. 『커뮤니케이션 디자인학연구』 57, (2016). 118-128.

유성민「스마트 시티 동향분석 및 추천사례」. 『한국정보기술학회지』 12(1), (2014). 19-28.

윤석준, 박혜경「소비자 판매공간에 적용된 경험디자인 기법에 관한 연구」. 『Journal of Integrated Design Research』 11(2), (2012). 123-134.

이민아, 이정교「공간 사용자 경험 디자인 특성이 적용된 브랜드 스페이스 사례 연구」. 『기초조형학연구』 15(1), (2014). 433-443.

이영성「스마트 시티의 핵심 가치와 경쟁력 확보방안」. 『지역연구』 33(1), (2017). 59-68.

이영주, 이주희, 나지영「노인의 스마트 홈 헬스케어 이용 경험」. 『한국콘텐츠학회논문지, 15(5), (2015). 414-425.

이재용「스마트 시티 정책 추진방향과 전략」. 『월간교통』 (2017). 6-12.

이학준「사물인터넷 기반의 스마트홈」. 『한국통신학회지(정보와통신)』 32(4), (2015). 44-49.

임채국, 윤두섭, 박인채, 박광만, 고순주, 윤병운「특허분석을 통한 UI/UX (User Interface/User Experience) 분야의 유망 연구영역 탐색」. 『경영과학』 32(4), (2015). 1-18.

장환영, 이재용 「해외 스마트 시티 구축동향과 시장 유형화」. 『한국도시지리학회지』 18(2), (2015). 55-66.

전명숙, 최상헌 「노인요양시설의 쾌적성 확보를 위한 자연요소 도입에 관한 연구」. 『한국실내디자인학회 학술대회논문집』 10(3), (2008). 78-83.

전한솔, 윤은경 「스마트워크센터의 공간특성을 활용한 디자인 표현방법에 관한 연구」. 『한국실내디자인학회 학술대회논문집』 (2016). 27-33.

정남호, 이현애, 구철모 「관광객의 기술 준비도가 증강현실 관광 어플리케이션의 사용의도에 미치는 영향」. 『관광연구』 29(1), (2014). 265-285.

정선주 「뷰티서비스 산업에 나타난 유휴공간의 셰어링스페이스 효율화 방안」. 『한국디자인문화학회지』 24(4), (2018). 365-380.

정효채, 이병하, 박우성 「스마트 워크를 통한 조직혁신: 이트너스(주)의 스마트 오피스」, 『Korea Business Review』 20(1), (2016). 69-102.

조대연 「스마트 시티 개념과 이슈」 『도시문제』 52(580), (2017). 22-25.

조행래, 최종수 「스마트시대 더 똑똑해지는 병원, 삼성서울병원」. 『정보과학회지』 29(1), (2011). 93-96.

진재한, 안진호 「디자인, 스마트 시티를 그리다」. 『한국산업기술평가관리원』 18(6), (2018). 33-45.

천혜선 「쉐어오피스의 공간 특성에 따른 가구디자인에 관한 연구」. 『한국가구학회지』 29(4), (2018). 296-307

최준영 「도시 빅데이터를 통한 스마트 시티 관리」. 『한국행정학회 학술발표논문집』 (2014). 994-1009.

황병주, 김병선, 이재용 「유비쿼터스 도시의 최소품질 보장을 위한 필수적인 유비쿼터스도시서비스 제안에 관한 연구」. 『한국지형공간정보학회지』 21(1), (2013). 53-64.

3) 웹사이트

1boon (2018.07.19.). 엑스페리아 터치, 화면을 만지다. https://1boon.kakao.com/howdy/20180719

BIO (2019.05.12.). 의료 소비주의탄생? 병원, 스마트하게 변신 중. http://www.econovill.com/news/articleView.html?idxno=362865.

BIZION (2015.04.22.). 셰프처럼 알아서 척척, 요리하는 로봇 로보틱 키친. http://www.bizion.com/bbs/board.php?bo_table=tech&wr_id=157&sca=Science%2CLife%2Cetc

BLOTER (2017.05.23.). 두바이, 2030년까지 무인 로봇경찰서 만든다. https://www.bloter.net/archives/280344

Brunch (2017.11.01.). 똑똑한 CCTV! KT 기가아이즈. https://brunch.co.kr/@funfunhan/47

Daily Medi (2018.08.02.). 서울성모 스마트 병원 실현 본격화. http://www.dailymedi.com/detail.php?number=833200&thread=22r02

Daily Medi (2019.04.20.). 인공지능 병원 넘어 첨단 스마트 병원으로. http://www.dailymedi.com/detail.php?number=841703

Digital Daily (2013.11.12.). 한국 MS 스마트 오피스 탐방기... 공간이 기업문화 바꾼다. http://www.ddaily.co.kr/news/article/?no=110899.

Digital Fashion (2018.07.27.). 콜리브리의 인공지능 스마트 칫솔 아라(Ara). https://m.blog.naver.com/PostView.nhn?blogId=leetamedia&logNo=221327747712&categoryNo=0&proxyReferer=https%3A%2F%2Fwww.google.com%2F

Fursys 블로그 (2017.07.11.). 오피스 공간의 작은 실험, 퍼시스 광화문 센터. http://blog.fursys.com/201707_4_performing_office/

HelloT 첨단뉴스 (2018.02.12.). 원격의료 서비스 기대효과 및 주요국의 서비스 동향. http://www.hellot.net/new_hellot/magazine/magazine_read.html?code=202&sub=003&idx=39254

IT DongA (2013.11.13). 자리에서 벗어나라 MS가 꿈꾸는 스마트워크의 미래. http://it.donga.com/16482/.

IT World (2019.01.02.). 간단하고 작게 시작하는 초보자용 스마트 홈 가이드. http://www.itworld.co.kr/news/114042

Kotra 해외시장뉴스 (2019.02.14.). 발전하는 미국 스마트홈 시장동향. http://news.kotra.or.kr/user/globalAllBbs/kotranews/album/2/globalBbsDataAllView.do?dataIdx=172738

Lemon Health Care 홈페이지. M-care-환자와 병원 모두에게 유익한 차세대 병원 통합관리 플랫폼. http://www.lemonhealthcare.com/%EA%B8%B0%EB%8C%80%ED%9A%A8%EA%B3%BC/

LG CNS (2014.04.16.). 교육평등을 실현하는 ICT 기술과 스마트 스쿨. https://blog.lgcns.com/475

LG CNS 공식 블로그. Creative & Smart. https://blog.lgcns.com/1866

LG CNS 공식 블로그. 똑똑한 공항이 필요하다, 스마트 공항. https://blog.lgcns.com/1866

LG 전자 공식 블로그 (2017.08.21.). 알아서 척척! 인천국제공항 누비는 LG 로봇. https://social.lge.co.kr/product/airportrobot_170817/

M-care. 환자와 병원 모두에게 유익한 차세대 병원 통합관리 플랫폼. http://www.lemonhealthcare.com/%EA%B8%B0%EB%8C%80%ED%9A%A8%EA%B3%BC/

Nasmedia (2018), Generation Z, 미래 소비시장의 주역, Z세대에 주목하라, https://www.slideshare.net/nasmedia/nasmedia-2018-

targetreportzgeneration

NEFS Smart Office 홈페이지. https://www.nefs-smartoffice.com/

NEFS 홈페이지. http://www.nefs.co.kr/

People & Technology 홈페이지. Healthcare IoT. http://www.pntbiz.co.kr/index.php/home/solution/healthcare-iot/

Qualcomm Korea (2016.09.06.). 스마트 홈이 건강을 관리한다. https://blog.naver.com/qualcommkr/220806063768

SBS News (2017.10.09.). 경찰서에 경찰이 없다?…두바이에 생긴 스마트 경찰서. https://news.sbs.co.kr/news/endPage.do?news_id=N1004426285&plink=COPYPASTE&cooper=SBSNEWSEND

Senior Times (2019.03.10.). 서초구, 어르신에게 스마트 시니어 사업 제공. http://www.seniortimes.kr/news/articleView.html?idxno=6721

SK Telecom 홈페이지. https://www.sktelecom.com/

SK 하이닉스 블로그. https://skhynix.tistory.com/1424

The Gear (2018.11.13.). 알파벳 웨이모, 다음 달 자율주행 무인 택시 서비스 출시. http://thegear.net/16428

The Science Times (2012.09.28.). 스마트 교육 미래가 보인다. https://www.sciencetimes.co.kr/?news=스마트교육-미래가-보인다

VIVE Enterprise 홈페이지. https://enterprise.vive.com/kr/BE/

Youtube (2016.02.16.). Nissan Shows Off Self-Parking Chairs. https://www.youtube.com/watch?v=P_dfw5gPSks

ZDNet Korea (2012.01.18.). 삼성이 제시하는 스마트 학교는?. https://www.zdnet.co.kr/view/?no=20120118103044

ZDNet Korea (2017.05.23.). 두바이 경찰 네 명 중 한 명 로봇으로 대체 2030년까지…키 167cm 키오스크 형태. http://www.zdnet.co.kr/view/?no=20170523085656

ZDNet Korea (2017.09.20.). 가까이 두기만 해도…무선 충전기 파이. https://www.zdnet.co.kr/view/?no=20170920084324&re=R_20190110170218

ZDNet Korea (2019.01.23.). 구글 웨이모, 미국에 자율차 생산공장 건립 세계 최초로 4단계 자율차 대량 생산. https://www.zdnet.co.kr/view/?no=20190123131802

ZDNet Korea(2017.06.20.). 코웨이, 국내 공항에 로봇공기청정기 시범운영. http://www.zdnet.co.kr/view/?no=20170620103952&from=Mobile

국토교통부 (2017.09.28.). 국토부, 미래공항 청사진 담은 스마트공항 종합계획 28일 공청회. http://www.molit.go.kr/USR/NEWS/m_71/dtl.jsp?lcmspage=3&id=95079732

권시연 (2012). 스마트 교육 미래가 보인다. https://www.sciencetimes.co.kr/?news=%EC%8A%A4%EB%A7%88%ED%8A%B8%EA%B5%90%EC%9C%A1-%EB%AF%B8%EB%9E%98%EA%B0%80-%EB%B3%B4%EC%9D%B8%EB%8B%A4

김기섭 (2014). 교육평등을 실현하는 ICT 기술과 스마트 스쿨. https://blog.lgcns.com/475

다시세운 홈페이지. http://sewoon.org/

대교 CNS 홈페이지. 스마트교육. http://www.daekyocns.com/business/smart_edu.aspx

대한민국 정책브리핑 (2013.11.04.). 동네의원 중심 원격진료 가능해진다. http://www.korea.kr/news/policyNewsView.do?newsId=148769331.

대한민국청소년의회 (2017.06.11.). MIT 미디어랩에서 개발한 TRANSFORM 기술.

https://youthassembly.or.kr/bbs/board.php?bo_table=B56&wr_id=41327

동아닷컴 (2018.05.02.). 싱가폴 창이공항, 얼굴인식기술로 세계 최초 스마트 공항 만든다. http://news.donga.com/more29/3/all/20180502/89903996/2

동아일보 (2017.10.30.). 에너지 만드는 스마트 도로… 통합 CCTV로 범죄 차단. http://news.donga.com/3/all/20171030/87013115/1

레저신문 (2017.04.27.). 서울시, 태국어 추가 종합관광안내지도 북촌에 설치. http://www.golftimes.co.kr/news/articleView.html?idxno=116492

로봇신문 (2018.01.12.). LG전자, 로보티즈 지분 10.12% 인수. http://www.irobotnews.com/news/articleView.html?idxno=12817

매일경제 (2015.01.01.). MS 모바일 Only 사무환경 안착. https://www.mk.co.kr/news/business/view/2015/01/40/

매일경제 (2019.03.06.). 진화하는 수술실...분당서울대병원 스마트수술실. https://www.mk.co.kr/news/it/view/2019/03/134805/

머니투데이 (2017.08.29.). 볼륨 커진 AI 스피커 전쟁. http://hubnews.co.kr/m/3/view.php?hnsc=&hnsmc=3&hnsnd=20170827013529900523#RedyAi

머니투데이 (2019.05.31.). 기업분석 전시장으로 출근하는 넵스… 스마트 오피스 시장 공략. http://news.mtn.co.kr/newscenter/news_viewer.mtn?gidx=2019053110450194402

문재윤 (2015.08.26.). 밀레니얼 세대에 주목한다. http://www.cft.or.kr/sub/?num=968

박세환 (2018). 원격의료 서비스 기대효과 및 주요국의 서비스 동향. http://www.hellot.net/new_hellot/magazine/magazine_read.html?code=202&sub=003&idx=39254

보안뉴스 (2018.05.27.). 스마트공항, 불편은 빼고 보안은 더하다. http://

m.boannews.com/html/detail.html?idx=69469. 2019.04.23.

보안뉴스 (2019.03.07.). 지능형 영상보안 통한 스마트 시티 가능성을 엿보다. https://www.boannews.com/media/view.asp?idx=77596

분당서울대병원. https://www.snubh.org/index.do

삼성 뉴스룸 (2017.12.07.). 자율주행 자동차의 현주소. https://news.samsung.com/kr/%EC%9E%90%EC%9C%A8%EC%A3%BC%ED%96%89-%EC%9E%90%EB%8F%99%EC%B0%A8%EC%9D%98-%ED%98%84%EC%A3%BC%EC%86%8C

삼성 뉴스룸 (2018.01.08.) 삼성전자, CES 2018에서 스마트 회의 솔루션 삼성 플립 공개. https://news.samsung.com/kr/삼성전자-ces-2018에서-스마트-회의-솔루션-삼성-플립-공개

삼성 홈페이지. https://www.samsung.com/sec/lifestyletv/buy/

삼성디스플레이 뉴스룸 (2018.06.22.). IoT로 보다 편리해진 주거공간, 스마트홈을 꿈꾸다. http://news.samsungdisplay.com/14926

삼성서울병원 홈페이지. 디지털 헬스 케어의 미래를 선도하는 병원. http://www.samsunghospital.com/home/info/introduce.do?sub=innovation_smart&code=022004001

삼성스마트스쿨 홈페이지. https://www.samsungsmartschool.org/intro/

서울대학교병원 (2019.02.21.). 서울대병원 대한외래 개원 넓고 편안한 환경에서 첨단 서비스 제공. http://www.snuh.org/m/board/B003/view.do?bbs_no=4739&searchKey=&searchWord=&pageIndex=1

서울신문 (2017.03.26.). 인공지능 CCTV 스스로 경보. https://m.seoul.co.kr/news/newsView.php?id=20170327010015&cp=seoul

서울정보소통광장 홈페이지. https://opengov.seoul.go.kr/seoullove/17949044

세계일보 (2019.06.22.). 첨단기술로 고령화·일손 부족 극복 … 日은 지금 AI 유신중.https://n.news.naver.com/article/022/0003374166

세종 스마트 시티 홈페이지. http://www.sejong-smartcity.com/smart_exp_str.html

숙명여자대학교 블로그 (2018.07.25.). 지역 사회 협력의 롤모델 된다!. https://blog.naver.com/iamsookmyung/221326088291

아모레퍼시픽 홈페이지. http://www.apgroup.com/int/ko

아시아경제 (2017.11.07.). 첨단 IT와 교육 결합한 마포중앙도서관 개관. https://www.asiae.co.kr/article/2017110708511383183

앱스토리(2016.01.04.). IoT의 대세, 가정용 CCTV 카메라가 필요한 5가지 이유. https://m.post.naver.com/viewer/postView.nhn?volumeNo=3287614&memberNo=15460786&vType=VERTICAL

연합뉴스 (2019.01.15.). 독거노인 스마트 집사 충남도, 복지형 스마트도시 만든다. https://www.yna.co.kr/view/AKR20190115096500063?input=1195m

일 · 생활 균형 캠페인 홈페이지, http://worklife.kr/website/index/

일간스포츠 (2019.02.05.). 한은화의 공간탐구생활, 집이 살아 움직인다…인공지능 갖춘 집의 탄생. http://isplus.live.joins.com/news/article/article.asp?total_id=23347957&ctg=1700&tm=i_lf_a012&tag=

일양로지스 (2018.07.17.). 김포공항 택배 접수대 개설. https://www.ilyanglogis.com/information/n_content.asp?b_num=140&gotopage=

일요서울 미디어그룹 (2018.07.22.). LG전자 안내로봇, 인천공항에 정식 도입. http://www.ilyoseoul.co.kr/news/articleView.html?idxno=243855

전자신문 (2018.12.19.). 이슈분석 자율주행 택시 시대 연 웨이모 일단 합격점. http://www.etnews.com/20181219000066?m=1

포스코ICT 홈페이지. https://smartfuture-poscoict.co.kr/

한겨레 (2019.02.13.). 스마트 모빌리티·헬스케어… 스마트 시티에 개인정보 침해 등 우려. http://www.hani.co.kr/arti/economy/economy_general/881942.html

한국 마이크로소프트 Korea News Center. https://news.microsoft.com/ko-kr/

한국봉제패션협회 홈페이지, http://www.ksfa123.or.kr/

한국섬유신문 (2019.06.05.). 한국 봉제산업에 인공호흡기 장착한 코워킹팩토리. https://www.ktnews.com/news/articleView.html?idxno=111197

한국스마트홈산업협회 홈페이지. https://www.kashi.or.kr/

한국정보통신기술협회 홈페이지. https://www.tta.or.kr/

한림대학교동탄성심병원 홈페이지. https://dongtan.hallym.or.kr/

황진중 (2019). 의료 소비주의탄생?... 병원, 스마트하게 변신 중. http://www.econovill.com/news/articleView.html?idxno=362865

4) 기타

IRS Global 편집부 「일본의 스마트 시티(Smart City) 시장 실태와 추진 전략」. 『인천: IRS Global』 (2019).

ITFIND 『주간기술동향 1803호』 (2017).

ITFIND 『IoT 오픈 플랫폼 기반 스마트 시티 분야 서비스 사례집』 (2018).

June Architects 한국 교육학술정보원 「스마트교실 환경구축 가이드라인 개발연구 KERIS Smart Classroom Guideline」 (2013).

LG 비즈니스 인사이트 「스마트워크, HR의 변화 수반되어야」. (2012).

Nefs 스마트 오피스 제안서. (2019).

계보경, 김현진, 서희전, 정종원, 이은환, 고유정, 김영애. 미래학교 체제 도입을 위한 Future School 2030 모델 연구. 연구보고 KR2011-12. (2011).

고용노동부. 체계적인 유연근무제 도입 운영을 위한 매뉴얼 궁금함이 쏙쏙 풀리는 유연근무제 Q & A. (2017).

구철모, 이경민, 안지훈. 강원도 스마트관광 발전방안. 한국은행 강원본부. (2017).

국민권익위원회. 워라밸, 행복한워커, 기업윤리브리프스. (2018).

국토교통부 항공정책실. 체계적인 스마트공항 추진을 위한 스마트공항 종합계획. (2017).

국토교통부, 환경부, 부산광역시, K Water 부산도시공사. 부산 스마트 에코델타시티 기본구상. (2018).

김꽃마음. 삶과 일의 균형을 통한 글로벌 스마트 강국을 구현하는 스마트워크 활성화 정책 방향, TTA Journal, (2011). 134.

김성희, 이현우, 류원, 김광신. 스마트공간과 메타버스 전시안내 기술개발 동향. 한국전자통신연구원. (2014).

김시정 외. 디지털거버넌스 구축 및 활성화 방안 연구. SDF 2017-디지털기반도시문제해결-02. (2017).

김제철, 박진서, 한익현. 스마트 공항(Smart Airport) 국내·외 추진실태와 과제. 한국교통연구원. (2017).

김학용. 4차 산업혁명 시대의 스마트홈 전략. 건설기술 특집기획. (2018).

대학내일 20대 연구소. 세대별 일과 동료에 대한 인식 조사, 2019 일과 동료를 생각하는 자세, 세대 비교, 연구리포트 2019-3. (2019).

대한상공회의소, 맥킨지 컴퍼니. 한국기업문화의 근본적 혁신을 위한 제언, 맥킨지 한국 기업문화 및 조직 건강도 2차 진단 보고서. (2018).

류종현. 스마트 시티 정책 동향과 강원도 대응스마트 시티 정책 동향과 강원도 대응. 정책메모 2018-36호. (2018).

방송통신위원회. 스마트워크 활성화 전략, Smart & Cloud Conference. (2011).

산업연구원. 4차 산업혁명: 주요 개념과 사례. 산업경제분석, (2017a). 67-80.

산업연구원. 4차 산업혁명이 한국 제조업에 미치는 영향과 시사점. 산업연구원 정책자료 (2017b). 2017-297.

삼정KPMG경제연구원. 新소비 세대와 의·식·주 라이프 트렌드 변화, (2019a). 66.

삼정KPMG경제연구원. 데이터 중심의 도시 운영 Data-Driven 스마트 시티를 주목하라, (2019b). 103.

세종스마트시티 국가시범도시 총괄계획단. 세종스마트 시티 국가시범도시 시행계획. (2019).

안경환, 이상우, 한우용, 손주찬. 자율주행 자동차 기술 동향. 전자통신동향분석, 28(4), (2013). 35-44.

윤태관. 스마트 시티를 위한 차세대 첨단교통체계의 효율적 도입방안. 국토정책 Brief, (2018). 1-6.

이병하, 서의정, 이희진. 한국기업의 워크스마트 실천방안, 삼성경제연구소. (2012).

이병하, 조현국, 서의정, 안병욱, 이희진. 한국기업의 워크스마트 실천방안. SERI 연구보고서. (2012).

이승관. 스마트 헬스케어 산업 동향. 정보통신기술진흥센터 주간기술동향, (2015). 28.

이형민. 자율주행 기술의 성장 단계와 3가지 적용 사례 자율주행 기술의 현재 그리고 미래. Tech Issue, 5, (2018). 66-69.

전산용어사전편찬위원회. 컴퓨터인터넷IT용어대사전. 일진사. (2005).

정보통신산업진흥원. 성공적인 스마트워크 구현을 위한 선결과제, 주간기술동향.

(2011).

정보통신산업진흥원. EU의 스마트 시티 구축 전략 분석-스마트 시티 및 커뮤니티 혁신 파트너십 전략 실행 계획을 중심으로. 해외 ICT R&D 정책동향, (2013). 7.

정보통신산업진흥원. 1인 가구시대, 진화하는 스마트홈 서비스. 이슈리포트, (2018). 6.

조서윤. 창의성을 위한 공간디자인. (2014).

조성일. 스마트워크시대, 글로벌기업의 일터 혁신: 해외 선진기업 사례와 시사점. 대한상공회의소 브리프, (2018). 53.

최자은. 스마트관광의 추진현황 및 향후과제. 한국문화관광연구원, 기본연구, (2013). 2013-50.

컴퓨터인터넷IT용어대사전 (2011).

하동석. 이해하기 쉽게 쓴 행정학용어사전. 새정보미디어 (2010).

한국기업교육학회. HRD 용어사전. 중앙경제. (2010).

한국문학평론가협회. 문학비평용어사전. 국학자료원. (2006).

한국여성정책연구원. 민간 스마트워크 현황과 과제, 고용노동부. (2011).

한국전자통신연구원. 스마트워크 표준화 동향: 텔레프레즌스를 중심으로, 전자통신동향분석. (2011). 26(2).

한국정보통신기술협회. 손에 잡히는 IT 시사용어. 전자신문사. (2008).

한국정보화진흥원. Smartwork Insight, 일하는 방식의 대혁명적 변화, (2010). 1.

한국정보화진흥원. 스마트워크 실태조사 결과보고서 (2018).

한상목. 4차 산업혁명의 종합플랫폼, 스마트 시티 (2018).

한승욱. 도시재생과 스마트 시티: 스마트 시티와 도시재생의 결합이 도시의 질적 변화 이끄는 원동력. 부산발전포럼, (168), (2017). 62-67.

행정안전부. 한국정보화진흥원 범정부 성과참조모형 2.0. 행정안전부. (2009).

현대경제연구원 2018년 국내 10대 트렌드, Weekly Economic Review, (2018). 18-01.

저자약력

이봉규

연세대학교 학술정보원 원장(CISO, CPO)이자 정보대학원 교수, 방송통신정책연구센터 소장으로 재직하고 있다. 코넬대학교에서 박사학위 취득 후 한성대학교 공과대학 정보전산학부 교수, 연세대학교 정보대학원 원장, 정보통신부 통신위원회 위원, 방송통신위원회 자체평가위원회 위원장, 한국인터넷정보학회 회장, 한국인터넷진흥원 이사, 정보통신전략위원회 실무위원, 서울시 정보화전략위원회 위원, (재)이노베이션 아카데미 설립추진단장 등을 역임하였다. 연세대학교에서 5년 연속 우수업적교수상(연구부분)과 공헌교수상, 정부로부터 홍조근정훈장과 근정포장, 대통령, 국무총리 표창 등을 수상하였다.

주다영

현재 한양대학교 소프트웨어융합대학 교수, 기술과디자인연구센터 센터장으로 재직하고 있다. 홍익대학교에서 회화와 시각디자인 학사, 영국 University of the Arts London에서 석사, 서강대학교에서 Computer Graphics 석사, Computer Vision/HCI 박사 학위를 취득하였다. 연세대학교 글로벌융합기술원 교수를 역임하였으며, 현재 대한UX전문가협회 회장, 한국HCI학회 부회장, HCI Korea2020 국제학회의 조직위원장이다. 최근에는 AI, 자율주행자동차, 컴패니언로봇 분야에서 활발히 연구중이다.

이원상

연세대학교에서 정보산업공학과에서 박사학위를 취득하였다. 이전에는 NHN, SK Telecom 에서 근무하였으며 현재는 연세대학교 학술정보원에서 재직 중에 있다. 주요 연구분야는 기술혁신과 융합, 앙트러프러너십, 기술 마이닝, 머신러닝과 딥러닝 등으로, 국내·외 학술지 및 국제학회에 연구결과를 발표하고 해당 분야 저·역서도 집필해오고 있다.

조지연

연세대학교 방송통신정책연구소 전문연구원으로 재직하고 있다. 단국대학교 경영학·경영정보학 학사, 연세대학교 정보대학원에서 정보시스템 석사와 박사학위를 취득하였다. ICT 정책 및 비즈니스, ICT 융합 분야 규제 관련 다수의 프로젝트를 수행 한 바 있으며, 경영정보, 경영지원시스템, ERP 등 강의를 진행하였다. 현재 연세대학교 객원교수로 '스마트 오피스와 디지털트랜스포메이션 전략', '스포츠와 정보통신의 이해와 적용'을 강의하고 있으며, 최근 연구 및 관심 분야는 빅데이터와 IoT 비즈니스 전략, ICT 융합 서비스 정책 및 규제 등이다.

박수경

현재 연세대학교 정보대학원 연구교수로 재직하며, '스마트 오피스와 디지털 트랜스포메이션 전략'을 강의하고 있다. 연세대학교에서 정보시스템 석사와 경영학 박사학위를 취득한 후, 한성대학교와 서경대학교 경영학과에서 인터넷 비즈니스론, 소비자 행동론, 서비스마케팅, 미시경제 등을 강의하였으며 서경대학교 우수강의 교원으로 선정된 바 있다. 주요 연구분야는 플랫폼 비즈니스에서의 소비자 행동 및 규제·정책으로, 관련 국내·외 학술지에 연구결과 발표 및 정부 방송통신정책(R&D) 연구 프로젝트 등을 활발히 수행하고 있다.